U0936473

珍藏本
纪念版

汉译世界学术名著丛书

林肯选集

〔美〕亚伯拉罕·林肯 著

朱曾汶 译

SINCE 1897 商務印書館 The Commercial Press

2017年·北京

Abraham Lincoln

LETTERS AND ADDRESSES

With A Brief Biography

The Story Of The Book, Notes On The Text, List Of Authorities And Index

The Sun Dial Classics Co.

New York, 1908

根据纽约日规名著出版公司版本译出

亚伯拉罕·林肯

汉译世界学术名著丛书
（120 年纪念版·珍藏本）
出 版 说 明

2017 年 2 月 11 日，商务印书馆迎来 120 岁的生日。120 年前，商务印书馆前贤怀揣文化救国的理想，抱持“昌明教育，开启民智”的使命，立足本土，放眼寰宇，以出版为津梁，沟通中西，为中国、为世界提供最富智慧的思想文化成果。无论世事白云苍狗，潮流左右激荡，甚至战火硝烟弥漫，始终践行学术报国之志，无改初心。

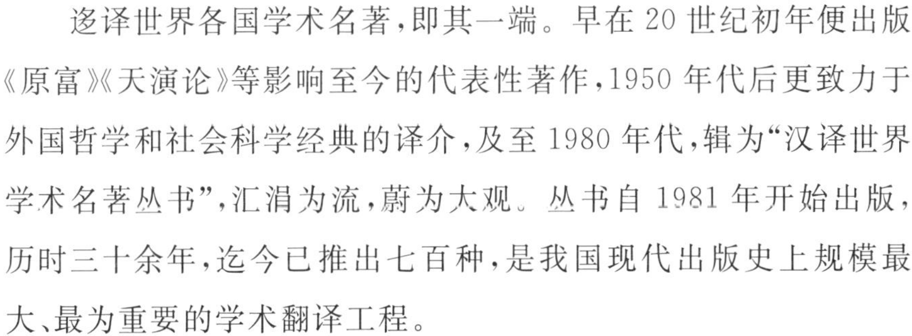

迻译世界各国学术名著，即其一端。早在 20 世纪初年便出版《原富》《天演论》等影响至今的代表性著作，1950 年代后更致力于外国哲学和社会科学经典的译介，及至 1980 年代，辑为“汉译世界学术名著丛书”，汇涓为流，蔚为大观。丛书自 1981 年开始出版，历时三十余年，迄今已推出七百种，是我国现代出版史上规模最大、最为重要的学术翻译工程。

丛书所选之书，立场观点不囿于一派，学科领域不限于一门，皆为文明开启以来，各时代、各国家、各民族的思想与文化精粹，代表着人类已经到达过的精神境界。丛书系统译介世界学术经典，引领时代思想，为本土原创学术的发展提供丰富的文化滋养，为推动中国现代学术和现代化进程做出了突出的贡献。

为纪念商务印书馆成立120周年，我们整体推出“汉译世界学术名著丛书”120年纪念版的珍藏本，寄望既利于文化积累，又便于研读查考，同时向长期支持丛书出版的译者、编者和读者致以敬意。

两甲子后的今天，商务印书馆又站在了一个新的历史时间节点上。我们不仅要铭记先辈的身影和足迹，更须让我们的步伐充满新的时代精神。这是商务人代代相传的事业，更是与国家和民族的命运始终紧密相连的事业。我们责无旁贷，必须做好我们这代人的传承与创造，让我们的努力和成果不仅凝聚成民族文化的记忆，还能成为后来人可以接续的事业。唯此，才能不负前贤，无愧来者。

商务印书馆编辑部

2017年10月

目　录

一、摘自1832年3月9日在新塞勒姆对伊利诺伊州桑加门县人民的演说。这是林肯的第一篇公开演说 …… 1

二、给《桑加门日报》编者的信,1836年6月13日于新塞勒姆 …… 1

三、1836年6月21日给罗伯特·艾伦上校的信 …… 2

四、摘自1837年1月27日对伊利诺伊州斯普林菲尔德青年学会的演说 …… 3

五、1837年3月3日在伊利诺伊州立法机关提出的异议。这是林肯关于奴隶制的第一个政治行动 …… 12

六、给玛丽·欧文斯小姐的信,1837年5月7日于伊利诺伊州斯普林菲尔德 …… 13

七、给玛丽·欧文斯小姐的信,1837年8月16日于伊利诺伊州斯普林菲尔德 …… 14

八、给O.H.布朗宁太太的信,1838年4月1日于伊利诺伊州斯普林菲尔德 …… 16

九、摘自1839年12月20日(?)在伊利诺伊州斯普林菲尔德众议院会堂一次政治讨论会上的演说 …… 19

十、给约翰·T.斯图尔特的信,1840年3月1日于伊利

诺伊州斯普林菲尔德 …………………………………… 21
十一、给 W. G. 安德森的信，1840 年 10 月 31 日于伊利诺伊州劳伦斯维尔 …………………………………… 22
十二、摘自给约翰·T. 斯图尔特的信，1841 年 1 月 23 日于伊利诺伊州斯普林菲尔德 …………………………… 23
十三、摘自给玛丽·斯皮德小姐的信，1841年9月27日于伊利诺伊州布卢明顿 ………………………………… 23
十四、给乔舒亚·F. 斯皮德的信，1842 年 1 月 3 日于伊利诺伊州斯普林菲尔德 ………………………………… 24
十五、给乔舒亚·F. 斯皮德的信，1842 年 2 月 3 日于伊利诺伊州斯普林菲尔德 ………………………………… 26
十六、给乔舒亚·F. 斯皮德的信，1842 年 2 月 13 日于伊利诺伊州斯普林菲尔德 ………………………………… 27
十七、摘自 1842 年 2 月 22 日在华盛顿人戒酒协会斯普林菲尔德分会上的演说 ………………………………… 27
十八、给乔舒亚·F. 斯皮德的信，1842 年 2 月 25 日于伊利诺伊州斯普林菲尔德 ………………………………… 34
十九、给乔舒亚·F. 斯皮德的信，1842 年 3 月 27 日于斯普林菲尔德 …………………………………………… 35
二十、摘自给乔舒亚·F. 斯皮德的信，1842 年 7 月 4 日于伊利诺伊州斯普林菲尔德 …………………………… 37
二十一、给 E. H. 梅里曼的备忘录，1842 年 9 月 19 日。希尔兹要求林肯和他决斗时，梅里曼充当林肯的助手…… 38
二十二、摘自给乔舒亚·F. 斯皮德的信，1842 年 10 月 4

日(?)于斯普林菲尔德…………………………………… 39
二十三、摘自给马丁·M.莫里斯的信,1843年3月26日于伊利诺伊州斯普林菲尔德 …………………………… 40
二十四、摘自给约翰斯顿的信,1846年4月18日于特里蒙特 ………………………………………………… 41
二十五、摘自给乔舒亚·F.斯皮德的信,1846年10月22日于斯普林菲尔德…………………………………… 44
二十六、摘自给约翰斯顿的信,1847年2月25日于斯普林菲尔德 ………………………………………… 44
二十七、给威廉·H.赫恩登的信,1847年12月13日于华盛顿 ……………………………………………… 45
二十八、摘自给威廉·H.赫恩登的信,1848年1月8日于华盛顿 ……………………………………………… 45
二十九、摘自1848年1月12日在华盛顿众议院的演说,这是林肯在国会的第一篇印出来的演说 ………………… 46
三十、摘自给威廉·H.赫恩登的信,1848年2月1日于华盛顿 ……………………………………………… 50
三十一、给威廉·H.赫恩登的信,1848年2月2日于华盛顿 ………………………………………………… 51
三十二、给阿奇博尔德·威廉斯的信,1848年4月30日于华盛顿 ……………………………………………… 51
三十三、摘自给J.M.佩克牧师的信,1848年5月21日于华盛顿 ……………………………………………… 52
三十四、给阿奇博尔德·威廉斯的信,1848年6月12日

于华盛顿 …………………………………………………………… 53
三十五、摘自给威廉・H. 赫恩登的信，1848 年 6 月 22 日
于华盛顿 …………………………………………………………… 54
三十六、摘自给威廉・H. 赫恩登的信，1848 年 7 月 10 日
于华盛顿 …………………………………………………………… 55
三十七、摘自 1848 年 7 月 27 日在华盛顿众议院的演说……… 56
三十八、给托马斯・林肯的信，1848 年 12 月 24 日于华
盛顿 ……………………………………………………………… 62
三十九、有关法律讲演的笔记，大约写于 1850 年 7 月 1
日 ………………………………………………………………… 62
四十、给约翰・D. 约翰斯顿的信，1851 年 1 月 2 日 …………… 64
四十一、摘自给约翰・D. 约翰斯顿的信，1851 年 1 月 12
日于伊利诺伊州斯普林菲尔德 ………………………………… 66
四十二、给约翰・D. 约翰斯顿的信，1851 年 11 月 4 日于
谢尔比维尔 ……………………………………………………… 66
四十三、片断，大约写于 1854 年 7 月 1 日………………………… 68
四十四、摘自答复斯蒂芬・A. 道格拉斯参议员的演说，
1854 年 10 月 16 日于伊利诺伊州皮奥里亚 ………………… 69
四十五、给乔治・罗伯逊法官的信，1855 年 8 月 15 日于
伊利诺伊州斯普林菲尔德 ……………………………………… 78
四十六、摘自给乔舒亚・斯皮德的信，1855 年 8 月 24 日
于伊利诺伊州斯普林菲尔德 …………………………………… 80
四十七、摘自在伊利诺伊州加利那所作的演说，大约在
1856 年 8 月 1 日 ……………………………………………… 84

四十八、1856 年 12 月 10 日在芝加哥一次共和党宴会上的演说片断 …… 86
四十九、摘自 1857 年 6 月 26 日在伊利诺伊州斯普林菲尔德的一次演说 …… 88
五十、给《国会词典》编纂者的便条，大约写于 1858 年 6 月 15 日 …… 95
五十一、摘自 1858 年 6 月 16 日在伊利诺伊州斯普林菲尔德共和党州代表大会上的演说。这次大会提名林肯为国会参议员候选人 …… 96
五十二、摘自 1858 年 7 月 10 日在伊利诺伊州芝加哥的演说 …… 97
五十三、摘自 1858 年 7 月 17 日在伊利诺伊州斯普林菲尔德的一次演说 …… 103
五十四、摘自林肯 1858 年 8 月 21 日在伊利诺伊州奥塔瓦第一次大辩论中对道格拉斯的答复 …… 105
五十五、摘自 1858 年 8 月 27 日林肯在伊利诺伊州弗里波特第二次辩论会上的开场演说 …… 107
五十六、一次演说的笔记，大约写于 1858 年 9 月 16 日 …… 111
五十七、摘自 1858 年 9 月 18 日林肯在伊利诺伊州查尔斯顿第四次辩论会上的开场演说 …… 111
五十八、摘自 1858 年 9 月 18 日林肯在伊利诺伊州查尔斯顿辩论会上对道格拉斯的反驳 …… 113
五十九、一次演说的笔记，大约写于 1858 年 10 月 1 日 …… 114
六十、一次演说的笔记，大约写于 1858 年 10 月 1 日 …… 115

六十一、一次演说的笔记，大约写于 1858 年 10 月 1 日……… 115
六十二、摘自一次演说的笔记，大约写于 1858 年 10 月 1 日……………………………………………………… 116
六十三、摘自 1858 年 10 月 13 日林肯在伊利诺伊州昆西市第六次辩论会上的开场演说………………… 117
六十四、摘自 1858 年 10 月 13 日林肯在伊利诺伊州昆西市第六次辩论会上的答辩演说………………… 122
六十五、摘自 1858 年 10 月 15 日林肯在伊利诺伊州奥尔顿市第七次也是最后一次辩论会上的答辩……………… 123
六十六、给 N. B. 贾德的信，1858 年 11 月 16 日于伊利诺伊州斯普林菲尔德…………………………… 125
六十七、给亨利·阿斯伯里的信，1858 年 11 月 19 日于伊利诺伊州斯普林菲尔德………………………… 126
六十八、摘自给 A. G. 亨利的信，1858 年 11 月 19 日于伊利诺伊州斯普林菲尔德………………………… 127
六十九、1859 年在毗邻各市以及 1860 年 2 月 22 日向斯普林菲尔德图书馆协会所作的演说摘录——摘自芝加哥查尔斯·冈瑟先生收藏的林肯手稿…………… 127
七十、摘自 1859 年 3 月 1 日在芝加哥市政府选举之夜的演说………………………………………………… 130
七十一、给 H. L. 皮尔斯等人的信，1859 年 4 月 6 日于伊利诺伊州斯普林菲尔德………………………… 131
七十二、给 T. J. 皮克特的信，1859 年 4 月 16 日于伊利诺伊州斯普林菲尔德…………………………… 133

七十三、摘自 1859 年 5 月 14 日给 M. W. 德拉海的信 ……… 133
七十四、给西奥多·卡尼修斯博士的信，1859 年 5 月 17 日于伊利诺伊州斯普林菲尔德…………………………… 134
七十五、给斯凯勒·科尔法克斯的信，1859 年 7 月 6 日于伊利诺伊州斯普林菲尔德…………………………… 135
七十六、给塞缪尔·盖洛韦的信，1859 年 7 月 28 日于伊利诺伊州斯普林菲尔德…………………………… 136
七十七、摘自 1859 年 9 月 16 日在俄亥俄州哥伦布市的演说…………………………………… 138
七十八、摘自 1859 年 9 月 17 日在俄亥俄州辛辛那提的演说…………………………………… 138
七十九、摘自 1859 年 12 月 1—5 日在堪萨斯所作的演说笔记…………………………………… 142
八十、摘自 1860 年 2 月 27 日在纽约库珀学会的演说 ……… 147
八十一、摘自 1860 年 3 月 6 日在康涅狄格州纽黑文的演说…………………………………… 159
八十二、给 E. 斯塔福德的信，1860 年 3 月 17 日于伊利诺伊州斯普林菲尔德…………………………… 164
八十三、给塞缪尔·盖洛韦的信，1860 年 3 月 24 日于芝加哥…………………………………… 164
八十四、对芝加哥代表大会派来通知林肯被提名为总统候选人的委员会的答词，1860 年 5 月 19 日 ……… 165
八十五、给共和党全国代表大会主席乔治·阿什曼的信，1860 年 5 月 23 日于伊利诺伊州斯普林菲尔德 ……… 166

八十六、1860 年 8 月 14 日在伊利诺伊州斯普林菲尔德的谈话…………………………………………………… 167
八十七、给格雷斯·比德尔小姐的信,1860 年 10 月 19 日于伊利诺伊州斯普林菲尔德…………………………… 168
八十八、给威廉·斯皮尔的信,1860 年 10 月 23 日于伊利诺伊州斯普林菲尔德………………………………………… 168
八十九、给特鲁曼·史密斯的信,1860 年 11 月 10 日于伊利诺伊州斯普林菲尔德……………………………………… 169
九十、在伊利诺伊州斯普林菲尔德庆祝林肯当选总统大会上的讲话,1860 年 11 月 20 日 ……………………… 169
九十一、给写信征求意见的威廉·凯洛格的复信,1860 年 12 月 11 日 ………………………………………………… 170
九十二、给 A. H. 斯蒂芬斯的信,1860 年 12 月 22 日于伊利诺伊州斯普林菲尔德………………………………………… 170
九十三. 给 J. T. 黑尔的信,1861 年 1 月 11 日于伊利诺伊州斯普林菲尔德……………………………………………… 171
九十四、告别演说,1861 年 2 月 11 日于伊利诺伊州斯普林菲尔德…………………………………………………………… 172
九十五、对印第安纳州印第安纳波利斯市的欢迎词的答词,1861 年 2 月 11 日 ………………………………………… 172
九十六、摘自在哥伦布市对俄亥俄州议会的讲话,1861 年 2 月 13 日 …………………………………………………… 173
九十七、摘自在俄亥俄州克利夫兰市的讲话,1861 年 2 月 15 日 ………………………………………………………… 174

九十八、在纽约州尤蒂卡市的讲话,1861 年 2 月 18 日 ········ 175
九十九、在特伦顿市对新泽西州参议院的讲话,1861 年 2 月 21 日 ································ 176
一〇〇、在费城独立大厅的讲话,1861 年 2 月 22 日 ··········· 177
一〇一、第一次就职演说,1861 年 3 月 4 日于华盛顿 ········ 178
一〇二、对西华德国务卿的备忘录的答复,1861 年 4 月 1 日 ··································· 189
一〇三、摘自林肯致国会特别会议的首次咨文,1861 年 7 月 4 日 ································ 190
一〇四、宣布全国斋戒日,1861 年 8 月 12 日 ················ 195
一〇五、给弗里蒙特将军的信,1861 年 9 月 2 日于华盛顿 ··· 196
一〇六、给亨特将军的信,1861 年 9 月 9 日于华盛顿 ········ 197
一〇七、给弗里蒙特夫人的信,1861 年 9 月 12 日于华盛顿 ································ 197
一〇八、给 O. H. 布朗宁的信,1861 年 9 月 22 日 ············· 198
一〇九、给麦克里南德将军的信,1861 年 11 月 10 日于华盛顿 ······························ 200
一一〇、摘自林肯致国会的年度国情咨文,1861 年 12 月 3 日 ································ 201
一一一、给麦克莱伦将军的信,1862 年 2 月 3 日于华盛顿 ··· 204
一一二、向国会提出的咨文,1862 年 3 月 6 日 ················ 205
一一三、给《纽约时报》主编亨利·J. 雷蒙德的信,1862 年 3 月 9 日于华盛顿 ························ 207
一一四、给詹姆斯·A. 麦克杜格尔的信,1862 年 3 月 14

日于华盛顿……………………………………………… 207
一一五、给麦克莱伦将军的信，1862 年 4 月 9 日于华盛顿……………………………………………………… 209
一一六、给麦克莱伦将军的电报，1862 年 5 月 1 日于华盛顿……………………………………………………… 211
一一七、给麦克莱伦将军的信，1862 年 5 月 9 日于华盛顿……………………………………………………… 211
一一八、关于撤销亨特将军的军事解放命令的公告，1862 年 5 月 19 日 ……………………………………… 213
一一九、给麦克莱伦将军的电报，1862 年 5 月 25 日于华盛顿……………………………………………………… 215
一二〇、给麦克莱伦将军的电报，1862 年 5 月 28 日于华盛顿……………………………………………………… 215
一二一、给麦克莱伦将军的信，1862 年 6 月 26 日于华盛顿……………………………………………………… 216
一二二、给麦克莱伦将军的信，1862 年 6 月 28 日于华盛顿……………………………………………………… 216
一二三、给西华德国务卿的信，1862 年 6 月 28 日于华盛顿……………………………………………………… 217
一二四、给麦克莱伦将军的信，1862 年 7 月 1 日于华盛顿……………………………………………………… 218
一二五、给麦克莱伦将军的信，1862 年 7 月 2 日于华盛顿……………………………………………………… 218

一二六、给麦克莱伦将军的信,1862年7月4日于华盛顿 …… 219
一二七、给麦克莱伦将军的电报,1862年7月5日于华盛顿 …… 220
一二八、为用赎买方式解放奴隶向边界州议员们呼吁,1862年7月12日 …… 221
一二九、给雷弗迪·约翰逊的信,1862年7月26日于华盛顿 …… 223
一三〇、给卡思伯特·布利特的信,1862年7月28日于华盛顿 …… 225
一三一、给奥古斯特·贝尔蒙特的信,1862年7月31日 …… 227
一三二、给阿·加斯帕林伯爵的信,1862年8月4日于华盛顿 …… 228
一三三、在华盛顿一次联邦集会上的讲话,1862年8月6日 …… 230
一三四、对一个黑人代表团就开拓移民地的讲话,1862年8月14日 …… 231
一三五、给霍勒斯·格里利的信,1862年8月22日于华盛顿 …… 236
一三六、给麦克莱伦将军的电报,1862年9月12日于华盛顿 …… 237
一三七、对芝加哥各教派要求总统公布解放宣言的一个委员会的答词,1862年9月13日 …… 238
一三八、摘自《初步解放宣言》,1862年9月22日 …… 241

一三九、给爱德华·埃弗雷特的介绍信,1862 年 9 月 24 日于华盛顿…………………………………………………………… 242
一四〇、对“小夜曲”的答词,1862 年 9 月 24 日 ……………… 243
一四一、给汉尼巴尔·哈姆林的信,1862 年 9 月 28 日于华盛顿…………………………………………………………… 244
一四二、对上帝意志的沉思,1862 年 9 月 30 日(?) ………… 245
一四三、摘自给麦克莱伦将军的信,1862 年 10 月 13 日于华盛顿………………………………………………………… 245
一四四、给麦克莱伦将军的电报,1862 年 10 月 24 日于华盛顿…………………………………………………………… 247
一四五、给麦克莱伦将军的电报,1862 年 10 月 27 日于华盛顿…………………………………………………………… 247
一四六、给麦克莱伦将军的电报,1862 年 10 月 27 日于华盛顿…………………………………………………………… 248
一四七、解除麦克莱伦将军的职务并作其他调动的命令,1862 年 11 月 5 日 ……………………………………………… 248
一四八、守安息日的命令,1862 年 11 月 15 日于华盛顿 …… 249
一四九、给 G. 罗伯逊的信,1862 年 11 月 20 日于华盛顿,未发出 ………………………………………………………… 249
一五〇、给路易斯安那军管州长 G. F. 谢普利的信,1862 年 11 月 21 日于华盛顿……………………………………… 250
一五一、给谢普利州长的信,1862 年 11 月 21 日于华盛顿……………………………………………………………… 251
一五二、给班克斯将军的信,1862 年 11 月 22 日于华盛

顿 …………………………………………………………… 252
一五三、给卡尔·舒尔茨的信，1862 年 11 月 24 日于华盛顿 ………………………………………………………… 253
一五四、摘自致国会的年度咨文，1862 年 12 月 1 日 ………… 254
一五五、给波托马克军团的信，1862 年 12 月 22 日于华盛顿 ………………………………………………………… 257
一五六、《最后解放宣言》，1863 年 1 月 1 日 ………………… 258
一五七、给麦克利南德将军的信，1863 年 1 月 8 日于华盛顿 ………………………………………………………… 260
一五八、给曼彻斯特工人的信，1863 年 1 月 19 日于华盛顿 …………………………………………………………… 261
一五九、给胡克将军的信，1863 年 1 月 26 日于华盛顿 ……… 263
一六〇、给伦敦工人的信，1863 年 2 月 2 日于华盛顿 ……… 264
一六一、给亚历山大·里德牧师的信，1863 年 2 月 22 日于华盛顿 …………………………………………………… 265
一六二、给亨特将军的信，1863 年 4 月 1 日于华盛顿 ……… 265
一六三、在胡克将军对里士满作战计划上的批示，1863 年 4 月 11 日 …………………………………………………… 266
一六四、攻克维克斯堡后给格兰特将军的信，1863 年 7 月 13 日于华盛顿 ……………………………………………… 267
一六五、葛底斯堡战役后给米德将军的信，1863 年 7 月 14 日于华盛顿，此信未署名亦未发出 ……………………… 267
一六六、给霍华德将军的信，1863 年 7 月 21 日于华盛顿 …… 269
一六七、给伯恩赛德将军的电报，1863 年 7 月 27 日于华

盛顿…………………………………………………………… 270
一六八、给莫尔顿的信，1863 年 7 月 31 日于华盛顿 ………… 270
一六九、给林肯夫人的信，1863 年 8 月 8 日于华盛顿 ……… 271
一七〇、给詹姆斯·哈克特的信，1863 年 8 月 17 日于华
盛顿…………………………………………………………… 271
一七一、给 J. C. 康克林的信，1863 年 8 月 26 日于华盛顿 … 272
一七二、摘自给 J. H. 哈克特的信，1863 年 11 月 2 日于
华盛顿………………………………………………………… 277
一七三、给斯坦顿部长的便条，1863 年 11 月 11 日于华
盛顿…………………………………………………………… 277
一七四、在葛底斯堡国家烈士公墓落成典礼上的演说，
1863 年 11 月 19 日 ……………………………………… 277
一七五、摘自致国会的年度咨文，1863 年 12 月 8 日 ………… 279
一七六、在俄亥俄州霍德利州长关于枪毙一名逃兵的信
上的批示，1864 年 1 月 7 日 ……………………………… 279
一七七、给斯坦顿部长的信，1864 年 3 月 1 日于华盛顿 …… 280
一七八、给迈克尔·哈恩州长的信，1864 年 3 月 13 日于
华盛顿………………………………………………………… 280
一七九、华盛顿一次保健义卖会的闭幕辞，1864 年 3 月
18 日 ………………………………………………………… 281
一八〇、给 A. G. 霍奇斯的信，1864 年 4 月 4 日于华盛顿…… 282
一八一、给霍勒斯·曼夫人的信，1864 年 4 月 5 日于华
盛顿…………………………………………………………… 284
一八二、摘自在巴尔的摩一次保健义卖会上的讲话，1864

年 4 月 18 日 …………………………………………… 285
一八三、给格兰特将军的信，1864 年 4 月 30 日于华盛顿 …… 287
一八四、对一个卫理公会代表团的答词，1864 年 5 月 14 日………………………………………………………… 287
一八五、给艾德博士等人的信，1864 年 5 月 30 日于华盛顿………………………………………………………… 288
一八六、对全国联邦党代表团祝贺林肯再次被提名为总统候选人的答词，1864 年 6 月 9 日 ………………… 289
一八七、摘自在费城一次保健义卖会上的讲话，1864 年 6 月 16 日 ……………………………………………… 290
一八八、向内阁宣读的备忘录，1864 年 7 月 14 日 ………… 291
一八九、给格兰特将军的密码电报，1864 年 8 月 3 日于华盛顿……………………………………………………… 291
一九〇、给格兰特将军的电报，1864 年 8 月 17 日 ………… 292
一九一、给 C. D. 鲁宾逊的信的未完成稿，1864 年 8 月 17 日于华盛顿……………………………………………… 292
一九二、摘自对第 166 俄亥俄团的讲话，1864 年 8 月 22 日………………………………………………………… 295
一九三、便条，1864 年 8 月 23 日于华盛顿 ……………………… 295
一九四、给伊莱扎·格尼的信，1864 年 9 月 4 日于华盛顿………………………………………………………… 296
一九五、给格兰特将军的电报，1864 年 9 月 29 日于华盛顿………………………………………………………… 297
一九六、对歌手们的答词，1864 年 11 月 9 日 ………………… 297

一九七、给比克斯比夫人的信，1864 年 11 月 21 日 ………… 298
一九八、摘自致国会的年度咨文，1864 年 12 月 6 日 ………… 298
一九九、给 W. T. 谢尔曼将军的信，1864 年 12 月 26 日于华盛顿………………………………………………… 302
二〇〇、给格兰特将军的信，1865 年 1 月 19 日于华盛顿 …… 303
二〇一、关于和平谈判给西华德国务卿的指示，1865 年 1 月 31 日 ………………………………………………… 304
二〇二、给格兰特将军的电报，1865 年 2 月 1 日于华盛顿………………………………………………………… 305
二〇三、致国会咨文的草稿，1865 年 2 月 5 日，未署名，亦未发出………………………………………………… 305
二〇四、对报告投票选举结果的国会一个委员会的答词，1865 年 2 月 9 日 ……………………………………… 306
二〇五、第二次就职演说，1865 年 3 月 4 日于华盛顿 ……… 307
二〇六、给瑟洛·威德的信，1865 年 3 月 15 日于华盛顿 …… 309
二〇七、摘自对一个印第安纳团的讲话，1865 年 3 月 17 日………………………………………………………… 309
二〇八、最后一次公开演说，1865 年 4 月 11 日于华盛顿 …… 310

林肯的生平………………………………………………… 316
关于本书………………………………………………… 320
注释……………………………………………………… 324

一、摘自 1832 年 3 月 9 日在新塞勒姆对伊利诺伊州桑加门县人民的演说。这是林肯的第一篇公开演说[1]

每个人据说都有他自己的抱负。这种说法对也好，不对也好，反正我要说我最大的抱负就是真正受到我的同胞们的尊敬，办法就是使我自己值得他们尊敬。我能在多大程度上实现这个抱负还有待分晓。我年纪轻，你们许多人对我不了解。我出生于而且始终处于最低下的阶层。我没有富有的或有名望的亲友为我推荐。我的情况完全取决于国内有主见的选举人；如果我当选，这就是他们给了我恩惠，我将不遗余力以求报答。但是，如果善良的人们高见卓识，认为我以隐居幕后为宜，那我反正已习惯于失意，不会过分懊丧。

二、给《桑加门日报》编者的信，1836 年 6 月 13 日于新塞勒姆[2]

致《日报》编者：在上星期六的贵报上，我看到一封署名为“许多选举人”的来信，信中要求在《日报》上宣布的那些候选人“摊牌”。我同意。下面就是我摊的牌。

我主张,凡是帮助政府挑担子的人都要分享政府的特权。因此,我主张一切纳税或当兵的白人(妇女绝不排除在外)都有选举权。

如果我当选,我将把全体桑加门人民看作我的委托人,反对我的和支持我的都一视同仁。作为他们的代表,对于一切事情,凡是我有办法知道他们的愿望何在,我将唯他们的愿望是从;否则,我认为怎样能最好地促进他们的利益。我就怎样做。无论当选与否,我主张把出售公有土地所得分配给各州,使我们的州和其他各州一样,得以开凿运河,建筑铁路而不用借款和支付利息。

如果11月第一个星期一我活着的话,我将投票选举休·怀特为总统。

三、1836年6月21日给罗伯特·艾伦上校的信

亲爱的上校:听说上星期我不在的时候,你路过这里,扬言你知道一件或若干件事,这些事如果公之于众,将会彻底断送尼·沃·爱德华兹和我本人在下次选举中当选的希望;然而,出于对我们的照顾,你不准备把这些事公布。我比任何人都更需要照顾,而且一般说来,几乎人人都愿意接受照顾;然而,在这件事上,对我照顾就是使公众受屈,因此,我要请你原谅我谢绝照顾。我曾经蒙受桑加门人民的信任,这是明摆着的;如果从那以后,我有意或无意干了一件事,这件事如果张扬出去,将使我失去信任,那么,谁知道

那件事而加以隐瞒,谁就是出卖祖国的利益。

我自己怎么也猜不透你说的究竟是哪一件事或哪几件事,真的还是假的;但我认为你为人诚实,所以我毫不怀疑你至少相信你自己说的话。你对我的关怀使我不胜荣幸;但我确实希望你在经过更慎重的思考以后,会把公众的利益视为至高无上,从而下决心让最坏的事情发生。我在此向你保证,你把事情坦率地说出来,不管会使我如何声名扫地,也决不会影响我们之间的友谊。希望你对此作出答复,你愿意的话,也尽可把两封信一并发表。

四、摘自1837年1月27日对伊利诺伊州斯普林菲尔德青年学会的演说[3]

我选择了《我国政治制度永世长存》作为今晚的话题。

在世界上所发生的大事日志中,我们美国人发现我们的记载从公元19世纪算起。就幅员的广阔、土地的肥沃和气候的相宜而言,我们太平地占有着地球上最美好的一部分。治理我们的政治制度,在实质上比以往历史上任何一种制度更有助于达到公民自由和宗教自由这两个目标。我们在登上生活的舞台时,发现我们自己是这些基本福祉的合法继承者。我们埋头苦干不是为了获得或确立这些福祉;它们是祖先遗留给我们的财产,我们的祖先曾经是坚强、勇敢和爱国的,现在已与世长辞,深受哀悼。他们的任务(他们极其出色地履行了这个任务)是为他们自己从而也为他们的子孙占有这块美好的国土,在它的千山万谷之上建立一座自由和权利平等的政治大厦；我们的任务就是要把美好的国土和政治大厦传诸千秋万代，要使美好的国土永远不受侵略者脚步的玷污，要使政治大厦永远不因时光的流逝而坍塌，也永远不因篡权而损毁。这一任务意味着对前辈感恩，对自己公正，对子孙尽责，还有对全人类热爱，所有这些都迫切需要我们全心全意地去完成。

那么，我们应该怎样来完成这一任务呢？在哪一点上我们感到危险临头呢？我们应该用什么方法来防止危险呢？会不会有一个大西洋彼岸的军事巨人远涉重洋，一举把我们毁灭呢？决不会！所有欧洲、亚洲和非洲的军队联合起来，把地球上的全部财富（我们自己的除外）作为他们的军事费用，由一个拿破仑率领着苦战一千年，也休想依靠武力在俄亥俄河喝上一口水或者在蓝岭留下一个足迹。

那么，究竟在哪一点上感到危险临头呢？我回答说，如果危险果真来临，它必然在我们内部产生，而不可能来自外部。如果我们命该遭殃，那么始作俑者必然是我们自己，最后下毒手的也是我们自己。作为一个自由国家，我们必须永世长存，不然就自杀身亡。

我希望我是过分小心了；但如果不是过分小心，那么，甚至眼前我们内部就有一些不好的兆头。我是指全国普遍地越来越不把法律看在眼里，越来越倾向于以粗暴的感情代替法庭的严肃裁决，以岂止是野蛮的暴民代替司法官。这种倾向在任何一个社会里都是极其可怕的；现在我们的社会里也有了，尽管承认这一点感情上是痛苦的，但如果予以否认却违背事实，贬低了我们的良知。关于暴民违法行为的报道是当代的每日新闻。它们从新英格兰到路易斯安那遍及全国；它们并非为前者的皑皑白雪或后者的炎炎烈日所特有，它们并非气候的产物，也并不局限于蓄奴州或非蓄奴州。它们既发生于寻欢作乐的南部奴隶主，同样也发生于循规蹈矩地区爱好秩序的公民。因此，不管它们的原因何在，情况在全国是一样的。

把所有那些恐怖行为详细描述出来是厌烦的也是无益的。发生在密西西比州和圣路易斯的那些事情恐怕是其中最危险的例子，为天理人情所不容。拿密西西比州来说，他们先是把一些十足的赌徒吊死——这帮人为谋生而从事的职业当然不是很有益处或很老实的，但是这项职业非但未经法律禁止，实际上仅仅一年之前刚由立法机关通过一项法令加以批准。紧接着，一些有密谋造反嫌疑的黑人在全州各地被抓住并被吊死；然后，一些被认为和那些黑人有勾结的白人也被吊死；最后，从邻近各州有事去那里的外地人也有许多遭到了同样的命运。就这样，吊死的过程从赌徒到黑人，从黑人到白人公民，从白人公民到外地人一直进行下去，直到几乎每条路边触目皆是挂在树枝上的死人，其数目之多，足可作为树林帷幕，与土生的西班牙苔藓相比。

再来看看发生在圣路易斯的那令人发指的一幕吧。那里只有一个无辜的人送掉性命。经过情形很短促，然而恐怕是现实生活中见到过的这类短促事件中最为悲惨的。一个名叫麦金托什的黑白混血儿在街上被抓住，拖到郊区，用链条捆在树上，然后纵火活活烧死；而仅仅一小时以前，他还是一个专心做他自己事情、与世无争的自由民。

这些就是私刑的结果，这些就是在这个直到最近还以热爱法律和秩序闻名的国家里越来越频繁出现的场面，而关于它们的报道现在已司空见惯，最多不过引得人们随便议论几句罢了。

不过你们恐怕要问："这同我们的政治制度永世长存有什么关系呢？"我回答："关系大着呐。"相对说来，它的直接结果的坏处是很小的，它的最大危险却在于我们容易把它的直接结果当作唯一的结果。从理论上看，在维克斯堡吊死赌徒影响不大。他们在任何社会里都只构成一部分岂止无用的人，他们死了，如果没有因此而树立有害的榜样的话，谁都不会表示惋惜。如果他们每年被鼠疫或天花夺去生命，对于正直的人们也许还有很大好处。关于圣路易斯放火烧死黑人的正确推理也是如此。那个黑人因为穷凶极恶谋害市内一个最高尚可敬的公民而丧失了生命，如果他不被烧死的话，也马上会被法律处死。就他个人来说，结局反正都是一样的。但是两种情况下作出的榜样却是极坏的。人们今天心血来潮要把赌徒吊死或者把杀人犯烧死，他们应该记住，在干这种事常有的混乱中，他们很可能把一个既不是赌徒也不是杀人犯的人当作赌徒和杀人犯吊死或者烧死，而明天的暴徒学他们的榜样，也很可能由于同样的错误而把他们之中的几个人吊死或烧死。不仅如此，无罪的人，那些坚决反对任何违法行为的人，却同有罪的人一样，在私刑的淫威下受害，这样逐步发展下去，最后就会把为保护个人生命财产安全而建立起来的全部壁垒摧毁，弃若敝履。但即使所有这一切，还不是全部危害所在。由于这些榜样，由于眼看这些为非作歹的人逍遥法外，思想上的不法之徒就会受到怂恿，变成行动上的不法之徒；而且，既然他们一向习惯于不受拘束，只害怕惩罚，这时就变得无法无天。他们一向把政府当作眼中钉，政府暂停行使职能他们就兴高采烈，但求政府彻底完蛋。另一方面，好

人，那些喜欢安定、愿意守法并从守法得到好处、甘心为保卫祖国而流血的人们，眼看他们的财产被毁坏，家人遭凌辱，生命遇危险，人身受伤害，看不到情况有好转的希望，就会对那个不能给予他们保护的政府感到厌恶，也不大会去反对他们自以为不会给他们带来损失的变动。就这样，由于这种我们大家都得承认在国内普遍存在的暴民统治心理使然，任何一个政府的最坚强的堡垒，特别是像我们这种结构的政府的最坚强的堡垒，结果就会被摧毁——我所说的堡垒就是人民对政府的深厚感情。一旦我们内部竟然发生这种情形，一旦那一部分坏人竟然得以成百成千地结伙成帮，烧教堂，抢粮仓，将印刷机扔进河里，枪杀编辑，任意把看着不顺眼的人吊死和烧死，自己却逍遥法外，那么这个政府就肯定不会长久。由于这些事情，最好的公民的感情就会多少同政府疏远，这样，政府就会变得没有朋友，或者只有极少数朋友，这少数人力量太薄弱，无从使他们的友谊发挥作用。在这种时候，在这种情况下，就不乏具备足够才能和野心的人抓紧机会出击，把过去半个世纪里一直是全世界热爱自由者最钟爱的希望的那个精美结构毁掉。

我知道美国人民对他们的政府不胜依恋：我知道他们愿意为它吃苦；我知道他们会长期忍受着灾难的煎熬，根本不想另外更换一个政府。但是，尽管如此，如果法律继续受到藐视和玩忽，如果他们身家财产安全的权利只能掌握在一帮反复无常的暴徒手中，那么，他们同政府感情的疏远就是必然的结果，而这种结果早晚一定会出现。

正是在这一点上会产生危险。

问题又来了："我们应该如何加强力量来防止危险？"答案是简

单的。让每一个美国人，每一个热爱自由的人，每一个希望子孙后代平安顺遂的人以独立战争的鲜血起誓，决不丝毫违犯国家的法律，也决不容许别人违犯法律。就像1776年的爱国者用实际行动支持《独立宣言》一样，每一个美国人也都要以他的生命、财产和名誉保证支持宪法和法律——每一个人都要记住，违犯法律就是践踏他的前辈的鲜血，就是撕碎他自己的和他子女的自由宪章。让每一个美国母亲对在她膝上牙牙学语的婴儿灌输对法律的尊重；让法律在小学、中学和大学讲授；让它写进识字课本、缀字课本和历本；让它在布道坛布讲，在立法机关宣布，在法院执行。总之，让它成为国家的政治信仰，让男女老少、富人穷人、各种语言、肤色和条件的人不断地在法律的祭坛上献身。

一旦这种心理状态普及全国，或者哪怕只要非常广泛地在国内流行，一切暗中破坏国民自由的举动就会失败，一切企图就会枉费心机。

我这样极力主张严格遵守一切法律，可不要以为我是说坏的法律就没有了，或者说冤案就没有了，而纠正这种冤案的法律还没有制订出来。我完全不是这个意思。但我确实要说，尽管坏的法律——如果有的话——必须尽快废除，但是在它们继续生效的时候，为示范起见，还是应该严格遵守。对于意外情况也是如此。如果发生这种情况，应该毫不迟延地制订法律条款，但是在没有制订之前，如果不是绝对无法容忍的话，就应该暂时忍受。

没有一种冤案是适宜于用私刑来纠正的。任何一件可能发生的事，例如宣传废奴主义，都必然符合两种情形中的一种——那就是，要么事情本身是对的，应该由全部法律和全体好公民来保护，要么事情是错的,因而必须由法令来禁止;而在无论哪一种情形下,由私刑来插手都是不必要的、不正当的和不可原谅的。

可是有人也许会问:"为什么要假定我们的政治制度遇到危险呢?我们不是已经把它维持了五十多年了吗?为什么不能够再维持五十倍之久呢?"

我们但愿没有充分的理由。我们但愿一切危险都被克服。但是一口咬定决不会有危险发生,这本身就是极其危险的。现在已经有,而且将来还会有许多其倾向十分危险的事情,这些事情以前是没有的,也并非是细小得不值得注意。我们的政府从成立以来一直保持着它原来的体制,这一点是不足为奇的。有许多支柱支持它度过那段时期,而这些支柱现在已经烂掉了,崩溃了。在那段时期内,大家都认为它是一个未有定论的试验:而现在则一致公认它是成功的。当时,所有那些追求名声和地位的人都期望借试验的成功来获得。他们把一切都寄托在这上面;他们的命运同这不可分割地结合在一起。他们的野心渴望向啧啧称羡的世界实地显示一项到那时为止充其量只能说是成问题的主张——即一国人民有能力自治——的正确性。他们如果成功就将永垂不朽;他们的名字将传遍县、市、江河和山岳,将千秋万代受到尊崇、歌颂和敬仰。他们如果失败就将被骂作恶棍、笨蛋和狂人,骂过一阵子以后就此湮没无闻。他们成功了。试验是成功的,千万人因使它成功而名垂青史。但是猎物已经到手了。俗话说,"猎物一到手,追逐没劲头",我认为这句话一点不错。这块播种荣耀的土地已经收割过,收成已经被瓜分。但新的收割者又会出现,他们也会物色一块土地。如果说我们之间不会再出现有野心和有天赋的人,就等于把世界历史告诉我们的事实否定掉。当他们果然出现时,他们就会自然而然像别人从前所做的那样力图满足他们的统治欲。于是问题产生了,单单保持和维护一座别人营造的大厦就能满足吗?肯定不能。有不少伟大善良的人,无论做什么工作都能胜任愉快,他们的抱负最多不过是取得议会的一个席位,取得一个州长或总统的职位;可是对于狮子的家族或鹰的种族来说,情况就不同了。什么!你们以为这些地位就能满足得了一个亚历山大、一个凯撒或者一个拿破仑吗?决不!卓越的天才不屑走一条人家走过的路。他寻找迄今没有开拓过的地区。他认为在那些为纪念别人而营造的丰碑上添层加楼是出不了名的。他不相信在哪一个领袖的领导下服务是足够光荣的。他不屑跟着前辈的脚步走,无论那个前辈是多么杰出。他渴望出名;靠解放奴隶也好,让自由民做奴隶也好,反正只要能出名就行。因此,说我们中间某一个时候会出现一个既天赋卓越、又有充分野心使天赋发挥到顶点的人,难道不是合乎情理的吗?一旦出现这样一个人,人民就必须团结起来,听命于政府和法律,而且都应该聪明懂事,以便成功地挫败他的图谋。

名利是他的至高无上的目标。尽管他除了通过做坏事来获得名利之外,也愿意通过做好事来获得名利(也许通过做好事还更愿意些),但机会已经过去,在建设方面再没有什么好做了,于是他就会不顾一切地专门做拆台的工作。

这就是一种可能的情况,极其危险,而且是以前所从来没有的。

我们的制度所以能维持至今,另外还有一个起过很大作用的理由,但这个理由现在已不复在同样程度上存在了。我是指独立战争的动人景象对人民的感情而不是判断力的强烈影响。由于这种影响，人类天性固有的在和平、兴旺和自觉强大的形势下尤为普通的嫉妒、羡慕和贪婪心理暂时被大大抑制，不起作用了，而根深蒂固的仇恨心理以及强烈的复仇动机则没有被用来互相攻击，而是集中用来对付英国。这样，在形势的威力下，我们最卑劣的天性要么处于蛰伏状态，要么成为促进最崇高事业的积极因素，这种事业就是建立和维护公民自由和信仰自由。

但是这种心理状态必然会和产生它的形势一同消失，正在消失，而且已经消失了。

我并不是说独立战争的情景现在已经被完全遗忘或者有一天会被完全遗忘，但是，像其他一切东西一样，它必然会被人们淡忘。随着时光的流逝变得越来越模糊不清。在历史上，我们希望独立战争的情况会被读到，会被详细描述，就像《圣经》一样垂诸永远；但就算做到这一点，它的影响也决不会像从前那样大。就算这样，它也决不会尽人皆知，决不会像刚谢世的一代人所感受的那样鲜明生动。在那次斗争结束时，几乎每一个成年男子都亲身参加过斗争的场面。其结果是，在每个家庭中，那些场面都从丈夫、父亲、儿子或兄弟的身上反映了一部活生生的历史——这部历史有它自己真实性的明证，反映在残缺的肢体中，受伤留下的疤痕中，和各个有关的情节之中，这部历史也可以为所有一切人们——聪明的和愚笨的，有文化的和没有文化的——所阅读和理解。但是所有这些历史都已过去了。它们再也阅读不到了。它们曾经是一座强大的堡垒；但是入侵的敌人永远做不到的，无声的时光的大炮却做到了，把它的四壁夷为平地。它们过去了。它们曾经是一座巨大

的橡树林；但是永不停息的飓风席卷了它们，仅仅在这里那里留下孤零零的一根树干，失去了青翠，括光了枝叶，光秃秃地没有遮盖，在阵阵微风中呻吟，用残缺的躯干同更猛烈的风暴搏斗，最后终于倒下去，化为乌有。

它们曾经是自由殿堂的支柱，现在它们烂掉了，那座殿堂也非倒坍不可，除非我们——他们的后代——用从理智这一坚实采石场开采出来的其他支柱来代替。激情曾经帮过我们的忙，但是再也不能帮了，今后它反而会是我们的大敌。理智——冷静、深谋远虑、不动感情的理智——必须提供今后支持和保卫我们的全部材料。让那些材料化为普遍的智慧、高尚的道德，特别是化为对宪法和法律的尊重吧；我们永远进步，我们永远保持自由，我们永远尊崇他的名字，在他长眠期间我们没有让敌人的脚步跨过或玷污他的安息地，这些就是我们的华盛顿被最后审判日的号声唤醒时将会听到的。

让壮丽的自由大厦把这些作为它的基石吧，就像对那个唯一更伟大的机构所说的那样确切："地狱之门不能攻胜它。"

五、1837年3月3日在伊利诺伊州立法机关提出的异议。这是林肯关于奴隶制的第一个政治行动[4]

关于国内奴隶制问题的决议案已由这次州议会两院会议通

过，下列签名者对该决议案的通过提出异议。

他们认为，奴隶制是建立在不公正和错误政策上的，然而传播废奴主义却只会增加而不会减少它的祸害。

他们认为，在宪法规定下，合众国国会无权干预各州的奴隶制。

他们认为，在宪法规定下，合众国国会有权在哥伦比亚特区废除奴隶制，但是除非在哥伦比亚特区人民要求下就不应使用这种权力。

这些见解和上述决议中所包含的那些见解之间的分歧，就是他们提出此项异议的理由。

丹·斯通

亚·林肯

六、给玛丽·欧文斯小姐的信，1837年5月7日于伊利诺伊州斯普林菲尔德

玛丽吾友：在写这封信之前，我给你写过两封信，但都是写到一半，觉得不满意，就把它们撕掉了。第一封我觉得不够严肃，第二封恰恰相反。这封信不管写得怎样，都非寄出不可了。

在斯普林菲尔德的生活真是无聊透顶，至少对于我是如此。我在这里，就像我一生在任何一个地方一样，感到无比寂寞。自从我来到这里，只有一个女人跟我说过话，而她如果能够避免的话，本来也不会跟我说话的。我还从来没有去过教堂，短时期内恐怕也不会去。我置身局外，是因为意识到自己不懂礼仪。

我常常想到我们所谈过的关于你来斯普林菲尔德生活这件事，我担心你不会满意。这里非常时兴乘着马车招摇过市，你看在眼里而不能享受，会受不了的。你只好过穷日子，而且没有办法掩饰你的穷。你相信你能熬下去吗？不管哪一个女人愿意同我结合——如果真有这样一个女人的话——我都要尽一切可能使她快乐，满足，而我想象不出还有什么比做不到这一点更使我不快的了。我知道，只要你没有什么不乐意的表示，那么，我和你在一起会比目前快活得多。你对我说的可能是戏言，也可能是我误会了。如果真是这样，那就把它忘掉；如果不是这样，我衷心希望你三思而后行。我说过的话我自己绝对负责，只要你希望我负责。我的意见是你最好不要来。你吃不惯苦，这种苦可能比你现在想象的更厉害。我知道你能正确地考虑任何问题，如果你对此郑重考虑后再作出决定，那么我愿意服从你的决定。

七、给玛丽·欧文斯小姐的信，1837 年 8 月 16 日于伊利诺伊州斯普林菲尔德

玛丽吾友：你一定会奇怪，怎么今天我们刚分手，我就又给你写信了。唯一的解释只能是，最近多次和你相见，使我比平常更想你了；而这次见面时，我们很少表达过彼此的想法。你一定知道，我不能抱着满不在乎的态度看到你或者想到你，然而我对于你的真正感情，你可能会理解错了。如果我知道你没有理解错，我就不

用这封信来打扰你了。别人也许不需要更多的消息就心中有数了,但是我认为我有特别的权利以不知道情况为借口,而你理当承认这个借口。我无论做什么事情都一定要处置得当,在女人方面尤其如此。在目前这个时候,我特别要对你做得得当,如果我知道不理你是得当的话——我有点猜疑确是如此——我就会不理你。为了把事情尽可能说清楚,我现在告诉你,这件事你可以不再谈了,你可以永远不再想起我(如果你曾经有一点点想我的话),也可以不答复这封信,而我对你决无半句怨言。我甚至要更进一步说,如果这样做能使你更舒服一点,或心里更好受一点,我就衷心希望你去做。不要以为我是想借此同你断绝关系。我没有这个意思。我真正希望的是,我们进一步的关系将取决于你自己。如果进一步的关系无补于你的幸福,那肯定也无补于我的幸福。如果你觉得在某种程度上受我束缚,希望我放开你,我现在愿意放开你;而另一方面,如果我能相信把你束缚得更紧将会在一定程度上增进你的幸福,我就愿意甚至急于把你束缚得更紧。问题的确都在这里面了。再没有比知道你不快活使我更不快活,知道你快活使我更快活的了。

上面所说的一番话相信不会被你误解,而我写这封信的唯一目的,就是希望你理解我的意思。

如果你以不写回信为好,那就永别了。愿你活得长久和幸福。但如果你决定回信,那就请你像我一样坦率。你想对我说什么就说什么,这不会有任何坏处或危险,你尽管实说好了。

八、给O.H.布朗宁太太的信，1838年4月1日于伊利诺伊州斯普林菲尔德[5]

亲爱的夫人：这封信我将向你谈谈自从和你见面后我的生活情形，但我不因为只关心自己的事而向你致歉。顺便说说，我现在发觉，要充分而明白地叙述自从和你见面后我所做的事情和忍受的痛苦，就一定要把以前发生的一件事先说明一下。

那是在1836年秋天，我认识的一位已婚的女士，也是我的一个极好的朋友，要到肯塔基去探望她的父亲和其他亲戚。她向我提议说，她回来时，将带她的一个妹妹回来，条件是我保证尽快做她的妹夫。我当然接受了这个建议，因为你知道，我即使不情愿，也只能那么做；不过，你我之间说说，我私下对这个计划是非常满意的。我在大约三年前看到过她这个妹妹，觉得她聪明伶俐，讨人喜欢，找不到什么好的理由不和她缔结良缘。过了一些时候，那位女士探亲回来了，果然把她的妹妹带来了。这使我有点惊讶，因为我觉得她来得这样容易，说明她有点过分迁就，不过再一想，也许是她已嫁的姐姐劝她来的，根本就没有向她提过我的事儿，所以我决定，如果没有其他异议的话，这一点就不去计较了。以上这些念头是我听说她到了街坊那里才产生的——因为，要知道，除了上面说过的三年前那次，我后来一直没有见到过她。几天以后，我们见了一次面，尽管我从前见过她，她跟我的想象却完全不同。我知道

她是太胖了一点，可是她现在几乎同福尔斯泰夫[1]不相上下。我也知道人家管她叫“老处女”，我相信这个绰号至少有一半是取对了，可现在，一看见她，我无论如何也不能不想到我的母亲。这倒不是因为她形容憔悴——她的皮肤脂肪太多，根本无从收缩成皱纹——而是因为牙齿脱落，脸上饱经风霜，还有就是我脑中产生一个念头：她从呱呱坠地到长成现在这个大块头，至少要三十五年或四十年；一句话，我一点也不喜欢她。但是有什么办法呢？我已经对她姐姐说过愿意和她白头偕老，我做事情向来凭荣誉和良心，言出必行，特别是如果别人在我说的话的影响下已采取了行动，在这件事上他们肯定是受了影响的，因为我那时完全相信天下再没有第二个人会要她，因而断定他们非要我成交不可。“好吧”，我心里想，“我已经说出口，不管结果如何，如果不成功也不是我的错。”我立刻下定决心娶她作妻子，此后，就用我的全部探识力去发掘她身上的优点，借以抵消她的缺点。我努力想象她是漂亮的，要不是她不幸长得太胖，这倒是事实。除此以外，我看见过的女人的脸没有一个比她长得更俊。我还努力使自己相信，心灵应该比外貌重要得多，而我发现她在心灵方面不比我认识的任何一个人差。

在这以后不久，我也顾不上取得她谅解就动身到范代利亚去了。也就是那个时候，在那个地方，你第一次遇到我。我在那里逗留的期间，收到过她的几封信，这些信没有改变我对她的才智和意图的看法，相反在这两点上倒使我更坚定了。

① 莎士比亚剧作《亨利四世》与《温莎的欢乐妻子们》中人物，快活、喜说大话而生性怯懦，体形肥胖无比。——译者

在此期间，尽管我的决心"坚如磐石"，我却一直懊悔自己做得太鲁莽。我生平还没有受过想拼命挣脱的束缚，无论这种束缚是真实的还是假想的。我回家以后，没有发现什么可以改变我对她的看法。她还是她，我还是我。我于是花工夫盘算一旦环境改变后怎样生活下去，盘算怎样才能把那不幸的日子往后拖，我对那不幸的日子实在很害怕，就像爱尔兰人怕绞索一样，恐怕有过之而无不及。

在这个饶有兴趣的问题上吃足苦头以后，我现在忽然完完全全、彻彻底底摆脱了"困境"。你猜我是怎样摆脱的——干干净净，一点不拖泥带水，丝毫没有违背诺言、荣誉或良心。我想你是猜不着的，所以还是马上告诉你吧。就像律师所说，事情经过如下：当我把事情拖到面子上快要过不去的时候（顺便说说，这已经到了去年秋天），我决定让它圆满结束，不再拖下去，于是我鼓起勇气，开门见山向她求婚；可是，说来令人难以置信，她居然一口拒绝了。开头我还以为她假装正经，觉得在她这种特殊情况下是挺不合适的，可是我再一次提出，她却比前一次更加坚定地表示拒绝。我试了一次又一次，可是都得到了同样的结果，或者不如说都是同样的不成功。

最后我只好放弃了，这使我委屈到几乎难以忍受的地步。我觉得我在好多方面受到委屈。我的虚荣心受到了严重伤害，一来是因为我太笨，在那么长的时间里也没看出她的真实用心，还以为对她一点没有理解错；二来是因为我一直以为没有第二个人会要她，而她居然把我连同我那空想出来的伟大胸怀一起拒之门外。这还不算，我当时还破题儿第一遭疑心我真有点爱上她哩。不过让它去吧！我会想办法对付过去的。别人曾经被姑娘们愚弄过，可我的情形决非如此。在这件事上，我最卖力地愚弄了我自己。我现在已下定决心，再也不考虑结婚了，由于这个缘故，随便哪一个女人头脑发昏想嫁给我，我都不会对她满意。

收到这封信后，请随便多写点什么事情让我散散心。请向布朗宁先生问候。

九、摘自1839年12月20日(?)在伊利诺伊州斯普林菲尔德众议院会堂一次政治讨论会上的演说

兰伯恩先生硬说范·布伦党和辉格党之间的不同在于，尽管前者在实践上有时候犯错误，他们在原则上却总是正确的，而后者却原则上错了；为了进一步使这种说法给人以深刻的印象，他用了一个比喻："民主党人脚后跟有毛病，但是头脑和心地健全。"比喻的上半部分——即民主党人脚后跟有毛病——我承认不仅是比喻，而且的确是事实。谁只要稍微注意一下他们的斯沃特沃特之辈、普赖斯之辈、哈林顿之辈，还有许许多多其他人们携带公款匆忙逃往得克萨斯、逃往欧洲、逃往坏人可以指望在那里逃脱法律制裁的地球上任何一个地点，就决不会不相信他们的脚后跟患了一种最严重的"逃跑痒"病。看来，他们脚后跟的这种毛病对这些头脑健全和心地正直的家伙所起的作用，就像滑稽歌曲里的软木腿

对其主人一样:只要主人一抬腿跑,越是想叫它停下,它就越是跑得快。我不怕老生常谈,来讲一个故事,这故事似乎恰到好处,不可错过。有一个俏皮的爱尔兰士兵,他在没有接近危险时老是吹嘘自己勇敢,可是每次打仗一遇到冲锋总是不听到命令就往后退,他的上尉问他为什么这样,他回答道:“上尉,我内心就和朱利叶斯·凯撒一样勇敢;可是,不知怎么回事,危险一临头,我那胆小的腿就带着心一起逃跑了。”兰伯恩先生的党的情况也是如此。他们怀着聪明的头脑和正直的心地所能具有的最值得赞许的目的把公款拿在手里,但他们还来不及把公款交出来,他们那可恶的“有毛病的脚后跟”就带着它一起逃跑了。

说真的,兰伯恩先生的这种说法是不折不扣地要求人家不是根据实践而是根据表白来考验他的党。党所持的主张恐怕再没有比这个极其客气的要求更易于或更应当予以揭露的了;只因为我在这方面已经谈得太多,才不允许再花时间去揭露它。由于上述理由,我把它略过不谈。

我只要再谈一点。兰伯恩先生提到各州最近进行的选举,并且根据它们的结果大言不惭地预言说,在下次总统选举中,全国每一个州都将投票选举范·布伦先生当总统。把这个高见去对懦夫和无赖说吧;对于自由和勇敢的人们它毫无作用。它也许是对的;对就对吧。许多自由国家已经失去了自由,我们的国家也可能失去自由;但如果她失去自由,我最值得骄傲的是,并非是我最后一个丢弃了她,而是我从来没有丢弃她。我知道,华盛顿的那座大火山,受到在那里称王的恶势力的激发和支配,正在喷发出腐败政治的岩浆,来势汹涌,以惊人的速度扫荡全国,所到之处,可能寸草不留,生物灭绝;而在祖国的胸膛上,那股恶势力的小妖怪们正在像魔鬼在地狱的波浪上一样驰骋,穷凶极恶地辱骂所有那些敢于徒劳地抵抗它那破坏性进程的人;我知道这一点,我不能否认一切都可能被毁掉。我也可能被它冲垮,但我决不向它低头。我们可能在斗争中倒下,但决不能因此而阻挡我们去支持一项我们认为是正义的事业;它阻挡不了我。如果我什么时候感到我的灵魂升高和扩张到并非完全与全能的造物主不相称的地步,那就是在我思索祖国的事业的时候,祖国被所有外界的人抛弃了,而我只身勇敢地站出来与那些胜利的压迫者们对抗。在此,不问后果如何,面对苍天,面对全世界,我发誓永远忠于我的生命、自由和爱情所隶属的国家的正义事业。哪一个和我有同感的人会不大无畏地采取我立下的誓言呢?自以为做得对的人只要谁也不畏缩,我们就会成功。但如果我们终于失败了,那就这样吧。我们至少可以骄傲地安慰自己的良心和祖国失去的自由说,当我们赞许的事业,我们衷心崇敬的事业处于灾难、戴上镣铐、受尽折磨、濒于死亡之际,我们没有畏缩不前,而是挺身出来保卫它。

十、给约翰·T.斯图尔特的信,1840年3月1日于伊利诺伊州斯普林菲尔德[6]

亲爱的斯图尔特:我从来没有看到过我们的党在这些地区的前景像现在这样光明。我们将在本县取得比你1836年和梅竞选时更大的多数。我并不认为我个人的希望很大,因为我想我很可能当不了候选人；但党所提出的候选人名单却一定会获胜。《老兵》的订数直线上升。今天早晨我从邮局取来杜波依斯的信，里面附有六十个订户的名单，我把它交给弗朗西斯时，发现他从当天的邮件中又收到其他地区一百四十个订户。这仅仅是每天收到的平均数。昨天道格拉斯自以为受了《日报》里某项报道的侮辱，在街上用棍子打弗朗西斯。弗朗西斯抓住他的头发，把他死死按住在一辆运货车上，后来人家把弗朗西斯拉开才算了结。这件事真有趣，直到现在弗朗西斯和其他所有的人(道格拉斯除外)还都把它引为笑谈。

十一、给 W.G.安德森的信，1840 年 10 月 31 日于伊利诺伊州劳伦斯维尔[7]

亲爱的先生：你昨天的便条收到了。你谈到我们之间的纠纷，说我是肇事者，我想我不是。你说我的话“蓄意伤人”。其实我只不过是想用来回敬你自己所说的那些话，别无他意。我希望你仅仅从这个角度来理解我的话。你问我眼前“对这件事的看法”。我对你没有恶意，对这件事也毫无芥蒂，除非就是我竟然会卷入这样一场争吵，对此我深为遗憾。

十二、摘自给约翰·T.斯图尔特的信，1841年1月23日于伊利诺伊州斯普林菲尔德[8]

请原谅我没有把情况向你作一个全面扼要的报道，这不是我的力量所能办到的。我现在是天下最倒运的人。如果把我的苦处平均分给整个人类大家庭，那么天下将没有一张笑脸。我的处境会不会好转，我说不上来，很可能好不了。长此下去是不行的，不好转还不如死掉。你为了我的缘故所说起的那件事，可以照你所说的去做，除非你得知我的条件不容许你去做。我这样说，是因为唯恐不能在这里担任任何工作，换个环境也许对我有好处。照我自己的意思，我还是和洛根法官待在家里好。我不能多写了。

十三、摘自给玛丽·斯皮德小姐的信，1841年9月27日于伊利诺伊州布卢明顿[9]

附带说说，在船上碰到一个很好的例子，说明环境对于人类幸福的影响。一位先生在肯塔基各地买了十二个黑人，正带着他们到南方一个农场去。他们每六个人用大链条锁在一起。每个人的左腕上套着一个小小的U形铁环，用一根小链条拴在大链条上，各人之间隔开一定距离，所以黑人看上去活像许多条鱼串在一根绳上。在这种情况下，他们将永远同他们的童年景象，同他们的朋友、父母、兄弟姐妹分离，其中许多人还将同他们的妻儿分离，终身被奴役，主人的皮鞭人人知道比哪儿都更残酷无情。然而，我们以为他们的处境是再苦没有了，他们却是船上最快乐和显然是最幸福的人。有一个黑人是因为对妻子过于钟情，而得罪主人被卖掉的，他几乎不停地拉着提琴，其他人则整天跳舞、唱歌、说笑话，玩各种各样的纸牌戏。“上帝为了剪过毛的羊而把风力变弱”这句话多么对啊，或者换句话说，上帝使人们最坏的环境变得可以忍受，而最好的环境也不过勉强过得去。

十四、给乔舒亚·F.斯皮德的信，1842年1月3日于伊利诺伊州斯普林菲尔德[10]

亲爱的斯皮德：你知道我十二万分关心你的大事的成功，我用这个方法作为我唯一能用的方法来帮助你，如果你需要帮助的话（但愿不要！）。我把要说的话写在纸上并非因为纸上写比口头说更能表达我的意思，但如果我在和你分手前就口头说了，等到我的话可能会对你有用处的时候，你很可能已经把它忘记了。我想你从现在开始到大功告成必然会有一个时候心情异常不好，这封信就是让你在那个时候读的。我所以说你心情必然还会异常不好，是由于一个主要原因外加三个特殊原因。下面我来谈谈。

主要原因是你天生神经质。我这样说是根据我个人对你的观察，还有你历来对我讲的关于你母亲的事以及你嫂嫂去世的时候你讲的关于你哥哥威廉的事。第一个特殊原因是你在旅途遇到恶劣天气，我的经验充分证明这对于有缺陷的神经是有严重影响的。第二个特殊原因是没有事情做，没有朋友谈天，而做事情和谈天可以使你分心，使你偶尔可以摆脱紧张的思虑，这种思虑往往会使最美好的意念变得索然无味，痛苦之极。第三个特殊原因是你的全部思想感情所倾注的决定性时刻很快就要到来了。

如果你能成功地避开所有这些原因，而不再经受又一次“内心的痛苦”，那我就万幸是错了，而且是大错特错。假如相反你会感到痛苦和忧伤，就像我预料你在某个时候将会感到的那样，那就让我——我自以为对这种问题有资格发表评论——请求你把它归咎于我所提到的各种原因，而不要去埋怨什么谬误的、败坏事情的鬼主意。

“不过，”你会说，“你的几种原因难道不适用于每一个做同样事情的人吗？”决不是都适用。三个特殊原因也许确实或多或少对任何人都适用，但是主要原因——神经衰弱，它是所有特殊原因的关键和导体，没有这个主要原因，几个特殊原因也就完全没有害处——却完全是你一个人的，其他一千个人当中也不会有一个人有这种情况。你和所有其他人之间的讨厌的不同处就在于这一点。

我知道你不快活的根源是什么，就是担心你没有像应该爱她的那样爱她。胡说！你怎么会向她求爱的？不就是因为你以为她值得爱，你给她理由去期望这种爱么？……如果你发现她在侦察你，看不起你，并委身给另一个人，你究竟会作何想法呢？可你对这个一点不担心，所以你的感情是完全用错地方了。

我对你十分关心，请你每个邮班都寄信给我。

十五、给乔舒亚·F.斯皮德的信，1842年2月3日于伊利诺伊州斯普林菲尔德

亲爱的斯皮德：今天收到了你1月25日的来信，知道了你的伤心事儿。你清楚地知道，我向来把你的事儿看得比我自己的还要重；可是我向你保证，你对我叙述了你在写信时心情非常不好，我看了却并没有太难过。这并不是因为我对你的同情心比过去差了，也不是因为我对你的友情比过去淡薄了，而是因为我希望并且相信，你目前对她的健康和生命的忧虑必然会永远消除那些可怕的怀疑，我知道你常常对你自己是否真诚地爱她表示怀疑。如果这些怀疑能就此永远消释（我几乎预感到上帝就是为了这个缘故才特意让你吃现在这个苦头的），那以后就肯定不会再有那么大的痛苦了。嗳，斯皮德，如果你不爱她，那你尽管不会希望她死，也肯定会听其自然。也许这一点对你已不成问题了，我再唠叨不休会使你反感。假如是这样的话，一定要请你原谅。你知道我在这一点上吃过多少苦，对它多么敏感。你知道我没有恶意。自从你走了以后，我已经不再犯“疑心病”，情况比去年秋天还好。我看到她了——不过只有一次。她好像非常快乐，所以我们之间谈的事，我一点也没对她说。

十六、给乔舒亚·F.斯皮德的信,1842年2月13日于伊利诺伊州斯普林菲尔德

亲爱的斯皮德:你本月1日的来信已于三四天前收到。当你收到这封信时,你成为范妮的丈夫已经好几天了。你知道我对你的友谊是永久不变的,同时只要我知道事情该怎么做,就要一直做到底。但你今后所处的地位和我完全不同了,因而如果需要出主意的话,我可能把主意出错。不过,我真心希望你永远不再需要任何外来的安慰……我想,如果我是你,如果我的神经不大正常,我会避免无所事事。我会立刻着手做些生意,或者为生意做点准备工作,这是一样的。如果你泰然自若地行了婚礼,或哪怕表现得相当镇静,一点都不使来宾惊恐,那你就绝对没有问题了。最多过二三个月,你就会是天下最幸运的人。

十七、摘自1842年2月22日在华盛顿人戒酒协会斯普林菲尔德分会上的演说[11]

戒酒运动虽然已开展了将近二十年,但是大家都明白,到今天才取得了前所未有的成功。……

我们为这一新的辉煌成就感到由衷地高兴。这一成就之所以比以往伟大得多,无疑是有许多原因的;我们如果要使它继续下

去,最好来研究一下这些原因何在。

过去同酗酒进行的斗争由于种种原因是错误的。要么是领导斗争的人不太适当,要么就是他们采取的策略不太适当。这些领导人绝大多数是传道士、律师和雇来的代理人。这些人和广大群众之间缺少可接近性(如果可以用这个词的话),这至少部分地对他们的成功是个致命伤。目的是要劝导说服一些人,但他们偏偏对这些人缺乏同情或兴趣。

还有,这类人参加戒酒运动,除了他们自称的动机之外,还有别的动机,这也是司空见惯的。传教士提倡戒酒据说因为他是宗教狂,渴望政教合一;律师提倡戒酒是出于让人家听他讲话的骄傲和虚荣心;而雇来的代理人则是为了酬劳。但是,一个长期被认为是纵酒牺牲品的人打破了束缚他的桎梏,“衣冠楚楚,头脑清醒”地出现在邻人面前,作为失去已久的人性重新得到拯救的典型昂然站立,眼里含着欢乐的泪水,向人们诉说过去所受的苦痛现在永远不会再受了;诉说他的孩子们过去无衣无食现在足衣饱食;诉说他的妻子过去长期悲痛抑郁,终日以泪洗面、揉碎了心,现在恢复健康、心情愉快、夫妇重归于好;诉说只要决心去做,一切就多么容易做到;他的话多么朴实!既有哲理,又有力量,有人情味的人很少不为所动。……

依我看,我们最近取得的成功大大地,也许主要地应该归功于这一新的类型的战士进行的斗争。然而,老一派战士本身是不是挑选得最恰当,他们采取的策略是不是最有见识呢?我看未必。对卖酒和饮酒的人骂得太过火了。我认为这既不高明,也有失公平。说不高明,是因为人天性不喜欢受逼迫,更不喜欢在完全是他个人的事情上受逼迫，最不喜欢被人逼迫着去牺牲金钱利益或克服强烈食欲。如果对卖酒和饮酒的人不住口地说——不是由做了错事的人对做了错事的弟兄以恳求和劝告的口气好生好气地说，而是声势汹汹地破口大骂（高傲的法官往往用这种方式把重罪犯一生所犯的罪行归结起来，在宣判犯人死刑之前向他当面指出）——说他们乃是本国一切罪恶、痛苦和坏事的根源；说他们乃是在地球上横行不法的一切盗贼和杀人犯的制造者和原料；说他们的住所是魔鬼的工场，说一切善良正直的人必须把他们当作败坏道德的瘟疫避而远之——我说，如果用这种方式对他们说所有这些话，那就难怪他们迟迟不能领受这些斥责的真谛，不能大张旗鼓地和骂他们的人一起来反对他们自己了。

要指望他们不这样做——指望他们不是以骂人对付骂人、以责备对付责备、以诅咒对付诅咒——就等于指望改变人的天性，而人的天性是上帝决定的，永远也改变不了。

要想影响人们的举止行为，就应该采取劝说的办法，亲切的而不是装腔作势的劝说。常言说得好："一滴蜜糖引来的苍蝇比一加仑苦胆汁还要多。"人的情况也是如此。你想争取一个人加入你的事业，首先就得使他相信你是他的真诚朋友。这里面就有一滴赢得他的心的蜜糖，而他的心，不管他怎么说，乃是通向他的理智的捷径，一旦赢得了他的心，你就可以毫不费力地使他相信你的事业是正义的，如果那个事业真正是正义的话。正相反，如果强迫他相信，逼他采取行动，或者把他当作一个必须避开和轻视的人看待，那他就会打退堂鼓，就会把所有通向他心灵的道路封锁起来，哪怕你的事业本身就是明明白白的真理，变成一根最沉重的长矛，比钢还硬，比钢还锋利，哪怕你用无比的力量和准确性把长矛抛出去，不过是像用一根稻草去刺乌龟的硬壳一样，休想刺穿他的身体。这就是人，谁要引导他，哪怕是为了他本身的最好利益，就得这样来理解他……

我以为，老的改革家们犯的另一个错误，是认为一切喝酒成瘾的人都是绝对不可救药，必须把他们打入十八层地狱，使得当时的戒酒者既得到戒酒的好处，几百年后的人也都得到好处。这种态度含有一种和人性很不相容的东西，那么苛刻，那么冷酷无情，因而没有赢得也永远不可能赢得人民对这项事业的热情。我们不能爱提倡这种主张的人——我们不能耐心听他说教。心灵不能为它敞开门户，宽宏大量的人不能采纳这种主张——它不能和他的血液融化在一起。这种主张看上去自私到极点，活像为了减轻船身重量以求得自身安全而把父兄从船上抛入水里，心地高尚的人，对这种主张所表现的卑鄙感到吃惊。除此以外，用这种方法实行改革的好处从时间上说也太遥远，吸引不了很多人参加。很少人肯完全为后代做工作，没有人会热心地做。后代没有为我们做过任何事情，无论我们在后代这个问题上理论讲得多么动听，实际上为后代做得极少，除非能相信我们为后代做事情的同时也在为我们自己做。

要求或指望整个社会的人站出来为别人的暂时幸福卖力，而等他们自身委诸尘土以后，这个社会中的大多数却一点不花气力去争取他们自己的永恒幸福，这种主张暴露了对人性是多么的无知啊！时间或空间的辽阔距离有一种了不起的力量，能安抚人的心灵，使它变得麻木。我们归天以后，享乐也好，吃苦也好，哪怕我们自己的情况也很少顾到，别人的就更不相干了。还有，关于善有善报、恶有恶报这种说法，由于时间太远，就很容易使同这种说法有关的事情显得荒唐可笑。“还是把你偷的那把铲子放下吧，帕迪；不然最后审判那天你就会受到报应。”“神灵在上，要是你宽容我这么久，我就再拿一把吧。”

那么，一个人应不应该拒绝做整个社会所要求做的好事呢？一个人做不了多少事情，能不能就原谅他什么也不做呢？有人说：“我发誓戒酒有什么用呢？我从来不喝酒，哪怕不发誓也一样。”这个问题已经问过和回答过无数次，现在再来回答一次。一个许多年来一直纵酒的人，对酒的胃口十倍百倍于常人，比任何一种正常的食欲更厉害，现在突然要他戒掉，就需要有一种极其强大的精神力量。在戒酒这件事上，他需要周围一切可能有的精神上的支持和影响，来帮助他达到目的。不只如此，还要使他心中可能产生的任何引诱他倒退的念头得不到精神上的支持。当他举目四望的时候，他应该能看到他所尊敬的一切人，他所钦佩的一切人，他所热爱的一切人，都在亲切而焦急地向他指出上进之路，没有一个人示意他回到过去那种“在泥坑中打滚”的悲惨境况中去。

但是有人说，人是独立思考和行动的；没有一个人会因为他的邻居不喝酒或不做一件事情，他自己也不喝不做；精神影响并不像想象中那样有力。我们来研究一下。我要问问持这种主张最力的人，叫你星期天戴了你老婆的帽子上教堂去听讲道，你肯吗？我保证你绝对不肯。为什么不肯呢？这没有什么反宗教的，没有什么不道德的，没有什么不舒服的——那又为什么不肯呢？岂不是因为这个举动极其不合时尚吗？这就是时尚的影响，而时尚的影响也就是别人的行为对我们的行为的影响——我们看见所有的邻人都做,我们每个人也觉得非做不可。时尚的影响也并不限于一样事情或一类事情,它对于每样事情的影响都是巨大的。我们要使得不报名参加戒酒运动就像丈夫戴老婆帽子上教堂一样不合时宜,这样两种例子就都会变得极其罕见了。

“不过,”又有人说了,“我们不是酒徒,参加了酒徒自新会反而会获得这个臭名声,所以不管我们的影响多大,还是不参加为妙。”的确没有一个基督徒会赞成这种反对意见。如果他们真像嘴里所说的那样,相信上帝亲自屈尊化为一个有罪的人,并以这种身份为他们屈辱地死去,那他们一定不会不接受这种不知要小多少的委屈,使他们的许多犯错误和不幸的同胞暂时、也许是永远获得拯救。这种委屈也称不上伟大。依我看,我们这些从未受过喝酒之害的人所以幸免,多半还是由于不喜欢喝,而不是由于理智上或道德上比那些受害者强。实际上,如果我们把习惯性的酒徒划为一类,他们的才智同任何其他一类人比较起来相信只会占上风。聪明和热情奔放的人似乎容易染上这种恶习——纵酒的恶魔似乎最喜欢吸天才和慷慨豁达者的血。我们每个人都能想起一个亲戚,年轻时比所有的同伴都有出息,后来却成了纵酒魔鬼的牺牲品。他活像埃及的死神,奉命杀死每个家庭中不是最大的就是最好的孩子。现在应不应该制止他这种杀人行为呢?所有愿意出力的人都可以出力来制止;能够出力而不愿出力的人,哪一个会受到宽恕呢?凡是有人类生存之处,纵酒魔鬼使我们的父亲、兄弟、儿子和朋友拖着道德死亡的锁链匍匐在地。我们向到处活着的人呼唤:“吹响道德的号筒,让这些人站起来,成为一支无敌大军。”“啊,四

面八方，吹气吧！向这些被杀害的人吹气，让他们活过来。”如果革命的相对的伟大意义要由它减轻大量人类的痛苦而只造成少量痛苦来估计的话，那么，这的确是世界上从未有过的最伟大的革命。

对于1776年的政治革命，我们都理应引以为荣。它给予我们的政治自由远远超过地球上任何一个国家。世界从这场革命中找到了关于人是否有能力自治这个历来争论不休的难题的答案。从中萌发了幼芽，并将逐步生长和扩展为全人类的普遍自由。但是，尽管这场革命带来了过去、现在和未来的所有这一切辉煌成果，它也有毛病。它带来饥荒，血流成河，战火遍野，好久好久以后，孤儿的啼叫和寡妇的恸哭还会冲破随之而来的忧伤的寂静。这些便是代价，为革命带来的幸福所付出的不可避免的代价。

现在回到戒酒革命上来。在这场革命中，我们将发现一个更强的桎梏打破了，一个更可恶的奴役解放了，一个更大的暴君打倒了；在这场革命中，更多的需要获得满足，更多的疾病被治愈，更多的悲哀得到宽慰。进行这场革命，没有孤儿挨饿，没有寡妇哭泣。进行这场革命，没有人感情受到伤害，没有人利益受到损失；连酿酒和卖酒的人也会逐步改行，改行的过程缓慢得一点觉察不到变化，准备好和所有人一起参加全球的幸福大合唱。这对于政治自由事业是一个多么了不起的同盟者；有了这样一个助手，政治自由事业必将不断向前迈进，直到地球上每一个人都开怀畅饮彻底自由这一消愁饮料。到了那幸福的一天——一切酒瘾被控制，一切劣酒被取缔，一切酒料被交出——理智、无往不胜的理智将作为世界的主宰生存和行动。功德圆满！万岁！暴君垮台！理智称王，万万岁！

等到大功告成之后——那时地球上将没有一个奴隶也没有一个酒鬼——那个可真正自称为以胜利结束的两次革命诞生地和摇篮的国家的称号是多么令人骄傲啊。那些播种人类政治自由和道德自由并将其培育成熟的人民是多么了不起啊。

今天是华盛顿诞生一百十周年纪念日,我们集会来庆祝这一天。华盛顿是天下最伟大的名字,在公民自由事业上早就是最伟大的,在道德改良上仍然是最伟大的。对那个名字不必企望唱赞歌。这办不到。给太阳增添光辉,或者给华盛顿的名字增添荣耀,这都是不可能的。谁都别来尝试。让我们怀着敬畏的心情宣布这个名字,让它永远闪耀着灿烂的不朽光辉。

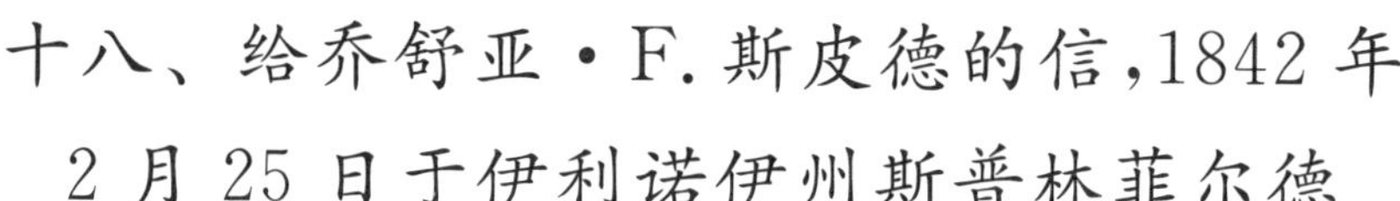

十八、给乔舒亚·F.斯皮德的信,1842年2月25日于伊利诺伊州斯普林菲尔德

亲爱的斯皮德:你本月12日到威廉家去时给我写的信收到好几天了,但迟迟未复,因为我打算在收到预期的十六日那封以后才写回信,而那封信于昨天晚上收到了。我拆信时心里焦急和恐慌得不得了,尽管情况比我想象的要好,十小时后我的心情几乎还是不能平静下来。

我告诉你,斯皮德,我们的种种不祥预感(你我在这方面都是很特别的)都荒唐透顶。打从收到你星期六的那封信以后,我想星期三那封决计收不到了,可偏偏收到了,非但如此,无论从语气还是笔迹都清楚地看得出,你写这封信要比写上一封信时快乐得多,或者如果你欢喜换一个字眼的话,不那么痛苦了。我原以为你情况会更坏,你却明显地大大好转了。你说你还是常常有一种说不出的可怕和惊恐的感觉。我保证再过三个月你就不会这样说了。你的神经一恢复正常,麻烦就永远过去了。即使恢复正常的过程很慢,你也千万不要着急。你还说,你朝思暮想的天堂恐怕永远不会到来了。唉,如果真的不能到来,我敢说那决不是现在已成为你妻子的她的过错。我现在一点不怀疑,你我去做那些远非世间任何东西所能实现的天堂乐土的梦,是我们两人独有的不幸。你自己可能会实现不了你的梦想,也没有一个女人能比那个黑眼睛的范妮更有办法使它实现。你如果能根据我的想法来衡量她,你就会觉得,有人竟认为和她生活在一起不快活,真是岂有此理。我的老父亲常说:"你如果做了一笔蚀本生意,就应该把它搂得更紧些。"我觉得,如果你刚做的这笔生意能够叫做蚀本的话,那么我搜遍脑海,引用那句格言是再合适也没有了。

十九、给乔舒亚·F.斯皮德的信,1842年3月27日于斯普林菲尔德

亲爱的斯皮德:本月10日来信已于三四天前收到。我直率地告诉你,信中内容当时和现在给我的愉快是难以形容的。至于你办农场的事,我和你的看法不同。我没有农场,今后也不想有,所以在这方面没有足够的研究,不大感兴趣。我只能说我很高兴你对农场感到满意。但对于另一件事,无论在快乐还是忧伤时,我对

它都很感兴趣，我却不能不和你有同感。当我听说你“现在的快乐远远超过你的期望”，我真有说不出的高兴。我只要知道这个就够了。我对你非常了解，知道你的期望至少有些时候是过高的，如果实际情况超过了期望，那么，老天爷，这就挺不错了。我一点不言过其实，我在拜读你最近一封信的片刻之间所得到的欢乐要超过自从 1841 年 1 月 1 日那不幸的一天以来我享受过的全部欢乐。从那时以来，要不是我念念不忘有一个人因为我的缘故始终不快活，我就会是完全快乐的了。这仍然使我非常痛苦。我不能不责备自己，因为她不快乐，我倒想快乐。上星期一她陪一大群人乘火车到杰克逊维尔去，听说她回来后说旅途非常愉快。为此我赞美上帝。

你知道，自从你的事情开始以来，我是一直如何全神贯注地注视着你；尽管几乎可以肯定这是无用的，我还是忍不住再一次要说，我以为你的情绪可能还会低落，使你痛苦。如果真的低落了，千万记住这不会长久的。有一件事我要告诉你，我知道你听了会高兴的，就是我已经看到她而且尽可能琢磨了她的心情，确信她要比过去十五个月里快乐得多。

在上期《桑加门日报》里，你可以看到我于 2 月 22 日做了一次戒酒演说，希望你和范妮一读，作为你们对我做的好事，因为我不知道另外是否有人已经读过它或可能去读它。这篇演说好在不长，如果你们一个人念，一个人听，就很合我的心愿了……

信中附寄的香紫罗兰已妥收，但是它完全干掉了，又压得那么平，手一碰就成碎片了。花里压出来的汁水把信纸上的一个地方染上了颜色，我预备把它保存起来，作为对把花采下来寄给我的她表示纪念。请专门向她问好,并向所有认识我的你的亲戚问候。

二十、摘自给乔舒亚·F.斯皮德的信,1842年7月4日于伊利诺伊州斯普林菲尔德

至于我曾对你的建议感到不快,你心中当然是明白的。我知道你明白,所以不用再费气力使你相信这点了。那件事确实使我痛苦,但是不是你不说或者大家都不说,就能使我忘怀的。我也承认你的意见是对的,不过我在决定做一件事之前,必须相信自己作出决定后有能力做到。我曾经自夸这种能力是我性格中的唯一的或主要的宝贝;那个宝贝我丢了——怎样丢的,丢在哪里,你完全清楚。我还没有把它捡回来,在捡回之前,我随便做哪一件重要事情都没有把握。我相信,如果你当时理解我的情况,就像我事后理解你的情况一样,那么,依靠你给我的帮助,我就能平安渡过难关,但现在它已不能给我充分自信再去做那件事或类似的事了。

你客气地承认你目前的幸福是我给的。你这样说,我很高兴。但是我知道你享有的幸福值得你表示这样的承认,因此我感到千倍的高兴。事实是,在解决你的困难方面我不能肯定自己有什么功劳;是命运把我卷进去的。我愿意帮忙的话,不会比现在做得少些。我向来迷信;我认为上帝使我成为把你的范妮和你结合起来的一个工具,这种结合肯定是天意。我的命运也由上帝安排。我

目前的箴言是:“站稳脚跟,听凭上帝拯救。”如果照你所说,你已经把所有事情都讲给范妮听了,我不反对把这封信给她看,但是关于我们这儿的朋友那段,如果她知道我的事情就给她看;如果不知道就别给她看。

这个季节我怕不能到肯塔基来了。我穷得要命,事业很少进展,空闲一个月就把一年辛勤所得付之流水。我还会来看你的。我还要来看你的那个“小妹妹”,我上次来的时候没有看到她,不过我想她如果听到我来,就又会溜掉了。

二十一、给 E. H. 梅里曼的备忘录,1842 年 9 月 19 日。希尔兹要求林肯和他决斗时,梅里曼充当林肯的助手[12]

登在本月 2 日《日报》上的那封《失去的地区》的信的确是我写的,不过其他任何一篇提到你的文章却与我无涉。我写那封信完全是出于政治目的——我无意损害你的人格或你作为男子汉或者绅士的地位;我当时并没有想到现在也没有想到那篇文章竟会产生或已经产生对你不利的作用;我如果预料到这种作用,就不会把它写出来。我还要补充说,据我所知,你对我的态度一向是彬彬有礼的,我对你没有个人的不满,也没有任何不满的理由。

如果这样解决问题的话,我让你去决定什么该发表,什么不该发表。如果这样还解决不了问题,那么决斗的步骤如下:

第一,武器:完全相同的两把大号骑兵大刀,也就是杰克逊维尔骑兵连现在用的那种。

第二,位置:一块木板,长十英尺,宽九至十二英寸,牢牢钉在地上,作为我们之间的界线,任何一方的脚都不得跨过,以免丧命。其次,在上述木板的两边地上各画一条线,与木板平行,每条线和木板的距离是刀的全长再加三英尺,任何一方在决斗时跨过自己一方的线就算是放弃决斗。

第三,时间:星期四下午五点钟,如果你能安排的话,但至迟不得超过星期五下午五点钟。

第四,地点:离奥尔顿三英里以内,在河对面,具体地点由你决定。

上述规则内任何预备性的细节你都可自由决定,但不得违背这些规则或超出其范围。

二十二、摘自给乔舒亚·F.斯皮德的信,1842年10月4日(?)于斯普林菲尔德

我写这封信不是要谈我以前一直在谈的那些事,而是要就那个你知道我是无限挂怀的问题说几句。你从去年9月初到2月中旬所忍受的无限痛苦,你从未想对我隐瞒,我是很了解的。现在你作为一个可爱的女子的丈夫已经近八个月了。我清楚地知道你现在比你和她结婚那天更加快乐,因为你没有她就活不下去。你也向我这样说过,而且你信中也表现出心情又开朗了。不过我要问

一个贴心问题："你现在真的是感情上和理智上都因为结了婚而快乐吗？"除了我，任何人问这个问题都是无礼的，不可容忍的；但我知道你会原谅我。请速赐回音，因为我迫不及待想知道。我经常向你的范妮问好，我担心她已经厌烦了。不过我还是大胆地再一次向她问好。

二十三、摘自给马丁·M.莫里斯的信，1843年3月26日于伊利诺伊州斯普林菲尔德[13]

我非常愉快地获悉，当桑加门人民抛弃我的时候，我在米纳德的老朋友——他们认识我最久，了解我也最深——却对我始终不渝。老一辈的公民如果知道我（一个异乡人，没有朋友，没有受过教育，身无分文，在一条平底船上工作，每月挣十块钱）在这儿被提名为骄傲、富有和显赫的贵族家庭的候选人，他们将会感到惊奇，如果不是好笑的话。但事实却是大抵如此。另外还有一股最奇怪的教会势力在联合起来反对我。贝克是坎贝尔派，因此我想他几乎无例外地会获得该教会的一致支持。我妻子有几个亲戚在长老会，也有几个在圣公会，因此，我不是属于这个教会就是属于那个教会，可偏偏有人坚决主张没有一个基督徒应该支持我，因为我不属于任何教会，怀疑我是个自然神论者，还说过要和人决斗的话。这一切当然和贝克不相干。我也并不埋怨。他自己的教会支持他，我想那是天经地义，至于我谈到的另一个教会的势力，尽管非常强大，但说这些势力使他们结成或已经结成一个整体来行动，则是极不真实和不公平的。我只是说那些势力在整个宗教争论中消耗了我相当多的精力。但是不多说了。

二十四、摘自给约翰斯顿的信，1846 年 4 月 18 日于特里蒙特[14]

你的信此刻不在手边，但是据我记忆，你在信中问我，我寄给你的那首诗的作者是谁，你这样问好像有点怀疑作者就是我本人。这绝对不是我写的。我认为这首诗写得真好，我要是能写出这样的东西，就是献出我的一切，再借点债，也在所不惜。我也不知道作者是谁。这首诗是我去年夏天在一张报纸上看到的，格式零乱，记得大约十五年前也看到过一次，我知道的就是这些了。我自己的那首诗是在下述情况下写的。1844 年秋天，心想我可以为克莱先生在印第安纳州获胜出点力，我就去到我在那个州里长大的那个地方；我的母亲和唯一的一个姐姐也葬在那里，我已经有十五年没有回去了。那个地方就其本身来说，一点都没有诗意。尽管如此，看到了它，看到了那里的景物和居民，就激起了我的感情，这肯定就是诗；至于我抒发出来的那些感情是否是诗，就是另外一个问题了。当我着手写的时候，主题的变化使全诗分成四部分或四章，现在先把第一章寄给你，其余各章容后奉上。

重见儿时故居，
　见到它使我哀伤；
往事历历涌上心头，
　其中自有一番乐趣。

啊，记忆！你这中间地带，
　介乎尘世和天堂之间，
腐朽的东西，失去的亲人，
　在如梦的阴影中一齐复现。

摆脱了人世间的一切罪恶，
　显得神圣、纯洁和光明，
如同魔岛上的景色，
　一切沐浴在透明的光辉中。

就像黄昏驱走白天时，
　幽暗的山峦赏心悦目；
就像号角声悠悠响起，
　又慢慢消失在远处。

就像离开雄伟的瀑布，
　我们流连忘返，谛听它的轰鸣，
一切遗忘了的事物，
　记忆使它们全都化为神圣。

自从离别这个地方，
　将近二十年已经过去，
离别树林、田野和游乐地，
　离别相亲相爱的游伴玩侣。

旧时多少熟悉的情景，
　如今已寥寥无几；
但看到它们，那失去的和久违的，
　又都一齐涌上心际。

分别那天留下的朋好，
　随着时光流逝变化多大！
孩提长大，青壮垂老，
　半数已埋入黄沙。

我听见幸存的亲人说，
　凡是人都难逃死亡的归宿，
直到一切声音都像丧钟，
　每一个地方都是坟墓。

我忧郁地在田野踯躅，
　在空房中漫步，
感到和死者作伴，
　好比生活在墓中。

二十五、摘自给乔舒亚·F.斯皮德的信，1846年10月22日于斯普林菲尔德[15]

我们又生了一个儿子，他是3月10日出生的。他和鲍勃这么大的时候一模一样，不过个子高一点。鲍勃是“小矮子”，我想他一辈子就是这样了。他说话口齿很清楚，几乎比任何孩子都清楚。他十分机灵。有时候我真担心他早熟，五岁时聪明绝顶，大起来却不过如此。他非常淘气，这是活泼好动的缘故。我握笔写这封信时，有人来告诉我鲍勃不见了，可是等我回到家里，他母亲已经找到了他，把他打了一顿，现在他很可能又跑掉了。

二十六、摘自给约翰斯顿的信，1847年2月25日于斯普林菲尔德

亲爱的约翰斯顿：你去年12月2日的来信已由威廉斯先生按时转交给我。你建议把我寄给你的诗，或者说歪诗，或者不管叫什么名堂，予以发表，我非常高兴。我同意你把它连同我现在奉上的第三章一并发表。至于我信中的议论是否作为序言同诗一道发表，则悉听尊便，但是姓名务请隐瞒。这些诗博得好评的希望不大，所以不敢贸然让人家知道是我写的，以免贻笑大方。

二十七、给威廉·H.赫恩登的信，1847年12月13日于华盛顿[16]

亲爱的威廉：顷接来信，知道我们承办银行诉讼的手续费已经收到，我想在我外出期间，再也听不到来自斯普林菲尔德的这样好的消息了。我无权让银行拨付，所以希望你购买银行证券，在那里为我还债，这样可以尽可能少花钱。你宁可从里奇利先生手里买，或者银行任何一个人都行，只要价钱便宜。我想，还清银行债款以后，可能还有余款，请从这笔钱中付给拉夫利和斯托特二十美元，付给普里斯特和某人（油商）十美元，作为粉刷房屋的材料费。如还有剩余，请代保存，等我看到你或通知你时再作决定。

我一弄到文件就尽快寄给你。我昨天给你写了关于《国会环球报》的事。你们大家都切盼我出人头地，我已下决心不久就会做到。

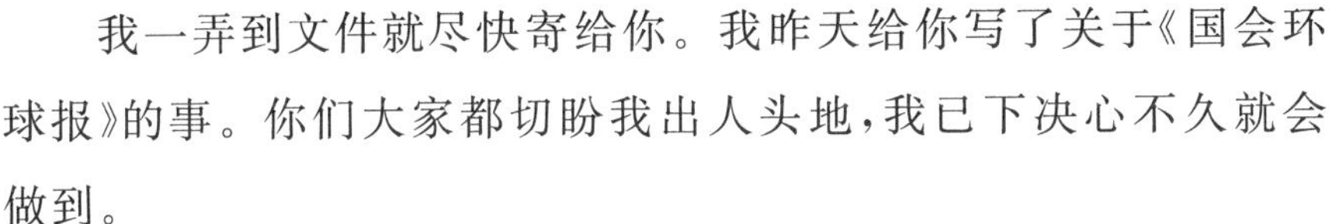

二十八、摘自给威廉·H.赫恩登的信，1848年1月8日于华盛顿

亲爱的威廉：12月27日来信已于一二天前收到。非常感激你为我的事情操心，并且答应关注我在那里的小小事务。至于演说，由于懂得了议院的窍门，我二三天前就一个不是普遍感兴趣的

邮局问题作过一次简短的演说。我觉得在这里讲或那里讲都相差无几。我就像在法院发言一样心里感到异常惊慌,不过并不比在法院里厉害。我在一二星期内还要作一次演说,希望获得成功,也希望你能在场听到。

你说有些人希望我重新当选,我心里很高兴。我衷心感谢他们对我的偏爱;我可以说,就像克莱先生谈到得克萨斯的并吞问题时所说的那样,“就我个人而言我不会反对”重新当选,尽管我当时认为,现在仍旧认为,一届任期结束后,我最好还是重操律师旧业。我曾声明在先,不再参加竞选,这并不是出于任何个人原因,而是想公平地对待别人,在我们的朋友之间保持和好,不让选区落到敌人手里;所以,万一没有其他人愿意当选的话,我无法不给人民再次委派我当议员的权利。但是如果要我去同别人竞争,或授权任何人让我去参加竞争,却是我的诺言和名誉所不允许的。

二十九、摘自1848年1月12日在华盛顿众议院的演说,这是林肯在国会的第一篇印出来的演说[17]

至于目前争议中的这个国家(墨西哥),根据总统的声明,是我们在1803年从法国买来的,1819年又卖给了西班牙。后来,全墨西哥,包括得克萨斯,起来革命反对西班牙;再后,得克萨斯又起来革命反对墨西哥。依我看,得克萨斯起来革命只要是取得人民的真正归顺(无论自愿还是不自愿),那么这块土地就是她的,再没有什么好说的。现在,先生,为了就得克萨斯是否已把革命推进到引起目前战争行动的那个地方获得最充分的证据,请总统回答我所提出的上述或其他几个类似的问题。请他彻底、公正和坦率地回答。请他用事实而不是用论据来回答。请他记住,他坐的地方是华盛顿坐过的,记住了这一点,就请他像华盛顿会回答的那样给以回答。对国民不应该回避,对上帝是回避不了的,所以请他不要回避,不要吞吞吐吐。在这样回答的时候,他如果能证明洒上战争的第一滴鲜血的那块土地本来是我们的,证明它不是处于一个有居民的国家之内,或者说,如果是处于这样一个国家之内,它的居民已经服从得克萨斯或美国的行政权力,而布朗要塞的位置情况也是如此,那么,我就同意他是对的。这样,我将非常乐意地改变我在那天的投票态度。我有一种自私的动机切望总统能这样做——我期望在战争问题上多得几票,如果他不这样做,我的期望就难以实现;但是,假如他这样做了,那就没有疑问了。如果他不能或不愿这样做——如果他以任何借口或不找借口而拒绝谈或避而不谈这点——那我就完全相信一件我已经非常怀疑的事情:他完全意识到自己理亏;他觉得这场战争的血,就像亚伯的血一样,正在厉声向上帝控诉他;他原来就有强烈动机——什么动机,我暂时不说——想把两个国家卷入一场战争,同时通过把公众的目光集中在辉煌的军事胜利上来逃避审查——这个胜利是从倾盆的鲜血中出现的美丽彩虹——是用魔法来毁坏一切的毒蛇眼睛;他发动了战争,不断向前扫荡,原来估计不费吹灰之力就可以使墨西哥屈服,但现在算盘落空,惶惶然不知所以。他最近的咨文中关于战争

的整个部分，多么像发烧病人的梦中呓语！一会儿告诉我们从墨西哥除了领土以外什么也得不到，一会儿又指示我们如何向墨西哥征收特别税来支持战争。一会儿强调民族荣誉、未来安全、防止外来干预，甚至墨西哥本身的幸福都是战争的目标；一会儿又告诉我们“拒绝赔偿——拒绝接受割让领土——就等于放弃我们的一切公正要求，打一场没有意义或没有任何固定目标、费用浩大的战争。”原来民族荣誉、未来安全，以及除了领土赔偿以外的一切事物，都可以被认为这场战争没有意义，没有明确目的！但是，现在既然已经确定领土赔偿是唯一的目的，他就极力要求我们通过立法去取得他几个月前愿意接受的一切以及整个下加利福尼亚，而战争还是照样进行下去——把我们为之而战的东西都拿到手，而且要继续打下去。还有，总统决心在任何情况下都取得整个领土割让作为战费的赔偿；但他忘记告诉我们，当战费超过全部墨西哥领土的价值以后，其超过部分如何解决。再者，他坚持要维护墨西哥国家的独立存在，但他没有告诉我们，在我们取得了墨西哥的全部领土以后，又如何能够实现这一点。为了免得把我提出的问题仅仅当作空论，让我稍作解释：它们并非空论。战争已经进行了二十个月，为了偿付战费和一笔不足道的老账，总统现在要索取墨西哥一半领土，而且就我们能从中获得的好处来说，这一半好得多。这一半领土上人口较为稀少，我们可以在那里设立土地局，借此筹措款项。据我了解另一半，就其自然情况来说，人口已很稠密，它的全部土地，或者一切值钱的东西，都已被当作私有财产占有。既然这些土地上有这种累赘，又怎样从中获得好处呢？或者怎样去除掉累赘呢？我想没有人会说我们应该把人民杀死，或者把他们赶走，或者让他们当奴隶，或者把他们的一切财产没收。那么，怎样才能从这部分土地上获得很大好处呢？如果战费已经相当于那个国家的比较值钱的一半领土的价值，战争还要打多久才能相当于另外一半不大值钱的领土，这并不是空论，而是一个日益紧迫的现实问题。可是总统好像从来没有想到过这个问题。至于结束战争和取得和平的方式，总统同样也是心中无数，举棋不定。最初他说，要靠在敌人国土的要害部分更有力地进行战争；在这方面总统自己讲得显然厌倦以后，他的语调变得灰心失望，并且告诉我们说“由于对方人民因派系斗争而四分五裂，政府因接连发生革命而经常变更，我们的军队虽然接连胜利，还是很难取得令人满意的和平。”接着他建议哄骗墨西哥人民，叫他们不要听从自己领导的意见，而要相信我们的主张，成立一个我们可以从它那里获得令人满意的和平的政府；他对我们说，“这是取得这样一种和平的唯一方式。”但他很快又对这种做法产生了怀疑，又退回到已经等于放弃的“更有力地进行战争”的立场。所有这一切说明，总统对他自己的主张一点也不满意。他先提出一个主张，为了说服我们接受他的主张，结果倒是说服自己把它放弃：然后又提出另一种主张，又是老样子反复一遍。最后，他头昏脑涨，实在想不出什么新办法，就又拾起早些时候已被他抛弃的老主张。他的头脑不胜负担，像热锅上的蚂蚁到处乱爬，找不到安身之地。

再者，奇怪的是，在这篇咨文里，竟没有一句话提到总统将在什么时候结束战争。在战争刚开始时，斯科特将军由于明白表示赢得和平至少要三四个月而受到这同一位总统的冷遇，如果不是受到屈辱的话。可现在，大约二十个月过去了，在这期间，我们的军队取得了无比辉煌的胜利，每一个部门和每一个地区、陆上和海上、军官和士兵、正规军和志愿军，都做到了人所能做的一切事情以及过去认为人所不能做的许多事情——在这一切之后，就是这位总统却发表了一篇冗长的咨文，里面没有一个地方表明他对结局有一个哪怕是想象的概念。如我刚才所说，他惶惶然不知所以。他是一个惊惶、狼狈、茫然不知所措的人。但愿他能证明他本人心中没有比他那些神志不清更伤脑筋的东西。

三十、摘自给威廉·H.赫恩登的信，1848年2月1日于华盛顿

亲爱的威廉：上月19日来信已于昨晚收到，非常感谢。信里有一件事我要立即和你谈的，就是由于我投票赞成阿什蒙的修正案，你担心你和我对战争问题的意见不同。对此我很遗憾，并不是因为担心你看过这封信以后还会和我意见不同，而是因为你如果产生误会，那么其他好朋友也会误会。我投的那一票确认，总统发动这场战争是没有必要的，也是违反宪法的；我敢以生命打赌，你如果处于我的地位，一定也会像我一样投票。明知道是谎言的东西你会投票赞成吗？我知道你是不会的。你会溜出议院逃避投票吗？我想是不会的。你如果逃避一次，那么在会议结束前，你还得逃避许多次。理查森的决议案是在我对这个问题采取任何行动或投任何一票之前提出的，它直截了当地提出了战争的正义性问题；谁都不应该对此沉默。你非说话不可，不是说老实话，就是说假

话。我毫不怀疑你会说哪一种。

三十一、给威廉·H.赫恩登的信，1848年2月2日于华盛顿[18]

亲爱的威廉：我提起笔来就是要告诉你，佐治亚州的斯蒂芬斯先生，一个矮小瘦削、脸容苍白、患结核病的人，嗓音像洛根，刚刚发表了长达一小时的一篇我生平听到过的最精彩的演说。我那双枯干的老眼到现在还充满着泪水。

如果他把这篇演说像他嘴里说的那样写出来，它将会在人民中广为流传。

三十二、给阿奇博尔德·威廉斯的信，1848年4月30日于华盛顿[19]

亲爱的威廉斯：我没有在报纸上看到从你的巡回区向6月全国代表大会派遣一名代表的任何迹象。我想说，我认为派一个代表是十二万分重要的。克莱先生根本没有当选的希望。他当初可能在纽约取胜，这样他在1844年就当选了，可现在却不行了，因为他现在至少会失去他当时赢得的田纳西，另外还会失去佛罗里达、得克萨斯、衣阿华和威斯康星等地的新的十五票。我知道我们的好朋友布朗宁对克莱先生是钦佩得五体投地的，所以我担心他会赞成提名克莱先生。如果是这样的话,请告诉他不要感情用事,要尽可能实事求是地估计使克莱先生当选所必需的票数。依我看,我们只能选举泰勒将军;由于没有提名,我们就不能选他。因此,千万派一个代表来。

三十三、摘自给J.M.佩克牧师的信,1848年5月21日于华盛顿

亲爱的先生:昨晚我收到一份《贝尔维尔鼓吹者》,看样子是私人寄来的,由于上面刊有你在布埃纳维斯塔战役庆祝会上发表的演说,而且盖有罗克泉的邮戳,所以我完全相信这是出于你的美意,应该对你表示感谢。

我承认,演说中煞费苦心就墨西哥战争的起因为当局辩护,使我感到失望,因为这还是第一次有一个我认为是聪明、正直和不偏不倚的人作出这样的努力。就是这种失望心情促使我来简单地同你谈谈这个问题,我不打算作详尽的评论。我不反对事实——简单地摆出来的事实。我认为你摆出的事实是对的,但是太简单了,没有把一些在我看来对于作出公正结论是十分重要的事实包括进去。

虽然你在一个地方说:"我只简单地摆出一些事实,让每个人自己去领会怎样公正地运用已经为这件事所规定的原则。"你自己却很快运用了那些原则,例如有一个地方你这样说:"鉴于所有这些事实,我深信不疑美国政府没有对墨西哥构成侵略。"不是鉴于

所有的事实。有些事实被你忽略了。美国军队在开往里奥格朗德时,开进了一个和平的墨西哥新拓居地,把居民们从他们的家园和正在生长的谷物地里吓跑,这是事实。马塔莫拉斯对面的布朗要塞是美国军队在一块墨西哥棉花田里构筑的,当军队到达时,棉花幼苗正在生长,却全部被毁掉了,而棉田本身也被沟渠和路堤之类严重地和永远地破坏了,这也是事实。当桑顿上尉和他的部队被墨西哥人俘获时,他们是在另一块墨西哥田野里被发现和俘获的,这又是事实。现在我用这些事实提请你注意,并且要弄清你对它们考虑的结果。如果你否认它们是事实,我想我可以提供证据来使你相信自己是错的。如果你承认它们是事实,那我请你指出哪一种语言的法律、州的法律、国家的法律、道德的法律、宗教的法律,任何人间的或天上的法律,可以从中找到一个权威,说那些事实“没有构成侵略”。

你可能认为那些事太细小了,不值得注意。如果这些事是地球上无论哪一个国家对我们最下等的人民干的,你敢这样认为吗?我知道你不敢。那么,我要问,难道“推己及人”这句格言已经过时了吗?没有力量了吗?没用处了吗?

如果你能抽暇赐复,我将会十分高兴。

三十四、给阿奇博尔德·威廉斯的信,1848年6月12日于华盛顿[20]

亲爱的威廉斯:我从费城参加“老莽汉”提名回来,发现在我外出期间积起来的一大堆信件中有你的一封信。许多人曾经一再说他们不赞成提名泰勒作总统候选人,但事情一经定局,他们很快就表示同意。我认为,我们将获得最辉煌的压倒一切的胜利。一个明白无误的迹象是:一切剩下来的人都站在我们一边——谷仓纵火者、土生美国人、泰勒的人、失意的谋求官职的民主党激进派以及天知道什么人。这至少有一点是重要的,就是说明了风往哪个方向吹。一些乐观的人已经把所有的州都看作是肯定支持泰勒的,只有伊利诺伊州难以预料。难道伊利诺伊州就不能想点办法吗? 泰勒被提名击中了民主党激进派的弱点,使战争风雷对他们不利。现在战争对于他们就等于海曼①的绞台,这座绞台本来是他们为我们造的,现在他们自己却注定要吊死在上面。

三十五、摘自给威廉·H.赫恩登的信,1848年6月22日于华盛顿[21]

至于年轻人,你们决不可坐等老年人来提拔。比方说,如果我从前只是等待老年人来发掘和提拔的话,能引起人们的注意吗?你们年轻人应该凑在一起,成立一个"鲁莽但尚能顶用者俱乐部",经常聚会和发表演说。把所有能吸收的人都吸收进来。最初只要哈里森·格里姆斯利、L. A. 伊诺斯、李·金贝尔和 C. W. 马西尼等几个人就可以了,慢慢把城里所有那些精明的野孩子——克里

① 《圣经》:海曼为一波斯官员,欲消灭犹太人,其阴谋被波斯国王阿哈索鲁斯的妻子埃丝特揭露后,海曼被绞死。——译者

斯·洛根、雷迪克·里奇利、刘易斯·茨维茨勒和其他许多人,不管刚成年还是更年幼一点,统统组织起来。让每一个人都发挥他的特长——有的说,有的唱,人家都“大声疾呼”。你们要在晚上聚会,好让年纪大点的男人和妇女来听,这样不但对“老扎克[①]”当选有帮助,本身还是一种有趣的娱乐,能够提高所有参加者的智能。请务必这样去做。

三十六、摘自给威廉·H.赫恩登的信,1848年7月10日于华盛顿

亲爱的威廉:你的附有剪报的信已于昨晚收到。这封信的主题使我非常痛心,我不得不认为你对老年人的动机的看法是错了。我想我现在也算是一个老人了,我以我的信用——我想我对你的信用还是好的——担保说,最使我满意的,莫过于得知你和家里其他年轻的朋友们在参加战斗,使自己为人民喜爱,而且受人民称赞的程度远远不是我过去所能及的。我想象不出其他老年人会有不同的看法。当然,我无法用事实证明我的话,不过我自己也曾经年轻过,我深信我从来没有受过胸襟狭窄的老人的排挤。我简直不知道怎么说才好。年轻人上进之途,就是用一切方法使自己提高,决不要疑心别人存心跟他过不去。我向你保证,疑心和妒忌在任

① 指美国第十二位总统扎卡里·泰勒,“鲁莽但尚能顶用者”是他的绰号。——译者

何情况下对任何人都没有好处。有时候可能有种气量小的人企图埋没年轻人,而年轻人如果思想不走正路,心里老想着自己吃了亏而不能自拔,那么那种人的企图就会得逞。调查一下,看看有没有你认识的人堕入这种感情而受到伤害。

三十七、摘自1848年7月27日在华盛顿众议院的演说[22]

几天前,佐治亚州的一位众议员——艾弗森先生,一个能说会道、学问高深的人(我自己没有学问,只能这样判断),出乎意外地对我们严加斥责。他使用了《巴尔的摩美国人》认为的“尖刻狠毒的语调”。在他第二次发作以后,我两眼发黑,赶紧用手指掐自己身体,以确知自己还活着。总算还剩下几根骨头,我慢慢又苏醒过来。他用崇高和美丽的字眼把克莱先生颂扬一番,然后宣称我们已抛弃了我们的一切原则,把亨利·克莱像一匹老马一样撵出去卖命了。真是厉害到了极点。这不能用讲道理来回答,至少我不能这样做。我只想问一问这位议员先生,你是不是认为把老马撵出去卖命的,只有辉格党一个党?一个名叫马丁·范布伦的,不也是一匹被你们自己的党撵出去卖命的老马吗?他现在卖命不是卖得有点让你们感到不自在了吗?……但是这位佐治亚州众议员还进一步说我们已抛弃了我们的全部原则,躲在泰勒将军的军服后摆下面,他似乎认为这是极其卑鄙的。好,既然他这样相信,就让他去相信吧。不过,他难道忘了另外某一个党在另外一件军服后摆下面已经躲了将近四分之一世纪吗？难道他对杰克逊将军那宽大的军服后摆不了解么？难道他不知道他自己的党曾经在那件军服后摆下进行过前五次总统竞选，现在又在同一庇护下进行第六次么？对啦，先生，那件军服后摆不只是杰克逊将军本人用过，而且自始至终被每一个民主党候选人死死抓住不放。你们从来不敢，现在也不敢从它下面钻出来。你们的竞选报纸一直是“老山核桃木”，上面登着那个老将军的画工拙劣的画像；山核桃木手杖和扫帚是你们没完没了的纹章。波尔克先生自己就是“小山核桃木”、“幼山核桃木”或诸如此类；甚至现在，你们的竞选报纸还公开声称卡斯和巴特勒是真正的“山核桃木型”。好了，先生，你们是不敢把它放弃的。你们像一群饥饿的虱子叮住埃米塔什狮子的尾巴直到它死，在它死后你们还是叮住不放，从它身上吮取令人恶心的养料。有个家伙曾经夸口有一个发明，能够从一个旧人身上变出一个新人，还有足够的余料可以做一只小黄狗。杰克逊将军的名望对你们来说正是这样一种发明。你们不但两次利用它使他成了总统，而且还有足够的余料使后来几个相当渺小的人成了总统，现在你们主要依靠它再使另外一个人成为总统。

议长先生，老马和军服后摆，或任何种类的尾巴[①]这类比喻，并非我第　个在这里的讨论中使用的；但是佐治亚州的议员先生既然认为使用它是适当的，那么他和你就把全部花样都翻出来好了。如果你们还有什么老马，就让它们跑出来吧，如果还有什么尾巴，就让它们翘起来甩我们吧。我再说一遍，我不愿意在这里采取

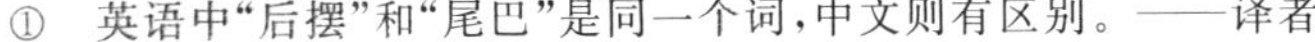

① 英语中“后摆”和“尾巴”是同一个词，中文则有区别。——译者

这种辩论方法，不过我希望对方的先生们懂得，使用下流的比喻是一场赌博，他们在这场赌博中未必能够把所有的钱都赢去。［“我们不来这一套！”］噢，你们不来这一套，你们说得对，不过理由跟你们要我们理解的完全不同。一切比喻的力量——刺痛的力量，就在于用得恰到好处；懂得这一点，你们还是不来这一套好。这些武器打中你们，偏偏打不中我们。

不过我在仓促之中还没有把军服后摆问题讲彻底，就差一点把它结束了。有一点我还没有讨论过——我是指你们民主党人现在正忙着把一个军服后摆装到那个伟大的密执安人[①]身上去。是的，先生；所有他的传记（多得不计其数）都抓住他，把他系在军服后摆上，就像许多顽皮的孩子把一袋豆子系在狗身上。他们的材料确实很有限，但是却竭力这样做。他进入加拿大时没有遭到抵抗，退出加拿大时没有被追击。由于两者都是奉命而做的，我想对他来说既谈不上功，也谈不上过，可是这两件事却构成后摆的大部分。赫尔投降时他没有在场，不过就在附近；泰晤士战役进行那天，他自愿支援过哈里森将军；不过正如你们在1840年所说那样，当战斗进行时，哈里森正在两英里外的地方摘橘子，所以我想合理的结论应该是，当时卡斯是在支援哈里森摘橘子。除了那把断剑问题还争执不下以外，全部情况就是这样。有些作者说他把剑折断了，有些作者说他把剑扔掉了，其他一些作者应该知道的，却什么也不说。公正的合乎史实的折中说法也许是，他即使没有把剑折断，也没有用这把剑做过任何其他事情。

① 指当时民主党提名的总统候选人卡斯将军。——译者

顺便说说，议长先生，你知道我是一个军事英雄吗？是的，先生，在黑鹰战争那些日子里，我打过仗，流过血，最后安然生还。谈到卡斯将军的经历，不由使我想起自己的经历。斯蒂尔曼打败仗时我并不在场，不过就在附近，正如赫尔投降时卡斯离他那样近；像他那样，我后来很快就看到了这个地方。当然我并没有把自己的剑折断，因为我无剑可折，不过我有一次把一支滑膛枪弄得很弯。如果卡斯把剑折断了，那是在绝望中折的，我把枪弄弯却纯粹是偶然的。如果卡斯将军在摘橘子方面胜我一筹，我估计我在向野葱头打冲锋方面比他占先。如果他看见过活着在厮杀的印第安人，他比我强；可是我曾经和蚊子进行过许多次血战，而且，虽然我从来没有因流血过多而昏倒，我却可以老老实实说，我过去经常挨饿。议长先生，我的民主党朋友们认为，我有点黑帽章式的联邦主义，也许我应该下决心把它去掉，这样他们就会接受我当他们的总统候选人，但我不同意他们拿我取笑，就像拿卡斯将军取笑一样，企图把我描绘成一个军事英雄。……

议长先生，我同意一个朋友的说法，卡斯将军是一个冲锋陷阵、百战百胜的将军，——冲锋是真的，但不是向公众的敌人冲锋，而是向公众的钱库冲锋。他担任过密歇根州州长和印第安人事务主管，从1813年10月9日到1831年7月31日，前后共十七年九个月和二十二天。在这个时期内，他以个人服务和个人开支为名，从美国国库总共获得九万六千零二十八美元，平均每天十四元七十九美分。他到手这一大笔钱，是由于假定他在同一个时候在几个地方服务，而每个地方又同时在几个岗位上工作。把那个时期内他的账目仔细分析一下，可以作出如下推断：

第一，在整个期间他从三个不同职位领取报酬；亦即(1)作为州长薪俸每年二千美元。(2)作为密执安印第安人事务主管支付办公室租金、职员薪金、燃料等等每年估计为一千五百美元。(3)主管密执安以外印第安人事务各项名目繁多的津贴和开支，平均每年六百二十五美元。

第二，其中一部分期间——即从1813年10月9日到1822年5月29日，他领取四个不同职位的报酬，亦即上述三个职位，再加每天十份口粮补贴，共计每年七百三十美元。

第三，在另一段时间，即从1822年初到1831年7月31日，他也领取四个不同职位的报酬，头三个职位已如上述(口粮从1822年5月29日起取消)，再加主管设在俄亥俄州皮奎、印第安纳州韦恩堡、伊利诺伊州芝加哥等地的印第安人事务局，每年一千五百美元。这里必须指出，最后一项从1822年初开始，口粮一项则到1822年5月29日终止，这两项在两个日期之间有几个月的时间是互相重叠的。

第四，还有一段时间——即从1821年10月31日到1822年5月29日，他领取六个不同职位的报酬；头三个职位已如上述，口粮一项如上，此外，他在华盛顿结账期间每天另加十份口粮，每年折合七百三十美元；往返华盛顿车费补贴以及在华盛顿期间的补贴一千零二十二美元，每年折合一千七百九十三美元。

第五，从1822年1月1日到1822年5月29日这一小段时间里，他领取七个不同职位的报酬，六个职位已如上述，另加前述在皮奎、韦恩堡和芝加哥等地的主管职务，每年折合一千五百美元。

这些账目，有些已经在这里讨论过了；不过我们在查账时，就像在专利局一样，必须先多方窥探一下，才能看出所有一切稀奇古怪的东西。我简单地说一说。关于办公室租金、职员薪金、燃料等项，每年一千五百美元——累计二万六千七百一十五美元——的大宗支出，我查遍各种公家的单据，都没有找到任何证据，无论是写明的或暗示的，无论是任何公平的证人的或卡斯将军本人的，足以证明他专门为了处理印第安人事务曾经租用或使用过一个单独的办公室，曾经雇用或使用过一个办事员，或甚至使用过额外数量的燃料等等。的确，卡斯将军有过两封长信向政府要钱，但信中对这些项目只字不提，依我看，由此几乎可以断定这些支出是完全不存在的。

不过，我在这里公布卡斯将军的账目，主要是要让大家看看这个人的非凡的体力。这些账目表明，他不光在同一个时候一个人干几个人的工作，而且这些工作往往是在同一个时候在相隔好几百英里远的几个地方干的。而在吃的方面，他的本领也是非常了不起的。从 1821 年 10 月到 1822 年 5 月，他每天在密执安吃十份口粮，每天在华盛顿这里吃十份口粮，还要在两地之间的路上每天吃将近五美元的东西！他的榜样中还有一个了不起的发明——吃了东西不但不给钱反而拿钱的本领。从今以后，哪一个好青年如果付不出伙食费，只要在外面搭伙就行了。议长先生，我们都听到过这样一个故事：一头牲口站在两垛干草当中，决不定吃哪一垛好，结果活活饿死。这种事决不会发生在卡斯将军身上。把两垛干草放在相隔一千英里的两个地方，他会一动不动站在两地之间，同时吃掉两垛干草，就连沿途的青草恐怕也会遭点殃。先生们，一定让他当总统吧。他会让你们吃得饱饱的——如果——如果他大嚼之后还有什么东西剩下的话。

三十八、给托马斯·林肯的信，1848 年 12 月 24 日于华盛顿

亲爱的父亲：7 日来信已于前晚收到。我非常高兴地寄上二十美元，你说这笔钱是保全你的土地不被卖掉所必需的。奇怪的是，你居然会把判你败诉的判决忘记了；更奇怪的是，原告居然会让你忘得这么长久，尤其是我认为你一直有力量去交付判决要付的那笔钱。在你付款以前，最好先肯定一下你的确没有付过，或者至少不能证明你已经付过。

请代向母亲和所有的亲友问好。

三十九、有关法律讲演的笔记，大约写于 1850 年 7 月 1 日[23]

我不是一个有造诣的律师。作讲演要有材料，我在这方面失败的材料，和我有所成功的材料一样多。作律师的一个主要原则，和从事任何其他职业一样，就是勤奋。今天能做的事，决不要留到明天。千万别让你的信件积压起来。不管你手头有什么工作，凡是当时能做的一定要做好，不要随便停下来。当你承办一件习惯法诉讼时，如果你有办案所需要的事实，就马上把申诉书写出来。

如果牵涉到一个法律条款，就要查书，把你的依据记在申诉书上，这样要用的时候保证能找到。辩护和抗辩的情况同样如此。对于一些未必会提出诉讼的事务，例如一般收款案、取消抵押品赎回权、分财产等等，要查清楚所有权，把它们记下来，连决议和判决也要预先拟好。这样做有三点好处：避免遗漏和疏忽；一劳永逸；工作可以在法院外有空的时候做，而不是在法院内没有空的时候做。应该培养即席发言的能力。这是律师接近公众的途径。不管他在其他各方面多么能干，多么可靠，如果他不善于讲话，人们是不会轻易把业务委托给他的。然而，对青年律师来说，最严重的错误却是过分依赖讲话。任何一个人，无论他口才多么出众，如果就此不做艰苦的法律工作，那他事先就失败了。

要劝阻人家打官司。要尽可能劝说你的邻人和解。要向他们指出，名义上虽然胜了，实际上却往往遭受损失——聘金、费用和时间方面的损失，律师作为和事佬，做好人的机会多得很。这样还是会有足够的业务的。

千万别挑拨人家打官司。再没有比挑拨人家打官司更恶劣的了。一个人惯常仔细检查契约登记册，从所有权当中找毛病，以便挑起纠纷，从中取利，还有比这个人更可恶的吗？应该在行业中发扬道德风气，以便把这种人清除出去。

聘金问题是重要的，这远远不止是一个牵涉面包与黄油的问题。处理好这个问题，律师和当事人就两得其利。索费决不可过高。作为总的准则，决不可预收全部聘金，最多只能收少数手续费。如果聘金全部预收了，而你对案子还照样感兴趣。好像你和你的当事人仍然有所指望一样，那你就是真正了不起了。而如果你对案子不感兴趣，工作做起来就很可能不起劲，发挥不好。聘金多少要预先决定，并收取聘金单据，这样你就会觉得你在为一桩重要事情工作，肯定做得又卖力又好。千万别把聘金单据卖掉，至少不要在考虑阶段结束前卖掉。这样会导致疏忽和不老实——之所以疏忽是因为对案件失去兴趣，之所以不老实是由于考虑结果不接受这个案子，而又不肯把钱归还。

有一种含糊的流行看法，好像律师必定是不老实的。我说含糊，是因为当我们考虑人们在多大程度上对律师给予信任和荣誉时，他们对不老实的印象未必会非常鲜明深刻。然而这种印象却是常有的，几乎普遍存在。选择法律作职业的年轻人决不可屈服于这种流行的看法，无论如何要决心作诚实的人；如果你自己觉得不能成为一个诚实的律师，那不作律师也一定要作个诚实的人。如果你在选择这个职业的时候，预先就同意作一个恶棍，那你还是宁可另外选择一个职业为好。

四十、给约翰·D.约翰斯顿的信，1851年1月2日[24]

亲爱的约翰斯顿：你要我借给你八十美元，我认为现在最好还是不借给你。过去我屡次给你微小帮助的时候，你总是对我说："现在我们可以很好地生活下去了。"可是过不了多久，你就又陷入了同样的困境。这只是因为你行为有缺点。什么缺点，我想我是知道的。你并不懒惰，不过仍然是个游手好闲的人。自从我认识你以来,我不信你有哪一天曾经好好干过一整天活。你并不是一点不喜欢干活,不过你还是很少干活,原因就在于你以为干活挣不了多少钱。问题就出在这种白白浪费时间的坏习惯上面。你应该改掉这种习惯,这对你是非常重要的,对你的子女尤其重要。所以对他们尤其重要,是因为他们今后活的日子长,在没有养成懒惰习惯之前加以预防,要比养成习惯之后再改掉容易得多。

你现在需要一笔钱;我建议你"全力以赴"为一个愿意出钱雇你干活的人去干活。让父亲和你的孩子们在家里照顾你的事情,种好庄稼并且收割庄稼,而你则去做工资最多的工作,或者靠做工来抵债。为了使你的劳动获得相当好的报酬,我答应你,从现在起到5月1日止,你劳动每挣一美元,无论是现金还是抵还你的债务,我就另外再给你一美元。这样,如果你每月做工挣十美元,从我这里你就可以再得到十美元,你一个月工作可以有二十美元。我并不是说你一定要去圣路易斯,或者去加利福尼亚的铅矿或金矿,而是说在离家乡近的柯尔斯县找一个待遇最好的工作。你如果这样做的话,很快就可以还清债务;更好的是,你还会养成劳动的习惯,今后就不至于再欠债了。不过,如果我现在就给你还债的话,明年你还会负债累累。你说你甚至愿意用七八十美元作代价卖掉你在天堂里的位置。你把你在天堂里的位置的价值估得太低了,因为我确信你只要接受我的建议,做四五个月的工作,就可以得到这七八十美元。你说我如果肯借钱给你,你愿意把土地转让给我,如果还不了我的钱,就放弃土地所有权。胡说!如果你目前有了土地还不能以此为生,没有土地又如何能生活下去?你一向待我很好,我也不愿亏待你。相反,你只要听从我的劝告,就会发

现它对你的价值比八十美元的八十倍还要高。

四十一、摘自给约翰·D.约翰斯顿的信，1851年1月12日于伊利诺伊州斯普林菲尔德[25]

你已经知道我不希望父亲或母亲在有生之年在康健时或生病时缺乏安慰；我深信你在必要时已用我的名义请了医生或采取其他办法来替父亲治病……我衷心希望父亲能恢复健康，但是务必告诉他要记住向伟大、善良和仁慈的上帝求告，要信任上帝，上帝在他处于任何绝境时都不会抛弃他。上帝注意到一只麻雀的死，给我们头上的头发计数，上帝不会忘掉对他信赖的垂死的人。请对父亲说：如果我们现在见面的话，可能痛苦多于欢乐；但如果他命中注定现在就要死，那他很快就能和许多先他而去的亲人欢聚一堂；而我们其余的人，在上帝的帮助下，希望不久就能和他们在一起。

接信后请再给我回信。

四十二、给约翰·D.约翰斯顿的信，1851年11月4日于谢尔比维尔

亲爱的兄长：我前天来到查尔斯顿时，得知你急于把你居住的

土地卖掉，搬到密苏里去。后来我脑子里一直在想这件事，不得不认为这种念头愚蠢至极。你在密苏里怎么能生活得比这里好？难道土地比这里肥沃吗？难道你在那里就和在这里两样，不用劳动就能种植玉米、小麦和燕麦吗？难道那里的人就和这里的两样，会替你干活吗？如果你想要干活，那么没有一个地方比你现在所在的地方更好了；如果你不想干活，那么你在任何地方都待不下去。到处乱转乱跑是决没有好处的。今年你没有种过庄稼，你心里真正想的是把土地卖掉，弄到钱，然后把钱花掉。要是卖掉了土地，那么我敢保证，你将来连一块葬身之地也没有。卖地所得，在搬往密苏里去的路上会用掉一半，还有一半在吃、喝、穿上用光，一寸土地也不会买到。我觉得有责任不插手这样一件蠢事。我觉得为了你自己的利益，尤其是为了母亲的利益，都需要我这样做。东面的四十英亩土地我想在母亲在世时为她保留着，如果你不去种它，单靠租金也足够养活她了——至少出租总可以有些收入。她从父亲那里继承的另外两个四十亩土地，可以给你，这不用谢我。你不要误解这封信；我写它并没有恶意。我写这封信是要尽可能使你认清一个事实：你穷是因为你把全部光阴都虚度了。你对日子过得不好的种种借口都是胡说；它们骗不了任何人，只能骗你自己。你的病只有劳动才能医治。

这里给母亲带个话。查普曼告诉我，他要你去和他住在一起。我如果是你，就会一试。你如果不耐烦了（我想你不会不耐烦的），还可以回来。查普曼待你很好，我深信他会使你的日子过得十分愉快。

四十三、片断，大约写于 1854 年 7 月 1 日

社会平等战胜不平等，无论是英国贵族式的不平等，还是国内奴隶式的不平等。南部人扬言他们的奴隶的日子过得比我们这里的雇工好。他们说这话是多么无知啊！我们当中没有永久的雇工阶级。二十五年前我自己也是一个雇工。昨天的雇工今天在为自己的利益工作，明天还会雇用别人为他工作。进步——改善条件——是平等社会的规律。劳动是人类的共同负担，有些人想把他们的一份负担转嫁到别人肩上，这就成了人类巨大而持久的被诅咒的事物。本来是对全人类的罪恶的诅咒，而在奴隶制的情况下只集中在一部分人身上，就成为上帝对他的创造物的倍加精练的诅咒。

自由劳动有鼓舞人心的希望；十足的奴隶制没有希望。希望对于人类的奋发向上和幸福具有无穷的力量。奴隶主本人懂得这一点，因而就定出了在奴隶当中的派工制度。一个奴隶，你不能用鞭子强迫他一天割七十五磅大麻，但是，如果派他割一百磅，并答应超额完成部分给他报酬，他就会替你割一百五十磅。你用希望代替了棍棒。然而，就你在这种情况下的收益来说，你恐怕没有想到你已经放弃奴隶制度，采取自由劳动制度了。

四十四、摘自答复斯蒂芬·A.道格拉斯参议员的演说,1854年10月16日于伊利诺伊州皮奥里亚[26]

在议案[建立内布拉斯加和堪萨斯两个准州政府]提出约一个月之后,在法官本人的动议下,又作了修正,实际上是宣布密苏里妥协案无效;究竟实行奴隶制还是取消奴隶制,由去那里定居的人自行决定。议案就以这种形式由国会两院通过,成为一项法令。

这就是宣布密苏里妥协案作废。这以前的历史也许并非每个细节都精确无误,但我深信我要引用的各点都是相当精确的,我们从历史中得到的主要材料能够使我们正确判断废除密苏里妥协案是对还是错。我认为,而且我将尽力说明这是错的——错就错在它带来了让奴隶制进入堪萨斯和内布拉斯加这个直接后果,错就错在它让奴隶制扩展到广阔天地的每一个角落这个意想得到的结局。

这种嘴里说对扩展奴隶制无所谓,实际上一心想扩展奴隶制的做法,不能不使我痛恨。我痛恨它,是因为奴隶制本身极不公正。我痛恨它,是因为它使我们的共和国范例失去了在世界上的公正影响,使自由制度的敌人能够骂我们伪善,而且骂得似乎有理;使自由的真正朋友怀疑我们的诚意;尤其是因为它促使我们自己当中那么多好人公开反对公民自由这一最基本原则,批评《独立宣言》,硬说只有私利,没有其他正确合理的行为原则。

在继续说下去之前,先得声明一下,我认为我对南部人并没有偏见。我们如果处在他们的地位,也会像他们那样做的。如果他们现在不实行奴隶制,他们就不会引进它。如果我们现在实行奴隶制,我们就不会立刻放弃它。我相信北部和南部的人民大众都是这样的。南北部无疑都有一些个别的人,他们在任何情况下都不会蓄奴,还有一些人则即使奴隶制取消了,也会乐于重新把它引进来。我们知道,有些南部人确实解放了他们的奴隶,到北部去,成了出色的废奴主义者;也有些北部人到南部去,成了最残暴的奴隶主。

南部人告诉我们说,在奴隶制起源方面,他们并不比我们负有更大责任,我承认这是事实。有人说奴隶制由来已久,很难有好办法废掉它,这种说法我也能理解,而且意识到了。我当然不会怪他们没有做我自己也不知道应该怎么去做的事情。即使把世上的一切权力都交给我,我也不知道对现行的制度应该怎么办。我的第一个冲动将会是解放所有的奴隶,把他们送往利比里亚,送往他们的故土。但是只要稍稍考虑一下,我就会信服,这样做,尽管从长远观点看来希望非常大,但立刻实行却是不可能的。如果他们一天之内全都在那里登陆,十天以后就会死光,何况再多几个十天,也凑不起那么多船只和那么多钱把他们送到那里去。那怎么办呢?把他们统统解放,留下来给我们做下手?这样他们的境况就一定会改善了吗?我想我无论如何是不会叫一个人做苦工的,但是人家这样做,我却认识不足,没有办法批评他们。下一步怎么样?解放他们,使他们在政治上和社会上同我们一律平等?我自己的感情是不容许的，即使我自己的感情容许这样，我们明知道大多数白人也不会容许。问题不仅仅在于这种感情是不是符合正义和合理的判断，即使它确实这样，也是个问题。一种普遍存在的感情，不管它的基础是好还是坏，对它置之不理是不行的。所以我们不能使他们成为和我们一律平等的人。我的确认为逐步解放的方法也许是可以采取的，但是我们的南方兄弟不愿采取，我不想批评他们。

当他们提醒我们关于他们的宪法权利时，我承认这些权利——不是勉勉强强地承认，而是全心全意地承认；我愿给他们以任何立法，来索回他们的逃亡奴隶，但是这项立法不应严得使一个自由民沦为奴隶，正如我们的普通刑法不应严得把一个无辜者绞死。

但是，凡此一切，依我看，并不能作为容许奴隶制进入我们自由州的借口，就像不能用法律作为恢复非洲奴隶买卖的借口一样。禁止从非洲贩运奴隶的法律和长期来禁止把奴隶带入内布拉斯加的法律，从任何道德原则来看，两者几乎是一致的，废除了后者，也就有充分的理由来废除前者。

据说，为了和南部公平交易，我们必须同意把奴隶制扩展到新的地区。这就是说，因为你不反对我把我的猪带到内布拉斯加，所以我也一定不能反对你把你的奴隶带进去。只要猪和黑人之间没有区别，我就承认这是完全合乎逻辑的。但既然你们要我否认黑人是人，我想问一问你们南部人，你们自己是不是也一向愿意这样做的。生到这个世界上的人，幸亏只有一小部分天生是恶霸。这个百分比在蓄奴州并不比自由州大。南部绝大多数人，和北部一样，都具有人的同情心，他们摆脱不了这种心理，就像摆脱不了肉体的痛苦感觉一样。南部人的这种同情心在许多方面表现为他们觉得奴隶制是错误的，意识到黑人毕竟是人。如果他们否认这点，那就让我来向他们提几个简单的问题。1820 年，你们和北部一起，几乎一致同意宣布非洲奴隶买卖是海盗行为，从事这种买卖的人要绞死。你们为什么要这样做？如果你们不觉得奴隶买卖是错误的，你们为什么赞成把从事奴隶买卖的人绞死？这不过是把野黑人从非洲运给愿意买他们的人罢了。可是你们从来没有想到要把捕捉和出卖野马、野牛或野熊的人绞死。

还有，你们当中有一个鬼鬼祟祟的人，属于以“奴隶贩子”闻名的当地恶棍阶级。他注意到你手头的拮据，悄悄地上门来压价收买你的奴隶。如果你没有办法，只好卖给他；如果你有办法，就把他赶出你的家门。你完全看不起他。你不把他当朋友，甚至不把他当作一个老实人。你的子女决不可和他的子女玩耍：他们可以和小黑人自由地嬉戏，但决不可和奴隶贩子的子女嬉戏。如果你不得不和他做买卖，你设法不和他接触就把买卖做成。通常你和人见面总要握手为礼，但是对于奴隶贩子你却避免这个礼节——本能地避免同这个阴险的人接触。如果他有了钱洗手不干这种行业，你还是记住他，还是继续跟他和他的家庭断绝往来。这到底是为什么？你并不是这样对待贩卖玉米、棉花或烟草的人的呀。

再者。联邦各州和各准州，包括哥伦比亚特区，共有四十三万三千六百四十八名自由黑人。每名黑人以五百美元计算，总值在二亿美元以上。这样一宗巨额财产怎么会没有主人而到处乱跑呢？我们从来没有看到自由马或自由牛到处乱跑的呀。这到底是怎么回事？所有这些自由黑人都是奴隶的后代，或者本身曾经是奴隶；要不是有一种东西对他们的白人主人起作用，促使白人忍受巨大金钱损失而解放他们，他们现在还会是奴隶。那种东西又是什么？这难道还会有错吗？在所有这些情况下，就是你们的正义感和人类的同情心在不断地告诉你们说，那些可怜的黑人也有一种天赋的权利——那些否认这种权利，使黑人仅仅成为商品的人应当受到斥责，应当受到蔑视，并且把他们处死。

既然这样，你们为什么要我们否认奴隶是人，要我们把黑人当猪一样看待呢？为什么要我们做你们自己不愿做的事呢？二亿美元不能诱使你们去做的事，为什么要我们去白做呢？

不过，又有一个支持废除密苏里妥协案的有力论点提出来了。这个论点就是“神圣的自治权利”。我们的杰出的参议员感到即使在参议院里也很难找到对手就这个论点同他较量。有位诗人说过：

天使不敢去的地方，傻瓜冲进去。

我冒着被当作这句引诗中的傻瓜之一的危险来同这个论点较量一下——我冲进去——我不怕艰险。我想我是理解和真正尊重自治权利的。自治这种权利认为，每个人对完全属于他自己所有的东西可以随心所欲地处置，我相信这种主张是出于我的正义感。我把这个原则从个人扩充到社会。之所以把它扩充，是因为它不但天然是公正的，而且在政治上也是明智的；说它在政治上是明智的，是因为它使我们不必对与我们无关的事大吵大闹。在这里，或者在华盛顿，我不会费心去管弗吉尼亚州的牡蛎法，或者印第安纳州的酸果法。自治的学说是正确的——绝对和永远正确——但是用在黑人这个问题上却不恰当。或者不如说，是否恰当，要看黑人是不是人来决定。如果黑人不是人，那么是人的人就可以借口自治随心所欲地对待他。但是如果黑人是人，说他不能也自治，岂不是把自治彻底破坏了吗？白人自己管理自己是自治，但是，如果他管自己又管别人，这就超出了自治，这是专制。如果黑人是人，为什么我的古老的信念教导我“一切人生来平等”，一个人使另一个人做奴隶就不可能有道德上的权利呢。

道格拉斯法官经常带着强烈讽刺意味解释我们的论据，说什么：“内布拉斯加的白人好得足以自己管自己，但他们还没有好得足以管那么几个可怜的黑人！”

好！我不怀疑内布拉斯加的人民现在和所有其他地方的人一样好，而且将来也一样好。我不说相反的话。我要说的是，没有一个人好到这种程度，能够不获得另一个人的同意就统治那个人。我说这是一个主要原则，是美国共和主义的靠山。……

可是内布拉斯加州却被极力说成是拯救联邦的有力手段。嘿，我也赞成拯救联邦。我痛恨奴隶制，但我宁愿同意扩展奴隶制，也不愿眼看联邦解体，就像我宁愿容忍一个大的祸害借以避免一个更大的祸害。不过，我如果着手去拯救联邦，至少必须相信我们采用的方法是适合于达到这个目的的。我以为内布拉斯加并不具有这种适合的条件。

其中没有拯救的意味。

相反，它倒使唯一危及联邦的东西的危险性加大了。在它来到以前，一切都平安无事。国民正期待着建立新的联邦关系。我们前面仿佛伸延着一条和平繁荣的康庄大道。在所有可能发生的事情中，除了废除密苏里妥协案这个图谋之外。我觉得没有一件事会再一次引起奴隶制的风波。我们拥有的每一寸土地都已经彻底解决了奴隶制问题，各方都信誓旦旦要严加遵守。的确，在整个大陆上，再也找不到一个无人居住的地区，要么就是极北部一些地方，而那些地方是完全没有疑问的。

在这种情况下，连倾轧的恶魔本身也想不出办法使我们重新争吵不和，除非就是走回头路，破坏过去的和平措施。那个恶魔出的主意好像占了上风。密苏里妥协案被废除了，我们正处于一场我认为是前所未有的新的奴隶制风波之中。这要由谁来负责呢？是由那些反对这个议案的人负责呢，还是由那些无缘无故提出这个议案、强行把它通过、应该知道而且确也知道它必然会遭到反对的人负责呢？提出这个议案的人必然料到它会被看作扩展奴隶制的手段，这种手段由于严重失信而分外使人恼火。

无论你怎样声辩，无论你声辩多久，议案的真相反正已经大白了。在这种真相下，它非引起风波不可。奴隶制起因于人的本性的自私，这和人爱好正义的本性恰恰相反。这两种本性是永远对抗的，一旦被扩展奴隶制卷入那样剧烈的冲突之中，随之而来的就必然是不断的震动、剧痛和痉挛。你可以废除密苏里妥协案，废除一切妥协案，废除《独立宣言》，废除过去的全部历史，但你还是废除不了人的本性。人的宽大的胸怀还是会认为扩展奴隶制是错误的；人，出于宽大的胸怀还是会继续说话的……

密苏里妥协案必须恢复；为了联邦的缘故必须恢复。我们必须选举一个众议院来投票恢复这个妥协案。如果我们不这样做，后果将会怎样？奴隶制在内布拉斯加也许建立，也许不建立。但无论是否建立，妥协的精神将被抛弃，被国家的议会抛弃；因为，这样一来，谁还会相信全国性的妥协呢？互相让步的精神——这种精神首先使我们有了宪法，又三次保全了联邦——将被扼死并且永远抛弃。我们又将得到什么作为代替呢？南部胜利了，得意扬扬，还想有更多的好处；北部自以为被出卖了，愤愤不平，渴望报仇。一方会挑衅，另一方会怨愤；一方嘲笑，另一方反抗；一方攻击，另一方报复。北部已经有少数人公然反对宪法的一切限制，反对执行逃亡奴隶法，甚至对一些州里已存在的奴隶制施加威胁。南部已经有少数人主张宪法应规定自由州有购买奴隶和蓄奴的权利——要求恢复奴隶买卖——要求和英国签订条约。以便根据条约将逃亡的奴隶从加拿大索回。目前这种人在双方为数都很少。如果密苏里妥协案最后被破坏，一切妥协精神也就随之毁灭，是否会给一种人壮胆，使另一种人激怒，从而使两种人的数目大大增加。这是一个严重问题，值得热爱联邦的人深思。

但是恢复妥协又会怎么样呢？我们就可以恢复国民的信念，恢复国民的信心，恢复国民的手足情谊。我们就可以恢复让步和妥协精神，这种精神在过去各种危险中从未使我们失望过，今后也完全可以对它信赖。南部应该一道来这样做。国家和平对他们和对我们是同样的宝贵。对于过去的记忆和未来的希望。他们和我们都有很大的一份。这在他们方面是一个伟大的举动，精神伟大，效果伟大。它对国家来说，抵得上一百年的和平繁荣。他们又将作出什么牺牲呢？他们仅仅把他们很久很久以前让我们考虑的东西给了我们；仅仅把他们现在还没有要求过、没有争取过或没有关心过的东西给了我们；仅仅把人家硬塞给他们、他们自己也和我们一样感到吃惊的东西给了我们。……

逐渐地，但是就像人稳步走向坟墓一样，我们一直在摒弃老的信念，接受新的信念。将近八十年前，我们一开始就宣布一切人生来平等，但现在我们却已走向另一个宣言，即一些人奴役另一些人是一种“神圣的自治权利”。这两种原则是水火不相容的。它们就像上帝和利欲之神一样对立，谁坚持这个原则，就一定要鄙视另一个原则。当佩蒂特支持内布拉斯加议案，把《独立宣言》叫做“不言而喻的谎话”时，他只不过做了一致性和坦率要求所有其他内布拉斯加人去做的事情。在出席听他发言的四十多个内布拉斯加州的参议员当中，没有一个人驳斥过他。到现在为止，我也没有听说国内有哪一张内布拉斯加报纸或哪一个内布拉斯加演说家驳斥过他。如果这句话是说给马里恩的人听的，尽管他们是南部人，说话的人会有什么下场呢？如果这句话是说给那些活捉安德烈的人听的，说话的人也许会比安德烈更快地被绞死。如果这句话是七十八年前在老独立大厅里说的，就是那个看门的人也会掐住说话人的脖子，把他撵到大街上去。谁都不要看错了。七六年精神和内布拉斯加精神是完全对立的，前者正在迅速地被后者替代。

同胞们，美国人，无论是北部还是南部的，我们难道不应该努力来制止这种现象吗？全世界的自由党已经表示担心“美国的一个倒退的制度正在破坏进步的原则，严重违反这个世界上前所未有的最好的政治制度”。这不是敌人的詈骂，而是朋友的警告。不

理它。对它嗤之以鼻,难道就万事太平了吗?把古老的信念的最早实践和最初方案扔掉,难道对自由本身没有危险吗?我们在贪得无厌地从黑人身上榨取利润时,要小心不要把白人的自由宪章也一同"取消和撕得粉碎"。

我们的共和长袍已经染污,在泥中拖曳。让我们来重新把它洗干净。让我们即使不是以独立战争的鲜血也要以独立战争的精神来把它洗得洁白。让我们使奴隶制从它要求的"道德权利"回到它现有的法律权利和关于"需要"的论据上来。让我们使奴隶制回到我们的先辈给它规定的地位,让它好好地待在那里。让我们重新采纳《独立宣言》以及同《独立宣言》相一致的方针政策。让北部和南部——让一切美国人——让各处所有热爱自由的人都来参加这项伟大高尚的工作。如果我们这样做了,我们将不但拯救了联邦,而且还可以使它永远值得拯救,并永远保持这个样子。我们将这样地拯救联邦,全世界千百万自由幸福的人民将站起身来,千秋万代称我们为有福之人。

四十五、给乔治·罗伯逊法官的信,1855年8月15日于伊利诺伊州斯普林菲尔德[27]

亲爱的先生:你送给我的书已经收到了。对于你的赠书和关切,我表示衷心感谢。书我已经读了一部分,不但愉快,而且得益匪浅。我还是第一次知道,导致密苏里妥协案的真正问题在它同密苏里发生联系之前就已经产生了,而你在其中是起了非常重要的作用的。你那简短而有力的充满爱国主义精神的演说，至今还没有被那些持同样见解的人超过，根据你当时掌握的事实来看，你的见解我以为是非常有道理的。

你在理论上不赞成奴隶制。在那篇演说中，你谈到“奴隶制的和平消灭”，还说了其他一些话，表示你相信这件事到一定时候就会结束。此后，我们已有了三十六年的经验；我认为，这些经验表明，奴隶制并没有和平消灭的希望。亨利·克莱和其他几个善良的大人物1849年在肯塔基试行逐渐解放奴隶的明显失败，再加上许多其他迹象，使这种希望彻底破灭。在自由这一原则问题上，我们已经今非昔比了。当我们还是英王乔治的政治奴隶希望获得自由时，我们把“一切人生来平等”这句箴言叫做不言而喻的真理，可是现在我们长胖了，自己不再担心做奴隶了，我们已经变得贪得无厌，一心想做主人，竟把那句箴言叫做“不言而喻的谎话”。7月4日并没有完全被遗忘，它始终是一个伟大的日子——燃放爆竹的日子！！！

那种希望和平消灭奴隶制的心情已经随着独立战争和从事独立战争的人们消失了。在那次战争的推动下，几乎有半数的州立即订出了解放奴隶的办法，而重要的事实是，此后再没有一个州这样做过。就和平地自愿解放奴隶而言，现在美国黑奴的情况，就像死不改悔的人永堕地狱的灵魂一样，在自由人看来仍是那么可怕，并且一成不变，毫无改善希望。俄国的专制君主辞去王位，宣布他的臣民为自由的共和主义者，也比我们美国奴隶主自愿放弃他们的奴隶做得快哩。

现在我们的政治问题是：“我们作为一个国家能继续一半奴隶

一半自由地永远并存下去吗?”这个问题对我来说是太难了——愿上帝大发慈悲来解答吧。

四十六、摘自给乔舒亚·斯皮德的信，1855年8月24日于伊利诺伊州斯普林菲尔德[28]

亲爱的斯皮德:你知道我是最懒于写信的。自从收到你5月22日那封非常喜人的信以后,我就一直想给你写回信。你认为你我目前在政治行动上会有意见分歧。我想我们是会有分歧的,但不至于像你想象的那样严重。你知道我不赞成奴隶制,你在理论上也完全承认奴隶制是错误的。到现在为止还没有产生分歧的原因。不过你说,你宁愿看到联邦解体,也不愿放弃你对奴隶的合法权利,尤其是不愿遵照那些本身没有利害关系的人的命令去做。我不知道谁在命令你放弃那种权利;肯定不是我。这个问题我完全让你自己去解决。关于你的奴隶,我同样也承认宪法规定给你的权利和我所承担的义务。我承认,我不喜欢看到那些可怜的人被追捕、被抓住、被带回去遭受鞭笞,从事无偿劳动;但我咬紧嘴唇,保持沉默。1841年,你我曾乘汽船从路易斯维尔到圣路易斯举行了一次乏味的低水位航行。我清楚地记得,你恐怕也记得,从路易斯维尔到俄亥俄河口时,船上有十来个奴隶被铁链拴在一起。那副景象不断折磨着我,每次我来到俄亥俄或任何奴隶边界时,总是看见同样的情景。你认为这件一直使我痛苦的事与我毫不相干，那就太不公平了。倒是你应该意识到，北部广大人民为了保持对宪法和联邦的忠诚，作出了极大努力来克制他们的感情。我确实反对扩展奴隶制，因为我的理智和感情促使我去反对，我没有理由不反对。如果为了这件事你我必须意见分歧，那我们非分歧不可了。你说你如果是总统的话，会派一支军队，把那些对堪萨斯选举犯下罪行的密苏里为首分子绞死；你还说，如果堪萨斯正大光明地投票作蓄奴州，就必须予以承认，不然联邦就得解体。但是，如果堪萨斯投票作蓄奴州的方式不是正大光明的，就是说，是用的你所谓必须把人绞死的那种方式，那又怎么办呢。难道仍旧要予以承认，不然联邦就得解体吗？这件事一成为实际问题以后，就是问题的症结。从你假定堪萨斯奴隶制问题可以公平解决这一点来看，我认为你和我对内布拉斯加法案肯定会有分歧意见。我不把那个法案看作一项法律，而认为它一开始就是一种暴力。它靠暴力设想出来，靠暴力通过，而且正在靠暴力执行。我说它是靠暴力设想出来的，因为密苏里妥协案在当时情况下完全是用暴力破坏的。我说它是靠暴力通过的，因为要不是许多议员违背其选民的意志投了赞成票，它是绝对不会通过的。我说它是靠暴力维持的，因为以后进行的各次选举都明白地要求废除它，而这种要求却被公然置之不理。

你说，从人们执行这项法令的方式看来，应该将他们绞死；我说这项法令执行的方式就和它以前的任何一项法令一样好。它执行得和原来的意图一丝不差、否则为什么没有一个内布拉斯加人表示惊讶或加以谴责呢？可怜的里德是唯一的一个知名人士，笨得居然相信原来的意图是好的，他现在总算毅然醒悟了。

关于堪萨斯将制订一部奴隶宪法，并要求带着这部宪法加入联邦，我认为这个问题已经解决了，而且正是用被你那么尖锐谴责的方法解决的。根据北部或南部任何法院所奉行的任何法律，每一个带往堪萨斯的黑人都将获得自由，然而，那个漂亮的立法机关却完全置此不顾，只是以横暴的态度，郑重地通过一项法令，把任何一个胆敢告诉黑人说他具有合法权利的人绞死。这就是这项法令的主题和真正的目的。如果他们像海曼一样，吊死在自己竖起的绞架上，我将不为他们的命运同声哀悼。按照我的低下地位，只要堪萨斯继续是一个准州，我主张恢复密苏里妥协案，如果堪萨斯企图用这种种恶劣手段作为一个蓄奴州加入联邦，我将反对。我非常不愿意反对人家去享用正当得来或正当安置的财产，但我不承认把黑人带到堪萨斯去当奴隶是正当的。任何人只要有足够的理智，能够支配他自己的财产，就决不会误解整个内布拉斯加事件的无耻的性质。可是我说得离题了。反对接纳堪萨斯的，不是我一个人，不过我们可能会被挫败。假如我们被挫败，我也不会因此而试图解散联邦。不过，我想我们可能被挫败。你们团结一致，可以直接和间接地收买足够数目的我们的人，来赢得胜利，那时你们可以公开主张建立君主制。想办法掌握一个北部的人，这个人的地位和能力可以使他给予你们任何一个议案的支持成为民主党的必需，事情就办成了。说到这里，我来告诉你一件可笑的事情。内布拉斯加议案是道格拉斯在 1 月份提出的。2 月里召开了伊利诺伊州议会会议。在两院的一百名议员中，约有七十名是民主党人。这七十人开了一个秘密会议，会上谈到了内布拉斯加议案，如果不

算是正式讨论的话，结果发现赞成这个议案的只有三人，一个也不多。一两天后，道格拉斯下命令通过赞成议案的决议，而这些决议居然以大多数票通过了！！！一个退党的民主党人保证此事千真万确。群众，无论民主党的群众还是辉格党的群众，更是几乎一致反对这项议案。可是，党一明白表示有必要支持它，民主党人马上就看出它是明智的和公正的，这实在令人惊讶极了。

你说，如果堪萨斯正大光明地投票赞成自己成为自由州，你作为一个基督徒会十分高兴。所有体面的奴隶主都那样说，我不怀疑他们的坦率。但是他们从来不那样投票。尽管你在一封私信或一次私人谈话中会表示赞成堪萨斯成为自由州，但是谁要是公开说这番话，你却不会选他进国会。蓄奴州里任何地区的这种人都不能当选。你认为斯特林费洛之流应当被绞死，然而在下次总统选举中，你投票选举的恰恰就是斯特林费洛这样的代表人物、饲养奴隶的人和奴隶贩子只是你们当中的一个人数很少、邪恶可憎的集团，但是他们在政治上却操纵你们的全局，完全是你们的主人，就像你们完全是你们拥有的黑奴的主人一样。你问我现在站在什么立场上。这是一个有争议的问题。我认为我是个辉格党人；但别人说辉格党人已经不存在了，说我是个废奴主义者。我在华盛顿时，曾投票赞成威尔莫特附加条款达四十次之多，可是从未听说有人想为此而把我开除出辉格党。我现在所做的只不过是反对扩展奴隶制罢了。我不是一个无所知党人，这是肯定无疑的。我怎么能是呢？一个反对压迫黑人的人怎么能赞成白人中的一群败类呢？我觉得我们堕落的速度是相当快的。建国之初，我们宣称"一切人生来平等"。如今我们实际上把它读成"一切人生来平等，但

黑人除外”。当无所知党人掌权时，将会读成“一切人生来平等，但黑人、外国人和天主教徒除外”。如果真的到了这个地步，我宁可移居到一个不自诩热爱自由的国家去——例如到俄国去，那里专制就是专制，并不掺杂半点假仁假义的成分。

玛丽10月里可能要到路易斯维尔来住一两天。请代向斯皮德夫人致以最亲切的问候。在这封信的主要问题上，她对我的同情会超过你对我的同情。尽管如此，请允许我说，我永远是你的朋友。

四十七、摘自在伊利诺伊州加利那所作的演说，大约在1856年8月1日[29]

你们还指责我们是分裂主义者。如果你们是说我们的目的是要解散联邦，我代表我个人回答说，这是不真实的；我代表那些和我一致行动的人回答说，这是不真实的。你们听到我们说过那是我们的目的吗？你们真的相信这就是我们的目的吗？你们在我们的党纲、我们的演说、我们的代表大会或任何其他地方发现过这个目的吗？如果没有，那就把这个指责收回吧。

不过你们也许会说，尽管这不是我们的目的，但是如果我们成功了，结果就会如此，所以我们实际上就是分裂主义者。这是你们对我们的一种严重指责，我们当然有权要求你们具体说明我们究竟要用什么方法来解散联邦。我们将如何做到这一点？

唯一的具体说明，是菲尔莫尔先生在他的阿尔巴尼演说中自愿提出的。他指责说，如果总统和副总统都是从自由州选举出来的，就会使联邦解体。这是胡说八道。宪法规定合众国总统和副总统应分别属于不同的州，但并没有规定那些州的纬度和经度。1828年，田纳西州的安德鲁·杰克逊和南卡罗来纳州的约翰·卡尔霍恩当选为总统和副总统，他们两人都来自蓄奴州，但是当时并没有人想到联邦会因为这个缘故而解体。1840年，俄亥俄州的哈里森和弗吉尼亚州的约翰·泰勒当选为总统和副总统。1841年哈里森去世，泰勒继任总统，参议院选举亚拉巴马州的威廉·金为代副总统，不过，并没有人认为联邦遇到了危险。事实上，就在菲尔莫尔先生提出这个毫无根据的指责时，合众国的实际情况却否定了它。新罕布什尔州的皮尔斯先生和印第安纳州的布赖特先生是总统和副总统，他们两人都来自自由州，而联邦依然存在，而且还会存在下去。你们并没有硬说这会使联邦解体，而事实也说明它不会解体；因此，这个指责不需要多说就可以推翻了。

此外没有任何具体说明了，最多只有这样一个：恢复1820年关于使合众国领地成为自由领地的规定会使联邦解体。先生们，这样一个法案是需要大多数票通过的。我们是多数，能够在宪法规定下做我们要做的一切，我们决不想使联邦解体。你们是不是说这样来限制奴隶制是不符合宪法规定的，某些州会不服从这个限制？我承认不符合宪法规定的法案不是法律，但我并不要求你们来解释宪法，也不接受你们的解释。合众国最高法院是决定这样一个问题的法庭，我们将服从它的决定；如果你们也这样做，问题就解决了。你们愿意吗？如果不愿意，那么谁是分裂主义者——是你们还是我们？我们是多数，决不会千方百计去解散联邦，如果有人想这样做的话，那一定是你们这些大叫大嚷地污蔑我们是分裂主义者的人。但联邦无论如何是不会解散的。我们不愿它解散，如果你们企图解散它，我们也不答应。我们有财力和武力，陆海军和国库也在我们手里，听我们指挥，你们是达不到目的的。如果一个拥有纪律严明的陆海军和充足的国库的多数派政府，受到没有武装、没有纪律、没有组织的少数派攻击居然不能自保，这个政府未免太软弱了。所有这些关于解散联邦的谈论完全是骗人鬼话，完全是无稽之谈。我们不愿解散联邦，你们也休想。

四十八、1856 年 12 月 10 日在芝加哥一次共和党宴会上的演说片断[30]

我们又有了一份总统年度咨文。像一个失意的情侣在他的情敌的婚礼上作乐一样，总统因这次总统选举而扬扬得意。他认为选举结果是好原则和好人的巨大胜利，是对坏原则和坏人的当头一棒。他说，这是人民干的。他忘了他仅仅心满意足地把那些投票选举布坎南的人叫做“人民”，这些人在全体人民中是少数，要比另一部分少四十万票——全部选票的整整十分之一。记住这一点，他就会看出这个“当头一棒”不会像他似乎认为的那样经久——多数派不会甘心永远挨那少数人的当头一棒。

总统认为我们弗里蒙特派的大多数人，由于理论上醉心自由，是被少数诡计多端的恶人愚弄了。对这一点我们的看法稍有不同。我们认为，总统由于实际上热衷于希望连任，是被各方面都享有自由的人愚弄了。他是猫爪子,由于为别人从火中取栗的次数太多,爪子被烧得露出了软骨,不适于再用下去,就此被扔到一旁。正如一个弄人谈到里尔王被自己的女儿们赶出家门时所说的那样:“他是一个被剥掉豆子的豆荚。”

总统指责我们“想改变现有各州的内部制度”,“尽一切力量使宪法和法律失去道德权威。”我在信念上代表全党、在知识上代表我本人,公开声明这个指责是彻头彻尾的谎言。

我们的政府是信赖民意的。谁能改变民意,实际上也能在同样程度上改变政府。无论关于什么问题的舆论,总是有一个“中心思想”,所有较次要的想法都从它派生出来。我们的政治舆论的“中心思想”从一开始到现在始终是“人人平等”。尽管它一直耐心地屈从于不平等,把不平等作为实际需要看待,但是它却不断地向人人实际平等稳步前进。在本届总统选举中,一个党力求抛弃那个中心思想,代之以奴隶制在理论上是正确的这一相反的思想;作为中心思想,它的作用也许是使人类奴隶制永久化,并把奴隶制扩展到一切国家和一切人种。不到一年前,《里士满询问者》——一张公开鼓吹不问肤色的奴隶制的报纸——为了支持其见解,发明了“州的平等”这句话。现在,总统在他的咨文里也采用了《里士满询问者》的口号,告诉我们说,人民“已经断言联邦每 个州作为州在宪法上是平等的”。总统自以为新的中心思想已完全打下基础。如果说仅仅一次选举的情况就能使它打下基础,那倒是的确说对了。对我们来说,大多数人民还没有表态支持,但愿他们永远不支持。我们不投布坎南先生票的人加在一起是四十万人的多数。但在这次竞选中,我们分裂成弗里蒙特派和菲尔莫尔派。为了将来,

难道我们不应该团结起来吗？让每一个真正相信并坚决认为自由社会现在没有失败而且将来也不会失败，而且能够凭良心说，自己在这次竞选中仅仅做了自认为是做得最好的人——让每一个这样的人宽容地相信所有其他的人都能这样说吧。因此，过去的事就让它过去吧；让过去的分歧化为乌有吧，让我们牢牢盯住真正的问题，重新树立共和国的优良的和老的“中心思想”吧。我们能够做到。人心向着我们；上帝向着我们。我们将能够不再说什么“一切州作为州是平等的”，也不再说什么“一切公民作为公民是平等的”，而是要恢复那更广泛、更美好、内容比这两者更为丰富的说法：“一切人生来平等。”

四十九、摘自 1857 年 6 月 26 日在伊利诺伊州斯普林菲尔德的一次演说[31]

现在谈到德雷德·斯科特判决书。那份判决书宣布两点：第一，一个黑人不能向联邦法院起诉；第二，国会无权在各准州禁止奴隶制。这个判决是由一个意见分歧的法院作出的，法院在各点上意见都有分歧。道格拉斯法官并没有说明这份判决书的优点，在这方面，我将以他为榜样，相信他提不出比坦尼更好的意见，我也提不出比麦克莱恩和柯蒂斯更好的意见。

他谴责所有怀疑那份判决书的正确性的人，说他们强烈反对判决书。可是谁反对呢？有谁曾经不顾判决书而宣称德雷德·斯科特是自由民，反对他的主人对他行使权力呢？……

我大体上曾经说过，德雷德·斯科特判决书是部分地基于并不真实的历史事实的。我不应该不提出说这种说法的理由就撇开这个问题不谈，因此我举出一两个我认为能充分证实我的论点的例子。首席法官坦尼在宣布最高法院多数法官的意见时，不厌其烦地坚持说，在制订或为之制订《独立宣言》或《合众国宪法》的人当中，黑人是不包括在内的。

相反，柯蒂斯法官在他的不同意见中说明，在当时十三个州当中的五个州——新罕布什尔、马萨诸塞、纽约、新泽西和北卡罗来纳——自由黑人是有选举权的，按照他们人数的比例在制定宪法中起着和白人一样的作用。他说得那么细致详尽，使人不容置疑。……

首席法官没有直接断言而是简单地假定下列情况就是事实：现在公众对黑人的看法要比在独立战争时期好多了。这个假定是错误的。在一些小事情上，那个种族的情况是改善了；但总的来看，在这个国家里，当时和现在之间的变化则恰恰相反，黑人的最终命运从未像最近三四年里那样显得毫无希望。在当时给予自由黑人以选举权的五个州当中的两个——新泽西和北卡罗来纳，那种权利已经取消了，而在第三个州——纽约——已被大大剥夺；同时据我所知，这种权利再也没有扩展到另外一个州，尽管州的数目已经增加了不止一倍。过去，据我了解，奴隶主可以任意解放他们的奴隶，但是，从此以后，对解放奴隶施加了种种法律限制，几乎等于禁止了。过去，立法机关拥有绝对的权力，在它们各自的州里废除奴隶制，但是现在，州宪法不给立法机关这种权力的情况已经变得十分流行了。过去，经一致同意，黑人奴隶制是禁止扩展到新的

地区的，但是现在，国会决定不再继续禁止，最高法院则决定国会即使要禁止也无权禁止。过去，《独立宣言》被一切人视为神圣，认为把一切人都包括在内，但是现在，为了使黑人受奴役普遍和永久不变，《独立宣言》却受到攻击和嘲笑，遭到恣意歪曲和诋毁，以致它的起草人如果能从坟墓中站起来，就会发现它已面目全非了。地球上一切势力似乎都在迅速联合起来反对黑人。财神爷看中了他，接踵而来的是野心和哲学，当今的神学也在很快地参加这场叫嚣。他们把他关在牢里，搜了他的身，不让他有撬门的工具。他们把他关在一重又一重的铁门里面，现在又用一把有一百枚钥匙的锁把他锁起来，而这把锁一定要同时用一百枚钥匙才能打开，这一百枚钥匙分别掌握在一百个人手中，这一百个人又分散在一百个遥远的地方。他们正在穷思苦想用什么方法能更加保险他绝对逃不掉。

要说现在公众对黑人的看法比政府初建立时好得多，这种说法或假定是大错特错的。

三年半前，道格拉斯法官提出了他那著名的内布拉斯加议案。全国顿时哗然。他藐视一切反对意见，强行在国会通过。自那时以来，他看到自己在总统提名上被一个人取代，这个人赞同他的议案的总的理论，同时却远远躲开它那不合时宜的鼓动和严重违反民意的臭名；他还看到那个得胜的竞争者按宪法规定当选了总统，此人处于少四十万票的少数，他当选不是靠朋友的力量，而是靠对手的分裂。他看到他在他自己州里的两个主要助手希尔兹和理查森，从政治意义上说，被相继审问、定罪和处决，罪因不是他们自己的，而是他的。而现在，他看到下一步就该轮到他自己受审了。

几乎所有的白人都天生讨厌白人和黑人不加区别地混居一起这个想法，道格拉斯法官显然把他的主要希望寄托在能利用这种厌恶心理上面。如果他能够通过大吹大擂和不断重复把这种想法的臭名强加在他的对手头上，他认为就能躲过一场风暴。因此他牢牢抓住这个希望，就像一个溺水的人抓住最后一块木板。他利用机会把它硬扯到反对德雷德·斯科特判决书的人身上去。他发现共和党人坚称《独立宣言》包括一切人，黑人和白人都在内，于是他马上矢口否认黑人包括在内，并进一步煞有介事地争辩说，凡是说黑人包括在内的人，他们所以这样说是因为要和黑人一起投票，一起吃，一起睡，要和黑人结婚！他说，否则他们就不能自圆其说。我反对这种骗人的逻辑，说什么我不想要一个黑人女人做奴隶，就一定是想要娶她作妻子。两者我都不要。我可以听凭她自便。在某些方面她当然和我不相同，但是就她吃以自己双手挣来的面包而不必征求任何人同意这个天赋权利来说，她却和我是相同的，也是和其他所有人相同的。

坦尼首席法官在谈到德雷德·斯科特案件时承认，《独立宣言》的文字含义很广，把整个人类大家庭都包括进去了，但他和道格拉斯法官提出论据说，那项文件的作者们并不想要把黑人包括在内，所根据的事实就是他们没有立即使黑人处于和白人同样的平等地位。但另一个事实却使这个严肃的论据完全落了空，这个事实就是：他们不是立即而且以后也从来没有使所有的白人处于互相平等的地位。而这正是首席法官和那位参议员如此明显地曲解《独立宣言》那明白无误的文字的主要论据。

我认为那项著名宣言的作者们是想要把一切人都包括进去

的，但他们不想宣称一切人在一切方面平等。他们并不是说一切人在肤色、身材、智力、道德成长或社会能力等方面都是一样的。他们相当明确地说明了他们认为在哪些方面一切人是生来平等的——平等在于“某些不可剥夺的权利，其中包括生命、自由和追求幸福”。他们是这样说的，意思也是这样。他们并不想断言当时一切人都已真正享有那种平等，因为这显然不是事实，也不想立即让一切人平等。事实上，他们根本没有能力给予这样大的恩典。他们只不过想宣布这种权利，这样，在环境许可下就能尽快实现。

他们打算为自由社会规定一个准则，这个准则应该是大家熟悉的，又是受大家尊重的；人们经常关心它，经常为它出力，即使从来没有完全做到，也是在不断接近目标，这样就能不断扩大和加强它的影响，并增进全世界各种肤色的人民的生活幸福和价值。“一切人生来平等”这个主张在实现我们同英国分离方面并没有起实际作用；把它放在《独立宣言》中不是为了这个用处，而是为了将来的用处。它的作者们是要想使它——谢天谢地，现在这一点总算被证实了——成为所有那些以后企图使自由人民重新回到专制主义这条可恶道路上去的人的一块绊脚石。他们知道太平盛世容易产生专制统治者。他们的用意是，一旦这种人重新在这块美好的国土上出现并开始活动时，将发现至少有一颗硬钉子难以对付。

我已经扼要地就《独立宣言》宣称“一切人生来平等”那部分的意义和目的谈了我的看法。

现在让我们来听听道格拉斯法官对同一个问题的看法，这是我在他上次讲话的印刷稿中看到的。他说：

“没有人能证明《独立宣言》的签名者的性格、动机和行为，除非基于这样一个假定：当他们宣称一切人生来平等时，他们指的仅仅是白种人，而不是非洲人；他们说的是这个大陆上的英国人与出生和居住在英国的英国人一律平等；他们被赋予同样的不可剥夺的权利，其中包括生命、自由和追求幸福。制定《独立宣言》的目的是向文明世界证明殖民地居民不再向英国王国政府效忠，并和祖国断绝关系是正确的。”

我的好朋友们，请你们有暇不妨把这段话仔细读几遍，好好想一想，看看它究竟把我们曾经是光辉灿烂的《宣言》糟蹋到了什么地步。

“他们说的是这个大陆上的英国人与出生和居住在英国的英国人一律平等！”嗨，根据这个说法，《宣言》里不只是没有提到黑人，连英国和美国之外的白人也没有提到。英格兰人、爱尔兰人和苏格兰人，还有白种美国人是肯定包括在内的，但法国人、德国人和世界上其他白种人就都和这位法官所谓的劣等民族一道完蛋了！

我本来以为《宣言》答应使我们的条件比做英国臣民更好些；可是不，它只不过说我们应该在他们自己被压迫和不平等的情况下和他们一样。根据这个说法，它也没有保证在赶走了英国的国王和贵族以后，不会很快有我们自己的国王和贵族骑在我们头上。

我本来以为《宣言》是想不断改善任何地方的一切人的状况；可是不，制定《宣言》的目的仅仅是“向文明世界证明殖民地居民不再向英国王国政府效忠，并和祖国断绝关系是正确的。”嗨，那个目的大约八十年前就达到了，《宣言》现在没有实际用处了，只不过是垃圾，是废料，赢得胜利后就把它扔在战场上让它烂掉。

我知道你们正在准备庆祝八天后即将来临的独立纪念日。为什么要庆祝？那天的所作所为和今天根本没有关系；你们当中有一半人甚至不是当时所指的那些人的后代。但是我猜想你们会庆祝的，甚至还会宣读《宣言》。如果你们先照老样子读一遍，然后再对照道格拉斯法官的版本读一遍，它就会是这样的："我们认为这些事实是不言而喻的，那就是，八十一年前在这个大陆上的一切英国人是与出生并居住在英国的一切英国人天生平等的。"

现在我向大家呼吁——向民主党人呼吁，也向其他人呼吁——你们当真愿意就这样让《宣言》断送掉吗？让《宣言》最多成为过去时代的一个有趣的纪念品吗？——剥夺它的生命力和实际价值，对个人的权利连萌芽或甚至暗示都一个不留吗？

可是道格拉斯法官特别害怕的是把白种人和黑种人的血混合起来这个念头。同意，一千个同意。有足够的白种男人娶所有的白种女人，足够的黑种男人娶所有的黑种女人；所以就让他们去婚娶吧。在这一点上，我们和法官完全一致；如果他能证明用他的办法防止黑白混合比我们的办法好，我们就放弃我们的，采取他的。我们来看看吧。1850 年，美国有四十万零五千七百五十一个黑白混血儿。其中只有极少数是白人和自由黑人的后代，几乎全都是黑人奴隶和白人奴隶主生的。种族隔离是防止混合的唯一最好的方法；但立刻隔离是不可能的，仅次于最好的办法就是趁他们还没有合拢起来的时候就把他们分开。……

这种隔离如果能够实现，只能用开拓移居地的办法；而现在还没有一个政党在直接为开拓移居地做任何事情。目前党的活动只限于附带地赞成或反对开拓移居地。这件事很难办，但是“有志者事竟成”，开拓移居地最需要的就是坚强的意志。意志来自道德感和自身利益这两个因素。只要我们相信把非洲人送回他们老家去在道德上是正确的，而且有利于或者至少并不有碍于我们的利益，我们就将找到办法去做，不管任务是多么艰巨。犹太人的子孙，包括四十万战士，就是作为一个整体挣脱埃及的奴役的。

民主党和共和党各自的路线对形成开拓移居地的意志——一种公众的感情——的问题所产生的影响多么不同，是很容易看出的。共和党人苦口婆心地劝说黑人是人，奴役黑人是极其错误的，黑人受压迫的地区不应该扩大。民主党人不承认黑人是人，不承认奴役黑人是错误的，或者把这错误缩小到微不足道的程度。他们拼命压制对黑人的一切同情，培育并挑起对黑人的仇恨和憎恶，他们这样做还自诩是联邦的救主，把无限扩展奴隶制称作“神圣的自治权利”。

文字印刷得无论多么清晰，透过金币的鹰徽也是看不见的；一个人如果能够把他的奴隶送到一个新的地方——例如堪萨斯——每名卖得一千五百美元以上，那么，再要叫他把奴隶送到利比里亚去，还要出路费，要找到许多这样的人，就很难很难了。

五十、给《国会词典》编纂者的便条，大约写于1858年6月15日

1809年2月12日出生于肯塔基州哈丁县。

受教育不多。

职业为律师。

曾在黑鹰战争中任志愿兵连长。

在一个很小的邮政局做过邮务员。

四次当过伊利诺伊州议员，也当过国会众议员。

五十一、摘自1858年6月16日在伊利诺伊州斯普林菲尔德共和党州代表大会上的演说。这次大会提名林肯为国会参议员候选人[32]

大会主席和各位先生：如果我们能首先了解我们的处境和趋向，那么我们就能更好地判断我们应该做些什么和怎样去做。我们执行一项政策已快五个年头了，这项政策公开宣布了目标，并充满信心地作出诺言，要结束奴隶制问题引起的动荡不安。但是在执行过程中，动荡的局面非但没有平息下来，反而不断加剧。依我看来，要到一场危机终于降临并过去之后，动荡才会停止。“裂开的房子是站不住的。”我相信这个政府不能永远保持半奴隶半自由的状态。我不期望联邦解散——我不期望这座房子倒塌——但我确实期望它结束分裂的状态。它要么全部变成这一种东西，要么全部变成另一种东西。要么反对奴隶制的人将制止奴隶制的进一步扩展，并使公众相信它正处于最终消灭的过程中；要么拥护奴隶制的人将把它向前推进，一直到它在各个州里，不论是老州还是新州，北部还是南部，都同样变得合法。

五十二、摘自1858年7月10日在伊利诺伊州芝加哥的演说

道格拉斯法官对我最近在斯普林菲尔德的演说谈了两点。他说这两点将是这次竞选运动的争论点。他把两点中的第一点以我在斯普林菲尔德发表的那篇演说中的一段话作根据，这段话我想我能够凭记忆一点不错地引述出来。我在那篇演说中说："我们执行一项政策已快五个年头了，这项政策公开宣布了目标，并充满信心地作出诺言，要结束奴隶制问题引起的动荡不安。但是在执行过程中，动荡的局面非但没有平息下来，反而不断加剧。依我看来，要到一场危机终于降临并过去之后，动荡才会停止。'裂开的房子是站不住的。'我相信这个政府不能永远保持半奴隶半自由的状态。我不期望联邦解散"——我是在引述我的演说——"我不期望这座房子倒塌，但我确实期望它结束分裂的状态。它要么全部变成这一种东西，要么全部变成另一种东西。要么反对奴隶制的人将制止奴隶制的进一步扩展，并使公众相信它正处于最终消灭的过程中；要么拥护奴隶制的人将把它向前推进，一直到它在各个州里，不论是老州还是新州，北部还是南部，都同样变得合法。"

就是这段话，就是在我引述给你们听，并且希望大家注意的这段话中，道格拉斯法官自以为发现了极端的政治上的左道邪说。

我要你们特别注意他从这段话里作出的推断。他说我赞成使联邦所有的州在内部制度方面统一起来，说我赞成使所有的州在内部事务方面完全统一起来。他从我引用给你们听的那段话中得出了这个结论。他说我赞成北部向南部开战以便消灭奴隶制，说我还赞成邀请（他就是用的这个字眼）南部对北部开战，以便把奴隶制扩展到全国。咳，这真够骇人听闻的了，因为你们只要仔细把那段话读一遍，就会发现我根本没有说过我赞成什么东西。我只是说了我认为会发生些什么。我只是作了一个预言——这个预言也许是不聪明的。我甚至没有说我切望使奴隶制走向最后灭亡。不过，我现在确实这样说，免得在这一点上再纠缠不清。你们可以把它记录下来。

先生们，道格拉斯法官告诉你们说，我的这篇演说可能是经过精心准备的。我承认是这样。我不是语言大师，没有受过高深教育，没有资格对雄辩术（我想你们是这样称呼它的）发表宏论；但是我不认为我所使用的语言含有像道格拉斯法官所说的那种意思。不过我并不怕挑剔字眼。如果我能够向听众说清楚我讲那段话的真正用意，大家就不会有疑问了。

第一，我并非不明白这个政府保持半奴隶半自由状态已有八十二年之久。这我知道。我对我国的历史还算相当熟悉，知道它已经保持了八十二年半奴隶半自由状态。我相信——我在演说中要指明的正是这一点——我相信它所以能保持那个状态，是因为在直到内布拉斯加议案提出为止的整个时期里，公众的确一直相信奴隶制是在走向最后灭亡。这就是在那八十二年间一直比较太平的缘故；至少我认为是这样的。我一向痛恨奴隶制，我想我就像任何一个废奴主义者——我一直是个老资格的辉格党人——一样痛恨奴隶制，但是直到内布拉斯加议案的提出开始了一个新时代以前，我始终保持沉默。我一直认为，人人都反对奴隶制，相信它正在走向最后灭亡[指着站在旁边的布朗宁先生]。布朗宁是这样想的，全国广大人民都相信奴隶制在走向最后灭亡。他们有理由这样相信。

宪法的正式通过和它以后的历史使得人们这样相信，宪法本身的制订者们也是这样相信的。那些先辈在正式通过宪法的时候为什么要规定奴隶制不准进入它尚未进入的新的领地呢？为什么要宣布国会可在二十年之内取消赖以供应奴隶的非洲奴隶贸易呢？为什么要订出所有这些条例呢？我还可以举出更多的这种条例——但是已经够了。它们不是清楚地表明宪法的制订者们要想并且盼望最后消灭奴隶制又是表明什么呢？而现在，当我说——就像我在道格拉斯法官所引用的那篇演说中说过的那样——当我说我相信反对奴隶制的人不让奴隶制进一步扩展，使公众相信它正在走向最后灭亡的时候，我只不过是说他们将达到这个政府的创建者原来想要达到的目的罢了。

我认为，自由州的人民根本无权也不应该想插手蓄奴州去干预奴隶制问题。这句话我已经说过一百次，现在也不打算收回。我向来是这样说的，道格拉斯法官听见我说过，如果不是听到一百次，至少也像听到一百次那样清楚；说我赞成在实行奴隶制的地方干预奴隶制，我知道我从没这样想过，同时我相信也是和我说过的话不符的。如果我说过的话竟然能够作这样的解释(不过我相信从来没有说过)，我现在加以更正。……

由于这种或那种原因，我们每年，大概在 7 月 4 日左右集会一次。这些 7 月 4 日集会我认为是有好处的。假如你们容许，我就把我认为的一些好处讲一讲。

我们的国家现在是个强大的国家，有三千万或大约三千万人口，我们拥有和居住的陆地约占全地球的十五分之一。把历史的篇章翻到大约八十二年之前，就会发现那时我们是个非常小的民族，人数比现在少得多，土地面积小得多，凡是我们认为合乎人类需要的东西也少得多。我们认为这个变化对我们和我们的后代非常有利，同时我们认定很久以前发生的一件事情或多或少同这种繁荣的出现有关系。我们发现当时生活着一些人，我们称他们为我们的父辈和祖辈；他们是铁人，他们为实现他们坚决主张的原则而战斗；我们懂得，正是由于他们当时的作为，我们才能享有今天这种程度的繁荣。我们举行这种一年一度的庆祝会来回忆在这个历史过程中所做的一切好事，记住它们是怎样做到的，是谁做的。我们在历史上又怎样同它们联系起来。我们参加这些集会以后，心情也更好了——感到彼此更加情投意合，同我们居住的国家的关系更加密切。由于这些庆祝活动，我们认为不论在时代方面，在种族方面，还是在我们居住的国家方面，我们都比较优越。但是，尽管我们做了这一切，还没有领略到全部的意义。另外还有一件事情同它有关系。除了同我们祖先有血缘关系的那些人之外，我们当中恐怕有半数人根本不是这些人的后代；他们是从欧洲来的——德国人、爱尔兰人、法国人和斯堪的那维亚人——他们要么本人是从欧洲来的，要么他们的祖先是从那里来的，在这里定居，在一切方面都和我们平等。如果他们回顾这段历史去追溯他们同

那些人的血缘关系，他们会发现毫无关系。他们不能把自己带回到那个光荣的时代，使自己感到他们是我们的一部分；但是，当他们细读老的《独立宣言》时，他们发现那些先辈说“我们认为这些事实是不言而喻的，即一切人生来平等”。于是他们感到：当时教导的那种是非感证明他们同那些人是有关系的，它是一切道德原则之父；他们有权要求承认他们同那些写《宣言》的人是血缘关系，骨肉之情，而事实正是如此。那是《宣言》中的一根电线，它把爱国和爱自由的人的心联结在一起，只要对自由的热爱存在于全世界人民的心中，它就会永远把那些爱国的心联结起来。

现在，先生们，为了和这个“不在乎奴隶制到底是被投票通过还是被否决”的想法一致，为了支持德雷德·斯科特判决，为了说明《独立宣言》根本毫无意义，道格拉斯法官向我们解释了《独立宣言》的真正含意，说什么美国人和英国人平等。根据他的解释，你们德国人是和它没有关系的。现在我非常严肃地问你们，如果对所有这些事情加以纵容、批准、证实，还签上个字，如果把它们灌输给我们的儿童，向他们一再重复，这样会不会磨掉国内自由的感情，把这个政府变成另一种形式的政府呢？那些编造的论调说，劣等种族能够享受多少就给他们多少，他们的条件允许多少事情就为他们做多少事情，这种论调究竟是些什么言论呢？这是世界上历代君主们用来奴役人民的言论。你们会发现所有赞成君王统治权术的言论都是属于这一类；他们永远骑在人民的脖子上——并非他们喜欢这样做，而是因为人民被骑在胯下日子就会过得好些。那是君主们的言论，而这位法官的这番言论正和那个魔鬼所说的一样：你干活我吃饭，你劳动我享受劳动果实。不管采取什么说

法，不管它是出自国王之口，借以奴役本国人民，还是出自一个种族的人之口，借以奴役另一种族的人，这统统都是同一个魔鬼的胡言。我认为，这番旨在使公众相信我们对此无须担心的言论如果获得认可，决不是到黑人就结束了。我倒想知道，如果对这个宣布一切人原则上平等的老的《独立宣言》表示异议，将如何收场呢？如果一个人说它并不是指的黑人，第二个人为什么不可以说它不是指另外一种人呢？如果《独立宣言》不是真理，那就让我们拿起载有这个宣言的法令全书，把它撕下来吧！谁敢这样做？如果它不对，就把它撕下来。[喊声："不，不。"]那么，我们就应该遵守它；我们就应该坚决拥护它。

可能有人会争辩说，某些情况造成需要，并将它们硬加在我们头上，这种需要大到什么程度，一个人也应该让步到什么程度。我想，当这个政府最初建立的时候，就是这样一种情形。我们当中有奴隶，我们要获得宪法就非让他们继续当奴隶不可。如果我们贪多，就连已经到手的好东西也保不牢；但是我们虽然由于需要作了让步，我们却并没有因此而破坏自由宪章的原则。让那个宪章作为我们的准则吧。

我的朋友说我引用《圣经》很不高明。不过我还是想来试一下。在上帝的许多训诫中，有一条训诫说，"但愿你[因此]和完美的天上之父一样完美。"我想，耶稣基督并不真正渴望任何一个凡人能和天父一样完美，可是他说，"由于你天上之父是完美的，但愿你也完美。"他把这个树为标准，谁尽最大努力来达到这个标准，谁就达到了最高度的道德完美。所以我说，对于一切人生来平等这个原则，我们要尽可能实现。如果我们不能给予每个人自由，那就至少不要做任何一件会使另一个人受奴役的事情。让我们使这个政府回到宪法制订者们最初安放的轨道上去。让我们坚定地站在一起。如果我们不是这样做，那我们就会走向——并非有意地——我们的朋友道格拉斯法官提出的那个相反的方向，不由自主地出力气使我们的国家普遍实行奴隶制。他就是朝那个方向跑的，正因为这样我才反对他。

朋友们，我就想耽搁你们这么多时间，我还只有一句话要说，让我们把所有这些关于这个人和那个人、这个人种和那个人种、那个人种是劣等因而必须处于劣等地位的诡辩统统丢掉吧。让我们丢掉所有这一切，在这块土地上团结得像一个民族，直到我们再一次站起来宣布一切人生来平等。

五十三、摘自 1858 年 7 月 17 日在伊利诺伊州斯普林菲尔德的一次演说

昨天晚上，道格拉斯法官，由于我要使黑人在社会上和政治上和白人完全平等的意向引起的恐惧而十分烦恼了一番。他没有停下来证明我说过这类话，或者从我说过的话可以合理推断出这种意思，却匆忙地咬定就是这么回事。我是遵守《独立宣言》的。如果道格拉斯法官和他的朋友们不愿遵守，那就出来把它修改一下。让他们把它改为一切人生来平等，但黑人除外好了。让我们来决定一下，是不是应该在 1858 年这个有福的年头，将《独立宣言》作这样的修改。去年他在解释《宣言》时，说《宣言》指的只是在美国

的美国人和在英国的英国人平等。后来，我向他指出，按照那个准则，他就把德国人、爱尔兰人、葡萄牙人，还有所有那些自从独立战争以来不断加入我们行列的人都排除在外了，于是他对自己的解释又重新作了解释。在他上次的演讲中，他说那指的是欧洲人。

我再来逼他一下，问他亚洲的俄国人是不是包括在内？或者还是存心把那么众多的人口排除在《独立宣言》的原则之外？我预料他马上就会把他的定义再加以修正。他这个人是一点不挑剔的。任何事情只要不妨碍在全国实行黑奴制，他都赞成。白人可以拖下去，但黑人决不可以拉上来。谁来说："我是优等，你是劣等？"

关于黑奴制问题，我说的话可以被误传，但决不能被误解。我说过，根据我的理解，《宣言》的原意并不是说一切人在一切方面都生来平等。他们在肤色上和我们就不一样，[①]但我认为《宣言》的确是要宣布一切人在某些方面平等；他们在"生命、自由和追求幸福"的权利方面是平等的。黑人在肤色方面当然和我们不一样，在其他许多方面恐怕也不一样；然而，就把它用自己双手挣来的面包送进嘴里的权利来说，他和任何其他的人，无论白人还是黑人，都是一样的。较多的东西是给了你们了，你们还要把给他的一点点东西也拿走，那就讲不出道理了。我为黑人请命的仅仅是，如果你们不喜欢他，就别去理他。如果上帝只给他一点点东西，就让他享用这一点点东西吧。

当我们的政府刚建立的时候，奴隶制已经存在了。从某种意

---

① 英语 equal 有"平等"、"相等"、"一样"多种含义，林肯用的是同一个字，而中文有时则不得不加以区别。——译者

义上说，我们当时对它不得不容忍。那是一种需要。我们已经经历过一番斗争，取得了独立。宪法的制订者发现当时奴隶制与其他许多制度一起并存着。他们觉得，如果硬要把奴隶制取消，他们已经获得的东西中有许多就会付诸流水。他们非向需要屈服不可。他们授权国会到第二十年末废除奴隶贸易。他们还禁止在没有奴隶制的准州内实行奴隶制。能做的事情他们都做了，其余则服从需要。我也服从那个需要所带来的一切。我最迫切希望的就是把白种人和黑种人隔离开来。

五十四、摘自林肯 1858 年 8 月 21 日在伊利诺伊州奥塔瓦第一次大辩论中对道格拉斯的答复[33]

现在，先生们，我不打算详详细细来读了，不过这是我关于奴隶制和黑种人说过的话的实际内容。一切都在这里面了，硬要照他的意思把我说成主张黑人在社会上和政治上和白人完全平等，只是似是而非、异想天开的文字游戏，一个人可以用它来证明栗色马是欧洲七叶树。① 在讨论这个问题的时候，我先要声明，我无意，无论直接地或间接地，去干预实行奴隶制的各州的这种制度。

① “栗色马”，原文是 chestnut horse，如果把这两个词前后颠倒一下，就成了意义截然不同的“欧洲七叶树”。——译者

我认为我没有合法权利去这样做，也不想这样做。我不打算使白种人和黑种人在政治上和社会上平等。两个人种有体质上的差别，依我看，这种差别也许将永远不允许他们在完全平等的基础上一起生活；正因为一定要有这种差别，我和道格拉斯法官一样赞成我所隶属的人种占有优等地位。我从来没有说过相反的话，但我认为，尽管这样，也绝对没有理由去说黑人没有资格享有《独立宣言》中列举的各种天赋权利——生命、自由和追求幸福的权利。我认为黑人就和白人一样有资格享受这些权利。我同意道格拉斯法官的话，黑人在许多方面和我不一样——肤色当然不一样，道德或天资方面恐怕也不能相比。但是在吃以自己双手挣来的面包而不用任何人批准的权利方面，他和我，和道格拉斯，以及每一个活着的人却是一样的。……

亨利·克莱——我理想中最完美的政治家，我平凡的一生都为他战斗——亨利·克莱曾经谈到过一帮要压制一切走向自由和最终解放的趋势的人。他说：这帮人要这样做的话，就必须回到我们取得独立的时代去，去封住每年发出欢乐的隆隆回响的炮口；他们必须吹灭我们周围的道德之光，他们必须钻进人的灵魂，在那里消灭对自由的热爱；那时，只有到那时，他们才能使奴隶制在我国永世长存！我想，道格拉斯法官说黑人在《独立宣言》中没有份，这正是通过他的榜样和巨大影响在这个社会里做那种事情。亨利·克莱非常了解这个对手。道格拉斯法官正在退回到我们革命的时代去，尽他力所能及把每年发出欢乐的隆隆回响的炮口封住。当他邀请所有赞成奴隶制的人去建立这种制度时，他就是在吹灭我们周围的道德之光。当他说他“不在乎奴隶制到底是被投票通过还是被否决”，说这是一种神圣的自治权利时，我看他正是在钻进人的灵魂，把美国人民的理智之光和对自由的热爱消灭掉。现在我只消说，当道格拉斯法官用这一切手段成功地使公众的感情完全和他本人的观点合拍，当广大的与会者同所有这些感情发生共鸣——当他们开始重复他的观点并承认他的各项主张，他在这些重大问题上怎么说，他们也就跟着怎么说，到了这个时候，那就只需要形式上再来一份他预先签署好的德雷德·斯科特判决书，就可以使奴隶制在所有的州——无论是老州还是新州，北部还是南部——都成为合法了。

五十五、摘自1858年8月27日林肯在伊利诺伊州弗里波特第二次辩论会上的开场演说

自从1856年5月共和党于布卢明顿成立以来，我认为自己一直是作为一个党员受党章约束的。如果我在回答任何讯问时超出了党章的范围，应该完全由我个人负责。作了这个声明以后，我来逐一回答法官提出的问题。这些问题刊登在《芝加哥时报》上，为了不致出错，我把它们抄录下来，我的回答也写了下来。这些问题中的第一个是这样的：

问题一：“我希望知道，林肯今天是不是和他在1854年时一样，赞成无条件废除逃亡奴隶法？”

答:我现在不赞成,过去也从来没有赞成无条件废除逃亡奴隶法。

问题二:“我希望他回答,他今天是不是和他在 1854 年时一样,反对接纳更多的蓄奴州加入联邦,即使人民需要的话?”

答:我现在不反对,过去也从来没有反对接纳更多的蓄奴州加入联邦。

问题三:“我想知道,他是不是反对接纳一个新的州带了一部被该州人民认为订得合理的(州)宪法加入联邦?”

答:我不反对接纳一个新的州带了一部被该州人民认为订得合理的(州)宪法加入联邦。

问题四:“我想知道,他现在是不是坚决主张在哥伦比亚特区废除奴隶制?”

答:我现在并不坚决主张在哥伦比亚特区废除奴隶制。

问题五:“我希望他回答,他是不是坚决主张禁止各州之间的奴隶贸易?”

答:我并不坚决主张禁止各州之间的奴隶贸易。

问题六:“我希望知道,他是不是坚决主张禁止合众国所有各准州内的奴隶制,密苏里妥协案规定的界线以北和以南都一样?”

答:我如果不是明确地至少也是含蓄地坚决相信国会有权力和义务去禁止合众国所有各准州内的奴隶制。

问题七:“我希望他回答,他是不是除非首先在领地禁止奴隶制就反对获得任何新的领地?”

答:我一般并不反对用正当手段获得领地;在任何特定情况下,反对不反对要看获得领地以后会不会使我们之间的奴隶制问题更加恶化。

现在，我的朋友们，把这些问题和回答研究一下就可以看出，到现在为止，我只不过回答了我不主张这个，不主张那个。除此以外，法官没有向我提出更多的问题，我是严格按照问题来回答的，老老实实地回答说，问到我的各点，没有一点是我坚决主张的。但是我无意受他提问形式的限制。我真想至少从这些问题中选几个出来，谈谈我对它们的真正看法。

关于第一个——逃亡奴隶法问题，我过去毫不犹豫地说过，现在也毫不犹豫地说：我认为，在联邦宪法的规定下，南部各州人民享有逃亡奴隶法的权利。这样说了以后，关于现行逃亡奴隶法，我就再没有什么要说的了，除非我想它本来应该这样地制定，使它不会遭致某些异议，而并不减少它的效力。由于目前不存在紧张情绪，要修改或修正这项法律，我不愿率先把它作为奴隶制这个总问题上的一个新的煽动性问题提出来。

关于第二个问题——我是否坚决主张接纳更多蓄奴州加入联邦，我非常坦率地告诉你们，要我对那个问题避而不谈，我会感到非常遗憾。我非常乐于知道再没有一个蓄奴州被允许加入联邦；但是我必须补充说，如果任何一个准州在其作为准州期间将奴隶制排除在堆州之外，人民在制订宪法时有公平的机会和干净的土地，不受奴隶制实际存在的影响而居然出乎意外地制订出一部蓄奴宪法，那我看就只好允许他们加入联邦。

对第三个问题的回答和对第二个问题的回答相同，因为我认为这两个问题是一样的。

第四个问题——在哥伦比亚特区废除奴隶制。关于这个问题,我的意志是非常坚决的。我将非常高兴看到奴隶制在哥伦比亚特区废除。我认为国会拥有宪法规定的权力去废除奴隶制。然而,作为一名国会议员,我将不以我目前的看法来力争在哥伦比亚特区废除奴隶制,除非具备以下各项条件:第一,废除是逐步实行的;第二,要由特区合格的投票人以多数票通过;第三,给予不愿废除奴隶制的奴隶主以补偿。有了这三个条件,我承认我将非常高兴看到国会在哥伦比亚特区废除奴隶制,用亨利·克莱的话来说,“从我们的首都清除我们国家的污点”。

关于第五个问题——废除各州之间奴隶贸易问题,我可以老实回答,我毫无主张。我对这个问题还没有好好研究过,没有资格提出一种主张,使自己完全按照这种主张行事。换句话说,这个问题从未突出地摆在我面前,促使我去调查宪法到底有没有赋予我们权力去这样做。如果我有充分时间,就可以调查一下,对这个问题作出结论,但是我老实告诉你们和道格拉斯法官,我还没有这样做。不过,我必须说,如果我认为国会确实具有宪法赋予的权力去废除各州之间的奴隶贸易,我还是不赞成使用那种权力,除非是按照类似我关于在哥伦比亚特区废除奴隶制所说的那些稳健的原则去做。

对于我是否希望在联邦所有准州内禁止奴隶制的问题,我的回答是完全的和明确的,我再作任何解释也不能使它更清楚些。因此,我想关于我是否除非在领地禁止奴隶就反对获得任何新领地问题的回答是:除了已经作出的书面回答之外,我无法再通过例证或进一步说明我的意思来增加任何东西。

其实,在所有这些事情上,法官已经明白我的意思,而且是根据记录明白我的意思的。我想他本来自以为我在一个场合持有一些见解，在另一个场合又持有另一些见解。他自以为我不敢在一个场合说我在另一个场合说过的话。我在这里所说的话，我想我是对和伊利诺伊州任何听众一样强烈倾向于废奴主义的广大听众说的。我相信，如果我现在说的话会触犯一些人，使他们起而反对我，那么，它同样也会触犯这里听众当中的一些人的。

五十六、一次演说的笔记，大约写于1858年9月16日

我认为"一切人生来平等"这个宣言是我们的自由制度赖以建立的伟大基本原则。黑奴制是违反这个原则的；只是由于我们的政体，那项原则尚未成为一项法律义务。由于我们的政体，那些实行奴隶制的州可随意保留或废除这个制度，其他个人、自由州和全国政府都受宪法约束，不得加以干涉。我们所以有这样的政体，是由于政府初建时就实际存在着奴隶制的需要。

五十七、摘自1858年9月18日林肯在伊利诺伊州查尔斯顿第四次辩论会上的开场演说

今天当我在旅馆里的时候，一位年长的绅士来看我，想了解一

下我是不是真的赞成使黑人和白人完全平等。我本来不打算在这个场合多谈那件事，但是既然向我提出了问题，我想就用大约五分钟时间来谈一谈。我要说，我过去从来不赞成，现在也不赞成以任何方式使白种人和黑种人在社会上和政治上平等——我过去从来不赞成，现在也不赞成让黑人当选民或者陪审员，或者使黑人有资格担任公职，或者和白人通婚；我还要补充说，白种人和黑种人的体质有差别，这种差别我认为将永远阻止两个人种的人在社会上和政治上平等地生活在一起。由于他们不能平等地生活在一起，而事实上又待在一起，就必然有优等地位和劣等地位之分，那么我和其他任何人一样，赞成使白人占有优等地位。我在此说，我不理解，为什么白人占了优等地位，黑人就应该被剥夺一切。我不懂，为什么我不愿意让一个黑女人做奴隶，我就非娶她作妻子不可。我的理解是，我尽可以随她去。我今年五十岁了，我当然从来没有要过一个黑种女人作奴隶或者作妻子。所以我想我们尽可以不要黑人作奴隶或者妻子而很好地生活下去。我要补充说，我从来没有见到过一个男人、女人或者小孩赞成使黑人在社会上和政治上和白人完全平等。我记得的唯一的一个例外，听人家讲得次数那么多，相信绝对是真的，那就是道格拉斯法官的老朋友理查德·约翰逊上校。我还要补充说(因为我不打算多谈这个问题)，我做梦也没想到过我或者我的朋友们会娶黑人作妻子，即使没有一项法律禁止这样做；但是既然道格拉斯法官和他的朋友们好像非常担心如果没有法律禁止他们就会这样做，那我向他最庄严地起誓，我将把本州禁止白人和黑人通婚的法律遵守到底。我还要再补充一句：除了州立法机关之外，任何地方都不可以把黑人和白人的社会和政治关系加以改变，哪怕合众国国会也不可以；由于我本人并不担心这种事会发生，而道格拉斯法官好像总是担心这种危险正在迅速到来，我建议，作为最好的预防措施，把法官关在家里，放在州立法机关里，让他去努力通过这样一个议案。这次我不打算在这个问题上多说了。

五十八、摘自 1858 年 9 月 18 日林肯在伊利诺伊州查尔斯顿辩论会上对道格拉斯的反驳

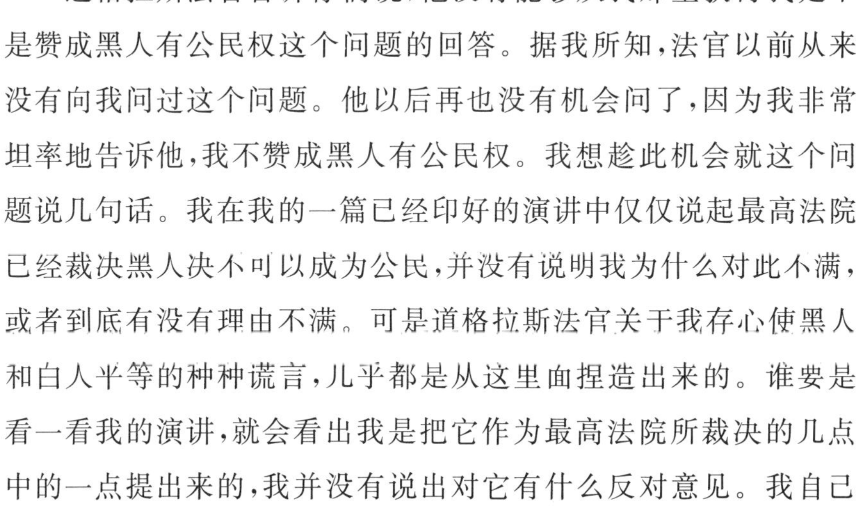

道格拉斯法官告诉你们说，他没有能够从我那里获得我是不是赞成黑人有公民权这个问题的回答。据我所知，法官以前从来没有向我问过这个问题。他以后再也没有机会问了，因为我非常坦率地告诉他，我不赞成黑人有公民权。我想趁此机会就这个问题说几句话。我在我的一篇已经印好的演讲中仅仅说起最高法院已经裁决黑人决不可以成为公民，并没有说明我为什么对此不满，或者到底有没有理由不满。可是道格拉斯法官关于我存心使黑人和白人平等的种种谎言，几乎都是从这里面捏造出来的。谁要是看一看我的演讲，就会看出我是把它作为最高法院所裁决的几点中的一点提出来的，我并没有说出对它有什么反对意见。我自己没有向大家讲我的反对意见是什么，道格拉斯法官倒是讲了。现在我的看法是，各州在合众国宪法规定下，有权使黑人成为公民，

只要他们愿意。德雷德·斯科特判决书判决他们没有那种权力。如果伊利诺伊州有那种权力,我将反对加以使用。关于这个问题,我要说的就是这些。

五十九、一次演说的笔记,大约写于1858年10月1日

不过,不仅仅是国会要不要禁止黑人奴隶制扩展的问题,另外还有一个更大的问题。这个更大的问题已由《里士满询问者》——南部的一张布坎南报纸——说明了,现在我来读一下原文。另外,纽约《日记簿》——北部的一张布坎南报纸——也谈到了这个问题,原文如下。……为了支持内布拉斯加法案,印第安纳州的佩蒂特参议员在参院第一次讨论该法案时,声称《独立宣言》所确认的一切人生来平等是个"不言而喻的谎言"。道格拉斯参议员目前在伊利诺伊州作了许多次演说,他在这些演说中不断反对一切人平等这个主义;虽然他并没有作出优等人必须奴役劣等人的结论,但是显然希望他的听众得出那个结论。他逃避拆房子的责任,但他却在挖墙脚,让房子自己坍下来。不可能不看到,这些报纸和参议员都在拼命争取达到一个共同的目标,他们这样做是真正代表他们党的主导思想的。

也不可能不看出,那个共同目标就是在公众心目中和行政机关中破坏"一切人生来平等"这个老的和唯一的自由政体准则,代之以另一个不同的准则。那个代替品是什么,是不难看出的。那

就是：否定人生来平等，硬说一种人有天赋的、道义上和宗教上的权利去奴役另一种人。

六十、一次演说的笔记，大约写于1858年10月1日

就算黑人在天赋方面的确比白人差，但是白人假使因为这个缘故竟然把他给黑人的那一点点东西拿走，岂不是太不公平了吗？“把他需要的东西给他”是基督教的慈善准则，但是“把他需要的东西拿走”却是奴隶制的准则。

六十一、一次演说的笔记，大约写于1858年10月1日

赞成奴隶制的神学的要旨好像是这样的：“奴隶制不完全对，可是也不完全错；有些人还是当奴隶好，在这种情况下，他们当奴隶乃是上帝的旨意。”

上帝的旨意当然是无可违抗的；但是要确认旨意，并且把它应用到特殊情况去，却还是有些难处。举个例子，假定牧师罗斯博士有一个奴隶名叫萨博，问题是：“上帝的旨意是让萨博继续当奴隶呢，还是放他自由？”上帝对这个问题没有作出口头回答，他的启示——《圣经》里也没有任何回答，或者说至多不过留下一些含意

有争执的字句;没有人想到问一问萨博的意见如何。所以,这个问题最后只好由罗斯博士来决定。当他考虑这个问题的时候,他是坐在荫凉地方,戴着手套,靠吃萨博在烈日下挣来的面包过活的。如果他断定上帝的旨意是让萨博继续当奴隶,他就可以保持他自己的舒适地位;但是,如果他断定上帝的旨意是让萨博自由,他就只好从荫凉地方走出来,脱掉手套,自己去挣面包吃。罗斯博士会抱那种一直被认为有利于作出正确决定的绝对不偏不倚的态度吗?

六十二、摘自一次演说的笔记,大约写于1858年10月1日

道格拉斯法官是个有巨大影响的人。他那直率的见解大可左右别人的见解。除此以外,许许多多人把希望寄托在强使他们的见解和他一致上面。他们同意他的见解是出于党的需要,危险在于他们很可能会一再学舌,结果自己信以为真。另外一些人怕他责骂,怕他挖苦和巧妙地颠倒黑白,所以畏缩不前。易受影响的年轻人听他训话,这是他们的父亲年轻时从未听到过的。

如果他用所有这些方法成功地影响了公众的感情,使公众的感情完全和他自己的感情合拍;使所有的人都赞同法院的所有决定,而不问这些决定是对还是错;使所有的人都像他自己一样,对奴隶制的祸害装聋作哑;使所有的人和他一同公开说,奴隶制被投票通过也好,否决也好,他们都不在乎;说如果有什么人需要奴隶就有权占有奴隶;说黑人不是人,在《独立宣言》中没有份;说奴隶制不存在道德问题;说自由和奴隶制是完全一致的——而且必然是相辅相成的;说一个强者自称比弱者优越从而奴役弱者是自由的本质,是最神圣的自治权利;哎哟,如果到了这个地步,那么,苍天在上,还有什么东西可以阻止奴隶制到处成为合法的呢?你能找到他有一句话反对这个吗?他坚决赞成这个的说法还嫌少吗?如果他为了自己的生命,为了他的永远得救,一心一意想达到那个目的,他还能找到如此适合于达到目的的方法吗?

如果我们的这次总统选举,仅仅依靠多得的票数,而且其重要性是大可怀疑的多数,就导致一项最高法院决定,说没有一种力量可以将奴隶制排除在一个准州之外,那么,公众的感情既然和道格拉斯法官的感情完全合拍,通过另一项决定,说没有一种力量可以将奴隶制排除在一个州之外,还要多花多少力气呢?

这样,黑人是注定要终身当奴隶了,被罚入地狱了,置之脑后了;但是白人难道就绝对肯定专制魔王不会也来向他下毒手吗?

六十三、摘自 1858 年 10 月 13 日林肯在伊利诺伊州昆西市第六次辩论会上的开场演说

我们这个国家里有着奴隶制因素。它毫无疑问是一种不安定的因素。所有对这个问题发表过意见的大人物,一致认为它是一

个危险的因素。我们对此有争论。这种争论必然产生于意见的分歧，如果我们能够作出精细的分析，能够清楚地知道意见的分歧是什么，也许在讨论我们将针对那个不安定因素提出的不同方针时，就可以更有准备些。我认为这种意见分歧归结到最后一点，不外是认为奴隶制错误和那些不认为奴隶制错误的人之间的分歧。共和党认为奴隶制是错误的——我们认为它在道德上、社会上和政治上都是错误的。我们认为这个错误不仅仅局限于实行奴隶制的那些人或州，而是认为，至少可以这样说，从它的趋势来看，会影响整个国家的生存。正因为我们认为奴隶制是错误的，所以我们提出一项把它当作错误来对待的政策。我们对待它就像对待其他任何错误，防止它继续扩大，并且希望总有一天能使它终止。我们已经充分考虑到奴隶制实际存在于我们国内，考虑到以任何令人满意的方式取消奴隶制的困难以及宪法赋予我们的一切义务。我认为，基于奴隶制在国内实际存在和宪法赋予我们的义务，我们根本无权在实行奴隶制的那些州去干预它，我们声明我们无权去干预，也无意去干预。还要更进一步：就是在宪法允许我们干预的地方，我们也不打算去干预。我们认为宪法允许我们在哥伦比亚特区干预奴隶制。可是我们还是不打算去干预，除非是根据我以为国民不会很快同意的条件——使解放奴隶逐步进行，并且给不愿解放奴隶的奴隶主以补偿。在我们认为宪法赋予权利去干涉的地方，考虑到奴隶制的实际存在以及牵涉到的种种困难，我们还是克制住了自己。就奴隶制力求扩展来说，我们也把它当作一个祸害加以反对。我们坚持一项把它限制在目前范围的政策。我们不认为这样做会触犯奴隶制的实际存在或宪法对它的保证。

我们对德雷德·斯科特判决从某个方面来说是反对的，这我也许应该向大家说几句话。在法院判决德雷德·斯科特为奴隶的时候，我们并不主张聚众闹事要判决他自由。当另外一个人，或一千个人，将被法院判决为奴隶的时候，我们并不主张用任何强暴手段来破坏这样解决了的财产权；但尽管如此，我们确实反对把那个判决作为一个政治准则，这个准则会束缚投票人的手脚，不让他去投一个认为奴隶制是错误的人的票，这个准则也会束缚国会议员或总统的手脚，不让他们去赞成任何一项和那个判决原则不一致的议案。我们不打算让它作为政治准则来束缚我们，因为我们认为它不仅为扩大和扩展我们认为是祸害的东西打下基础，而且还为把那个祸害扩展到各个州本身打下基础，我们打算加以抵制，尽可能使判决颠倒过来，同时在这个问题上确定一项新的法律准则。

我还要补充说，如果有一个人，他认为奴隶制在我谈到的三个方面都不是错误的，或者在其中任何一个方面不是错误的，那么，那个人就是站错了地方，必须离开我们。另一方面，如果共和党内有哪一个人忍受不了奴隶制实际存在这一需要，忍受不了宪法给予奴隶制的种种保证，要不顾一切地去干，那他和我们在一起也是站错了地方，他将在其他地方找到安身之所；因为我们要尽可能理解这些事情，对它们给予应有的重视。先生们，这就清楚地说明了我们的原则。

现在我要说，国内有一种和我对立的思想感情——这种思想感情认为奴隶制并不错误，因此对那项不打算把奴隶制作为错误来对待的政策表示赞成。那项政策就是民主党的政策，那种思想感情就是民主党的思想感情。如果广大听众中有哪一个人怀疑这果真是民主党对这个问题的中心思想，我请他耐心听我说几件事，我认为这几件事足以证明这个说法。第一，鼓吹目前的民主党政策的领袖人物——我想我可以这样称呼我的朋友道格拉斯法官以向他表示敬意——自己从未说过奴隶制是错误的。据我所知，他最了不起的是从来没有说过奴隶制是对的，也从来没有说过奴隶制是错的。其他几乎每一个人不是说对就是说错，只有法官从来不说。如果民主党里有一个人认为奴隶制是错的，而又死死抱住那个党不放，我首先提醒他说，他的领导人不像他那样说，因为他从来不说它是错的。其次，我提醒他，如果把打算执行的政策研究一下，就会发现，认为奴隶制有任何错误的想法已经都被小心地去掉了。你们如果把有关奴隶制的言论研究一下，就会发现每个人都小心翼翼地绝口不提奴隶制有任何错误。也许那个自称和我一样反对奴隶制的民主党人会说我错了。我希望他把他自己对这件事的方针研究一下，看看他是否仍旧认为我错了。你说奴隶制是错的，可是别人这样说不是经常被你反对吗？你不是经常争辩说这不是反对奴隶制的地方吗？你说不应该在自由州反对奴隶制，因为自由州没有奴隶制；不应该在蓄奴州反对奴隶制，因为蓄奴州有奴隶制；不应该在政治上反对奴隶制，因为这样会闹事；不应该在布道坛上反对奴隶制，因为奴隶制不是宗教问题。那么，到底应该在什么地方反对奴隶制呢？没有适当的地方可以反对。国内并没有打算去反对这个你自己说正在蔓延到整个大陆的祸害。弗兰克·布莱尔和格拉茨·布朗曾想制订一个在密苏里逐步解放奴隶的办法，8月里进行投票，被否决了；而你，民主党人先生，却高高抛起帽子，高呼“民主万岁！”

所以我再说一遍，当道格拉斯法官说他“不在乎奴隶制到底是被投票通过还是被否决”的时候，他发的议论不论是表达他个人的思想感情也好，还是仅仅说明他对国策的看法也好，都可以正确地说，如果他看不出奴隶制有什么错误，他这样议论是合乎逻辑的，但是如果他承认奴隶制是错误的，这样议论就不那么合乎逻辑了。他不能说他宁愿看到一件错误的东西被投票通过而不愿它被投票否决。当道格拉斯法官说任何人或任何团体需要奴隶就有权占有奴隶的时候，如果奴隶制一点不错，他这样说是完全合乎逻辑的，但是如果承认奴隶制是错的，再要说任何人都有权做错误的事，那就不合逻辑了。当他说奴隶财产和马、猪财产都可以根据平等原则进入各准州的时候，如果奴隶和猪、马作为财产没有什么不同，那他确实言之有理；但如果其中之一是财产，占有它是对的，而另一种是错的，那么对和错之间就谈不上平等。因此，不管你怎样把支持民主党政策的言论和政策本身颠来倒去看，凡是奴隶制有任何不对的想法都被小心地去掉了。我们要理解这一点。我在这里并不想证明我们是对的，他们是错的。我是在说明我们和他们的立场，想说明我们之间的真正分歧是什么。我现在说，什么时候我们可以把问题说清楚，能够使所有那些认为奴隶制在某些方面是错误的人和我们站在一起，把奴隶制当作错误来对待——那时，只有到那时，我想我们才可以在某种程度上使奴隶制引起的动乱告终。

六十四、摘自1858年10月13日林肯在伊利诺伊州昆西市第六次辩论会上的答辩演说[34]

我要向道格拉斯法官表示深切的感谢，感谢他今天在这里作出就要记录在案的公开声明：他关于奴隶制的政策是要奴隶制永远存在下去。我们已经比较接近这场论战的真正问题所在了，我非常感谢他这一句话。道格拉斯法官问你们："奴隶制，或者不如说，部分奴隶部分自由的国家，为什么不能像我们的先辈所缔造的那样永远存在下去?"第一，我坚决认为，我们的先辈并没有把这个国家缔造为半奴隶半自由，或部分奴隶部分自由。我坚决认为，他们当时发现奴隶制已经存在了。他们并没有使它成为这样，但是他们让它这样，因为他们当时想不出办法来摆脱它。道格拉斯法官说，我们政府的缔造者们使这个国家成为部分奴隶部分自由，是出于他们的选择，他这样说是歪曲历史。不仅如此，当政府的缔造者们通过废除奴隶贸易来切断奴隶制的根源，并采取措施限制那些没有奴隶制的新准州实行奴隶制时，我认为他们懂得，一切聪明人也懂得，奴隶制是正在走向最后灭亡。道格拉斯法官问我，奴隶制为什么不能像我们的先辈使它存在的那样继续存在下去，我反问他，为什么他和他的朋友们不能让奴隶制像我们的先辈保留的那样保留下去?

关于奴隶制，我所要求的只不过是把它置于我们的先辈所置于的基础上。南卡罗来纳的布鲁克斯先生曾经说过，而且说得对。他说，当这个政府刚建立的时候，没有一个人预料到奴隶制会一直延续到今天。他又说，建立这个政府的人比今天的人来得高明，但今天的一帮人有先辈所没有的经验，那些经验教会他们发明了轧棉机，而这就使得奴隶制非在这个国家永远存在下去不可了。道格拉斯法官不能把奴隶制置于我们的先辈安置的基础上，而是换个地方，把它放在轧棉机的基础上。因此，这个问题要他和他的朋友们来回答——为什么他们不能让奴隶制留在政府的缔造者们原来安置的地位上。

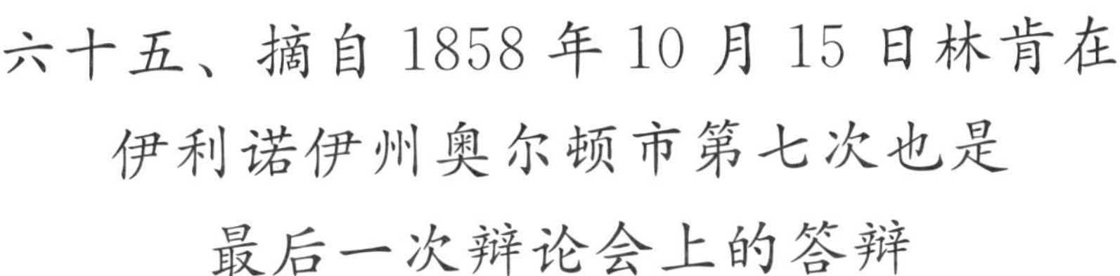

六十五、摘自 1858 年 10 月 15 日林肯在伊利诺伊州奥尔顿市第七次也是最后一次辩论会上的答辩

[道格拉斯法官]说他“不在乎奴隶制在各准州到底是被投票通过还是被否决”。在评论这种说法时，我本人也不在乎他到底是想表达他个人对这个问题的思想感情呢，还是只不过表达他希望确定的国策。这对于我的意图都是一样有用的。凡是看不出奴隶制有什么错误的人都可以这样说，但是看出奴隶制的错误，再这样说就不合理了，因为没有一个人可以合理地说他不在乎一件错事被投票通过或否决。他可以说他不在乎一件无关紧要的事被投票

通过或否决，但是在一件正确的事和一件错误的事之间，他却非从中作出合理抉择不可。他坚决主张无论什么团体需要奴隶，都有权占有奴隶。如果占有奴隶不是错误的，他们当然可以有，但是如果是错误的，他就不能说人们有权去做错事。他说，应该根据平等原则，容许奴隶像其他财产一样进入一个新准州。如果奴隶和其他财产之间没有区别，这是绝对合情合理的。如果奴隶和其他财产是一样的，他的议论就是完全合情合理的。但是，如果你坚持说一样是错的，另一样是对的，那么，把对的和错的作比较就没有用处了。你可以把民主党的政策兜底翻过来，无论它采取法令全书形式也好，德雷德·斯科特判决书形式也好，谈话形式也好，格言般的简短论证形式也好——它反正小心翼翼地把奴隶制有什么错误的想法都去掉了。

这就是真正的问题所在。道格拉斯法官和我自己的可怜的舌头不作声了，这个问题还会在这个国家里继续存在下去。这是两个原则——是与非——之间的永恒的斗争。这两个原则从开天辟地以来就相持不下，而且将永远斗争下去。一个是人类的普遍权利，另一个是帝王的神授权利。无论它采取什么形式，归根到底都是一个原则。“你流汗受苦，我坐享其成”这种说法是同一个意思。不管它是用什么形式讲出来的，是出于一心想骑在人民头上依赖他们的劳动果实生活的一个帝王之口，还是出于为其奴役另一种族的丑行辩解的某一种族之口，同样都是残暴的原则。我在昆西市曾经高兴地表示了我的感谢，我在这里再次向道格拉斯法官表示感谢——感谢他要使奴隶制永世长存。这可以帮助人们理解斗争的症结究竟何在。一切真心希望使错误的事情结束的人，将会和我们站在一起。一旦我们能够把那重遮蔽真正问题的迷雾拨开——一旦我们能够使道格拉斯法官和他的朋友们公开宣布一项谋求奴隶制永世长存的政策——我们就可以把那部分人从他们中间分化出来，使他们和那些认为这项政策是错误的人站在一起。到那时，奴隶制马上就会结束，那个结束就是奴隶制的“最后消灭”。一旦这个问题能说清楚，所有枝节问题都抛开，使人们能看出各政党之间的真正分歧，这场论战很快就会得到解决，而且会和平解决，不会有战争，也不会使用暴力。奴隶制会重新被安置在世上最聪明、最优秀的人从前安置的地方。南卡罗来纳的布鲁克斯曾经说过，当宪法最初制订的时候，它的制订者们并没有料到奴隶制会一直延续到今天。当他说这番话的时候，我想他是说明了一个被当代历史充分证明的事实。同时他还说宪法的制订者比今天的人高明，然而今天的人有当时人所没有的经验，而随着轧棉机的发明，奴隶制就非在这个国家永远存在下去不可了。我现在说，道格拉斯法官愿意或不愿意也好，有意或无意也好，他在改变奴隶制方面一直是一件最重要的工具，政府的创建者们是想使奴隶制早日结束的，他却要把奴隶制置于布鲁克斯所指出的轧棉机基础上，置于他公开供认希望永远不会结束的地位上。

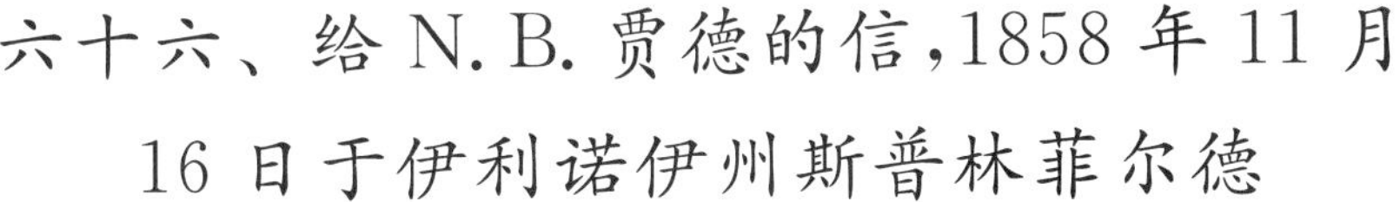

六十六、给 N. B. 贾德的信，1858 年 11 月 16 日于伊利诺伊州斯普林菲尔德

亲爱的先生：15 日来信刚收到，我当天就给你回信。关于钱

的问题，我愿意根据我的能力来付，但是要使别人出钱我却毫无办法。许久以来，我一直只有出账没有进账，现在连家用也没有着落。尽管这样，如果你可以给我二百五十美元来清偿委员会的债务，我将在你我解决我们之间的私事的时候一并奉还。这笔钱，加上我已经付过的，再加上我的一张未兑现票据，将超过我的五百美元的认捐额。这笔钱是不包括在我在竞选运动中的一般开支之内的，再加上时间和业务的损失，对于像我这样一个经济拮据的人来说，是相当沉重的负担。可是我有光荣的职守，不能考虑过多。你心情不好——“而这也就会过去的”，决不要害怕。

六十七、给亨利·阿斯伯里的信，1858年11月19日于伊利诺伊州斯普林菲尔德

亲爱的先生：13日来信已于数日前收到。战斗必须继续下去。公民自由的事业决不能因为遭受了一次或哪怕一百次失败就被放弃。道格拉斯耍弄乖巧，在这次较量中既作为摧毁奴隶利益的最好工具，又作为维护奴隶利益的最好工具，想借以取得人们的支持。但是没有一种乖巧能使这两种对立的因素长久地协调一致。另一次爆炸很快就要到来了。

六十八、摘自给 A. G. 亨利的信，1858 年 11 月 19 日于伊利诺伊州斯普林菲尔德

我很高兴参加了这次辩论。我获得了就当代一个重大而持久的问题发言的机会，否则我是没有其他办法做到的；尽管我现在已从人们的视野中消失，将被人遗忘，我相信我已经留下了一些影响，在我去世以后很久，它们还会为公民自由事业说话。

六十九、1859 年在毗邻各市以及 1860 年 2 月 22 日向斯普林菲尔德图书馆协会所作的演说摘录——摘自芝加哥查尔斯·冈瑟先生收藏的林肯手稿[35]

我们都听说过青年美国人。他是当代最时髦的青年。有些人认为他傲慢自大，可是他难道没有理由对自己抱有一种较全面的看法吗？他难道不是今天的创造者和主人、未来的唯一希望吗？世界各地的人和物都在伺候他。只要看一看他身上的衣着，你就会看到曼彻斯特和洛维尔出产的棉织品，爱尔兰出产的亚麻布，西

班牙出产的毛料，法国出产的丝绸，北极地区出产的裘皮，外加一件洛矶山脉出产的水牛皮大衣。在他的餐桌上，除了家乡的普通面包和肉类以外，有路易斯安那出产的糖，热带地区出产的咖啡和水果，特克岛出产的盐，纽芬兰出产的鱼，中国出产的茶和印度出产的调味品。太平洋的鲸鱼供给他烛光。他手上戴的是巴西出产的钻戒，加利福尼亚出产的金表，嘴里吸的是哈瓦那生产的西班牙雪茄烟。所有这些东西不但供应充足，品种繁多，而且千千万万双手还在忙着生产新的物品，另外千千万万双手把这些物品送到他的手里。铁马喷着气，迫不及待地要把他送往每个地方，电报时刻准备着在一刹那间把他的讯息接收下来再发送出去。他根据所有权占有着世界很大一部分，其余部分他有权要，而且打算占有。如同柏拉图形容灵魂不灭一样，青年美国人有“愉快的希望，天真的欲望和对领土的向往”。他对于“新事物”有强烈的爱好，简直到了狂热的程度，特别喜欢新人上任，还有《启示录》中提到的新土地，那里由于海没有了，陆地一定比目前多三倍光景。他是人类的伟大朋友，他对土地的欲望不是自私，而仅仅是扩大自由领域的冲动。他非常急于为解放被奴役国家和殖民地而战斗，假如它们有土地，而且不喜欢他加以干预。对于那些没有土地，乐于接受任何方面帮助的被奴役国家和殖民地，他认为它们满可以再等上几百年。他知识特别丰富。凡是可能知道的事情他都知道，倾向于相信降神会上的把戏，是“命定说”的公认的创造者。他最讨厌的是一切老的东西，特别是“老古董”，如果有什么老东西他可以容忍的话，那最多只是威士忌老酒和陈年烟草罢了。

如果上述“青年美国人”的确是像他所自命的当今一切事物的

主人，那么，必须承认他比“老古董”强得多。拿一切老古董之首亚当老人作比方吧。就像诗人和画家告诉我们的，亚当是一个体格十全十美的人，但他一定非常幼稚无知，生活习惯非常简单。他未曾有充分时间通过观察去学会许多知识，也没有近邻教他任何事情。他的早餐没有一样是从世界另一边送来的，很可能他根本不知道世界还有另一边。在所有这些方面，很明显，他比不上青年美国人，最多只能说，根据他的机会，他本来满可以成为和他那踌躇满志的后代一样的人。尽管亚当知道得很少，但是叫青年人丢掉他从别人那里学到的一切，然后，如果能办到的话，给大家看看他还有哪些有利条件吧。在土地和牲畜方面，亚当是相当占优势的。他统治着全地球和地球上的一切生物。从那时以后，土地不幸被分配完了；不过不用着急，青年美国人会重新并吞土地。……

一个人看到一件事，没有看出什么名堂，告诉第二个人，第二个人马上从这件事当中看出一个宝贵的线索。这样就取得了效果，而这种效果独自一个人是达不到的。这使我想起过去被我忽略了的一点，即世界上第一个发明是一个联合行动：夏娃和亚当一同缝制围裙。的确，从我们现在把缝纫当作“女人的活”这一点来看，很可能是夏娃当主角，——亚当恐怕只不过站在旁边帮她穿针。那个过程可能被当作一切“缝纫协会”的起源，第一个最完美的“世界博览会”，当时世界上一切发明和一切发明家都在场了。

七十、摘自1859年3月1日在芝加哥市政府选举之夜的演说

在国内奴隶制这个问题上，我不希望被误解。我猜想奴隶制会存在很久，也许使它和平了结的最好方法是让它存在一个时期。但是，让奴隶制扩展、巩固和永久化却是一个完全不同的问题了。我们应该想尽办法把奴隶制作为一件错事来抵制，把它作为错事对待，认定它必须了结，而且必然会了结。如果我们不上这样一个阴谋诡计的当，不让它转移我们的立场，不去听信一个否认我们的基本原则、否认奴隶制大错特错的领导人，不偏离我们的责任的严格路线，那么，共和党事业的未来就是安全的，胜利就有了保证。你们伊利诺伊共和党人已经站稳了立场，你们已经听到了整个问题被一再讨论，你们已经对州代表大会上和全国代表大会上制定的党纲表示了信任，你们已经听取过党纲，对它讨论过和研究过，现在一致认为你们是站在一个绝对正确的立场上。你们所要做的事就是保持信仰，对正确的事坚定不移，团结在你们的旗帜下面。任何东西都不应该使得你们离开你们的大炮。你们要站在一起，手里拿着火柴准备着。别让任何东西使你们偏右或者偏左。要记住你们花了多长时间才确定了正确的路线，花了多长时间才使得你们的朋友们像你们现在一样地理解和信仰。坚持你们的原则，固守你们的大炮，最后胜利、完全和永久的胜利必定是属于你们的。

七十一、给 H.L.皮尔斯等人的信，1859 年 4 月 6 日于伊利诺伊州斯普林菲尔德

先生们：你们盛情邀请我参加本月 28 日在波士顿举行的庆祝托马斯·杰斐逊诞辰大会的请帖已经妥收。我因另有要事不能出席。

我们记得，大约七十年前，两大政党初次在我国成立，托马斯·杰斐逊是其中一大政党的领袖，波士顿是另一大政党的总部，如今那些被认为是继承那个反对杰斐逊的党的政治路线的人在他们自己原来的控制地区庆祝他的生日，而那些自称与杰斐逊的政治路线一脉相承的人却几乎已经不再提起他的名字，这实在是既令人奇怪又饶有趣味的。

杰斐逊党建立的基础是号称无限忠于人身权利，财产权只放在第二位，而且是低得多的地位。记住了这一点，再假定今天的所谓民主党是杰斐逊党，反对他们的是反杰斐逊党，那么，注意一下两个党在当初因而分裂的原则上完全易手，也同样是十分有趣的。今天的民主党在一个人的自由同另一个人的财产权发生冲突时，完全不把人的自由当一回事；相反地，共和党人对人和金钱都很看重，但如果两者发生冲突，人比金钱来得重要。

记得我有一次曾经目睹两个喝得有点微醉的人穿着大衣打架，打了半天也没有伤着皮肉，打到最后，每一方竟然都打掉了自己的大衣，钻进对方的大衣里去了，我真是忍俊不禁。如果今天的

两个主要政党真就是当年杰斐逊和亚当斯的两个党，那它们就是表演了两个醉汉所表演的那种绝技。

不过，认真说，要拯救杰斐逊的原则，使它不致在我国完全被废除，倒也并非易事。一个人可以满有把握地说，他能够使任何一个心智健全的儿童相信比较简单的欧几里得命题是正确的；尽管如此，如果对方否定这些定义和原理，那他非彻底失败不可。杰斐逊的原则是自由社会的定义和原理，但它们尚且被否定和回避了，而且成绩还不小。一个人劲道十足地管它们叫“表面好看的泛论”，另一个人直截了当地称它们是“不言而喻的谎言”，其他的人心怀叵测地争辩说它们只适用于“优等种族”。这些说法形式上各有不同，目的和效果都是一样的，就是排挤自由政体的各项原则，恢复等级、阶级和正统那一套。他们会取得一伙阴谋反对人民的王公贵族的欢心。他们是复辟专制的急先锋、布雷兵和掘道兵。我们必须打退他们，否则他们就会把我们制伏。这是一个对等的世界，谁要是不愿意做奴隶，就必须答应不占有奴隶。那些不给别人自由的人，自己也不配享受自由，而且，在公正的上帝主宰下，也不能长久地保持自由。一切荣耀属于杰斐逊，属于这个人——他在单独一个民族争取民族独立的强大压力下，表现得如此冷静，如此有预见和有魄力，在一个仅仅是有关革命的文件中输入了一个适用于一切人和一切时代的抽象的真理，并且使它永垂不朽，以致它在今天和今后所有的日子里对于重新出现的暴政和压迫的先行官将是一个迎头棒喝和绊脚石。

七十二、给 T.J. 皮克特的信，1859 年 4 月 16 日于伊利诺伊州斯普林菲尔德[36]

亲爱的先生：13 日来信收到。我因另有要事，日内不克来洛克岛作演讲或从事其他任何活动。至于你好意提到的另一件事，我必须坦率地说，我认为自己不能胜任总统这一职位。有些错爱的朋友在这件事上记得我，当然使我受宠若惊，不胜感激；但是我确实认为，为了我们的事业，最好还是不要作像你所提议的那种协同一致的努力。请把这番话当作我的肺腑之言。

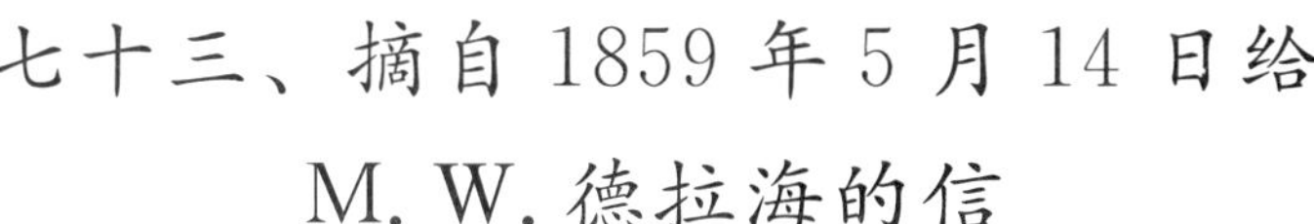

七十三、摘自 1859 年 5 月 14 日给 M.W. 德拉海的信

你们也许会以宣言的性质通过决议。我认为最诱人的念头是降低共和党的标准以便吸收新成员。依我看，这种做法是个严重的错误，它会打开一个缺口，从这个缺口出去的多，进来的少。这样降格以求，无论是遵从道格拉斯主义还是遵从南部反对分子，结果都是一样，都会放弃共和党组织的目标——防止奴隶制扩展和推行到全国。这个目标一放弃，整个组织也就土崩瓦解了。这并不是说我们的 1860 年候选人名单上就不应该有一个南部人。蓄奴州有许多人，其中每一个人我都心甘情愿投票选举他当总统或

副总统，只要他能让我安安稳稳地从事共和党的事业，不降低共和党的标准。这是和我们联合的一个不可或缺的条件，其他一切都是空谈。其他任何联合对南部都没有好处，北部也不对胃口，整个事情的结局是两败俱伤。如果对奴隶制问题不闻不问，对人民目前不关心的其他问题倒大做文章，那么，在这种基础上搞联合，其结果必然是南部的选票一张也得不到，北部的选票却统统丢光。

七十四、给西奥多·卡尼修斯博士的信，1859 年 5 月 17 日于伊利诺伊州斯普林菲尔德

亲爱的先生：来信收到，你在信中代表你本人和其他德国公民问我对马萨诸塞州最近通过的关于归化公民的宪法条款是赞成还是反对，还问我对共和党人和其他反对分子联合起来进行 1860 年竞选运动是赞成还是反对。

马萨诸塞是一个独立自主的州；我没有资格来责备它所做的事。但是，如果要从它所做的事情中来推断我会做些什么，我来说出来也未必不当。因此，我要说，根据我对马萨诸塞条款的理解，我反对它在伊利诺伊，或者在任何其他我有权反对的地方正式通过。我懂得我们的制度的目的是在于提高人的地位，任何倾向于使人降格的事情我都反对。我在同情受压迫的黑人方面有一点臭名气，如果我居然支持一项旨在剥夺白人的现有权利的计划，哪怕

这些白人出生在不同的国家,操和我不同的语言,那可真是自相矛盾得太奇怪了。至于联合的问题,我是赞成联合的,但必须在共和党立场上联合,其他任何条件我都不赞成。任何其他条件下的联合既愚蠢,又无原则。它会失去整个北部,而共同的敌人还是会掌握整个南部。人的问题是另外一个问题。南部有许多优秀的爱国者和能干的政治家,他们如果愿意站在共和党立场上,我将乐于支持他们,但我反对把共和党的标准降低哪怕一点点。这封信写得很匆促,但我相信它已经具体答复了你所提的问题。

七十五、给斯凯勒·科尔法克斯的信,1859 年 7 月 6 日于伊利诺伊州斯普林菲尔德[37]

亲爱的先生:当你光临此间的时候,我很遗憾没有见到你。在得悉你将于 4 日来杰克逊维尔之前,我已经约好到另一个地方去。除了万分希望和你私人结识以外,我还急于和你就政治问题作比我在一封信中所能做到的更详尽的交谈。在这种谈话中,我的主要目的是设法防止共和党队伍分裂,尤其是防止在 1860 年的竞选运动中分裂。危险在于各地会情不自禁地为某件事“鼓吹”,这件事在一个地方是受欢迎的,但在别的地方,特别在全国代表大会上,会是根导火线。比如,马萨诸塞反对外国人的运动;新罕布什尔把服从逃亡奴隶法当作犯罪加以处罚;俄亥俄废除逃亡奴隶法;

堪萨斯提倡人民主权。这些事情当中有很多爆炸物,如果把它们带进全国代表大会的话,足可炸掉半打大会;而在大会外很流行的东西,是很可能夺门进入大会的。合乎理想的是,应尽可能在每一个共和党地方会议上规定一个条款,避免做任何一件会干扰其他地方共和党人的事情。马萨诸塞共和党人目光应该放远一点。这样他们就不会不看到,反对外国人将会使我们在整个西北部遭到失败。新罕布什尔和俄亥俄应该避免用这种方式反对逃亡奴隶法,致使人家能够指控我们仇视宪法而使得我们在伊利诺伊全军覆没。堪萨斯相信人民主权能拯救它使它获得自由,但它切不可忘记,防止奴隶制扩展和推行到全国乃是一个关系到整个国家的问题,必须由全国人民一同来解决。总之,每个地方都应该把眼光放得远一点,至少在我们可能有意见分歧的问题上不要随便发言。我这封信只供你一个人过目,希望你也像我一样看到危险的话,就尽力去防止。难道不能对州和全国代表大会的领导人提些意见,从而至少在某种程度上避免这些祸根吗?

七十六、给塞缪尔·盖洛韦的信,1859 年 7 月 28 日于伊利诺伊州斯普林菲尔德[38]

亲爱的先生:你本月 23 日发出的非常客气的、不说是过奖的信,已经收到。雷诺兹博士叫我在这里等你,可是你没有来,使我大失所望。我生怕你已经对我有了一种看法,如果和我个人接触过的话,这种看法是站不住脚的。

俄亥俄共和党代表大会所做的两件事——摒弃斯旺法官和支持废除逃亡奴隶法——使我非常遗憾。这两件事是同样性质的,许多真心反对奴隶制的好人把它们看作是抵制宪法和漠视宪法。这两件事如果不被排除在我们的全国代表大会之外,将严重危害我们的事业。还有一件我们的朋友正在做的事也使我有点不安。这就是他们偏信"人民主权"。对此我有三点具体反对意见。第一,一个党去年反对一件事,今年又赞成这件事,这个党就不能博得人们的尊重。第二,道格拉斯(他是自由的最阴险的敌人,因而也是最危险的敌人)在北部几乎得不到支持,因而,要不是由于他的朋友们为他和他的骗人的鬼话捧场,就没有在南部做买卖的资本。而第三点,也是主要的一点,道格拉斯的人民主权被人民当作公正原则接受后,将会使奴隶制全国化,并不可避免地会使非洲奴隶贸易复活。把奴隶带进新的准州,在非洲收买奴隶,两者是完全相同的事,是完全相同的权利或完全相同的错误;用理论确定这一点,就也能确定那一点。想尽办法去找一个充分理由说明国会为什么不能阻止堪萨斯人民占有奴隶吧,等找到以后,你会发现这个理由同样也可以充分说明国会为什么不应阻止佐治亚人民去从非洲运进奴隶。

至于蔡斯州长,我对他很有好感。他是去年曾对我们伊利诺伊人民表示同情的我国少数几个杰出人物之一。我从未见到过他,但认为他能干正直;但是他仍然也许不是最合适的总统候选人。

我必须说,我认为自己不能胜任总统这个职位。你提议和我通信,我将迫切地期待着你的信。

七十七、摘自 1859 年 9 月 16 日在俄亥俄州哥伦布市的演说

在那次[和道格拉斯]较量中,我从来没有说过我赞成黑人有选举仅,而是两次——一次是附带的,一次是专诚的——声明反对黑人有选举权。告诉了你们这一点,只消对报纸上那篇文章再评论一句就够了。这就是:我认为那家报纸的主笔是个诚实和爱真理的人,他应该好好谢谢我,因为我这么快就给他机会去更正他所作的歪曲报道,否则传播过久,恶意的人会骂他是个说谎者。

七十八、摘自 1859 年 9 月 17 日在俄亥俄州辛辛那提的演说

如果这里的听众中有几个肯塔基人,我是不会感到奇怪的,因为我们离肯塔基很近。不管有还是没有,我们是处在高地上,只要把话讲得清楚,如果有些肯塔基人在河对岸听见我的话,那也不足为奇。由于这个原因,我打算把我要说的话留一部分对肯塔基人说。

首先我要对肯塔基人说的是:据我知道,我是他们所说的一个

“黑共和党人”。我认为奴隶制是错误的，道德上和政治上都是错的。我希望奴隶制在联邦诸州不要再扩展开去，如果它在整个联邦逐渐消灭，我也不反对。当我代表自己这样说时，我向你们肯塔基人说，我懂得你们在这个问题上看法和我完全不同。你们认为奴隶制是样好东西，奴隶制是正确的，应该在联邦扩展，而且传诸永远。既然我们之间有着这么大的分歧，我在向你们肯塔基人讲话时，并不妄想改变你们的信仰，那将是徒劳无功。我不来这一套。我只想向你们说明，你们应该在查尔斯顿提名我的尊敬的朋友道格拉斯法官为下任总统。你们和他之间没有真正的分歧。我知道，他待你们比你们待自己还要真心，还要考虑周到。我将设法来证明这一点。听着，我说我相信他待你们比你们待自己还要真心，还要考虑周到……

你们肯塔基人也许想，而许多蓄奴州则肯定想参照《圣经》来确定奴隶制的合法性。你们想说明奴隶制是由神注定，在《圣经》时代就存在着的。在这个问题上，道格拉斯为了你们的利益考虑得比你们还要周到。道格拉斯知道，你们一旦根据《圣经》证明奴隶制是正确的，就会发现那种奴隶制所奴役的是白人——不问肤色的人——他十分明白，你们在肯塔基尽可以抱那种看法，但在北部却决不会得到支持。他替你们想出一个更巧妙的论证，他论证说，奴役黑人，奴役其肤色和你们自己不同的人，是正确的。这样他就使得北部的选民来支持你们，这些选民，如果用你们自己那种《圣经》上关于奴隶制权利的论据，是决不会来支持你们的。难道不应该为此而称赞他吗？难道不应该说在这件事上面他为你们比你们为自己考虑得更周到吗？

现在，他已在他的全党确立了这种学说，在为了你们的利益卖力方面取得了莫大成功，他准备搞另一种学说了。

就在梅菲斯的同一次会上，他声明，在黑人和白人之间的一切冲突中，他支持白人，但是在黑人和鳄鱼之间的一切问题上，他支持黑人。他在梅菲斯说这番话并不是偶然的。去年他在伊利诺伊进行竞选活动时就说过许多次（虽然我不知道这句话在他的演讲中有没有记录下来，但他确实是经常说的）。我相信他在哥伦布也重复说过，他在这里再说一遍，我也并不觉得奇怪。所以，对于这个问题，他表达自己这番意思是蓄意的。他在这一点上表达的意思是经过深思熟虑的，所以需要认真对待。

第一个推论似乎是，如果你不让黑人当奴隶，你就多多少少对不起白人，谁要是反对让黑人当奴隶，谁就是多多少少反对白人。这不是弥天大谎吗？如果白人和黑人之间真有不可避免的冲突，我肯定会和道格拉斯法官一样支持白人，可是我认为并没有这种不可避免的冲突。天地大得很，我们都可以在里面自由自在地生活。让黑人自由，一点都不对不起白人。如果让黑人当奴隶，那才真正对不起广大的白人，在白人自己的耕地附近进行奴隶劳动，那才真正伤害了广大的白人。

不过对这个方面的问题，我不想多说了，除掉一句话：他的这种设想是大谬不然，我希望这种谬误不至于在明智的白人心目中长时期保持下去。不管怎样，你们应该好好谢谢道格拉斯法官。他是为了你们的利益这样设想的。

问题的另一方面是，在黑人和鳄鱼之间的争斗中。他支持黑人。咳，我同样也不知道黑人和鳄鱼之间会有什么争斗。我想，一条 crocodilc〔鳄鱼〕,(或者像我们俄亥俄河上的老船夫把它们叫做alligators)如果碰上一个白人,只要能够咬他,是会把他咬死的,碰上黑人也一样。那么这个主张到底算是什么呢?我认为这个主张可以这样来解释:“黑人对于白人,就像鳄鱼对于黑人;黑人可以理所当然地把鳄鱼当作野兽或爬虫对待,白人也可以理所当然地把黑人当作野兽或爬虫对待。”这就是他的全部论据的要害所在。

现在,相信这一套的肯塔基弟兄们,你们应该感谢道格拉斯法官把它讲得比你们自己任何一个人所讲的更加动听。……

我是受权来为反对派说话的,我来告诉你们,我们打算怎样对待你们。我们是想尽可能像华盛顿、杰斐逊和麦迪逊过去对待你们的那样对待你们。我们想随你们去,不来干预你们的制度,遵守宪法的一切妥协案。一句话,恢复原来的主张,尽变坏了的人(如果我们已经变坏了)之所能,仿效那些高尚的先辈——华盛顿、杰斐逊和麦迪逊的榜样来对待你们。我们要记住你们和我们是一样好的人,我们之间除了环境不同之外没有其他不同。我们打算永远承认和记住你们的心肠就和别人的一样好,或者像我们自命的那样好,并且相应地对待你们。我们打算一有机会就娶你们的姑娘——我指的是白人姑娘,我荣幸地告诉你们,我从前的确有过这样一个机会呢。

我已经把我们的意图告诉了你们。现在我想知道,当那件事发生时,你们打算怎么办?我经常听人说,一旦一个共和党人或诸如此类的人当选为合众国总统,你们就要使联邦分裂成两半。[一个声音:“是这么回事。”]“是这么回事,”他们当中有一个人说,不知道他是不是肯塔基人?[一个声音:“他是道格拉斯的人。”]好,那我要问，你们打算拿你们的一半怎么办？你们打算把俄亥俄河一截两半，把你们的一半推开去吗？还是让它同我们这些讨厌的家伙待在一起。还是在你们和我们的地区之间筑起一道墙，使你们的动产再也不能到我们这里来，免得有失去的危险？我们没有义务把从你们那里来的动产的样本送回去了，你们在奴隶制问题上的处境就会改善了吗？你们把联邦分裂成两半，是因为你们以为在这个问题上我们待你们不公平；如果我们不再有义务为你们做任何事情，你们想你们的情况又会好多少呢？你们会向我们开战，把我们都杀死吗？咳，先生们，我想你们是天下最英勇善战的人，你们可以为一个高尚的事业一对一英勇地战斗，你们已经在各种场合下证明你们能够做到；但是，一个对一个的话，你们却不比我们强，你们的人数没有我们多。你们休想胜过我们。如果我们人数比你们少，我想你们可以胜过我们；如果人数相等，可能不分胜负；但是你们人数少，就休想压倒我们。

七十九、摘自 1859 年 12 月 1—5 日在堪萨斯所作的演说笔记

我把它叫做道格拉斯的人民主权，因为真正的人民主权和道格拉斯的人民主权是大相径庭的。真正的人民主权是：国家应该管理与国家有关的事务；一个州或一个较小的政治团体应该管理唯独与这个州或这个政治团体有关的事务；个人应该管理唯独与他个人有关的事务。对于这种主权，没有一个共和党人表示反对。

可是道格拉斯的人民主权却并不是这样。道格拉斯的人民主权,作为一个原则问题,仅仅是:“如一人要使另一人作奴隶,此另一人或任何第三个人都无权反对。”

道格拉斯的人民主权,如他所实际应用的那样,就是:“任何一个有组织的政治团体,不管成立时间多么短,规模多么小,如果想要在它自己的管辖范围内叫一些人作奴隶或者不叫他们作奴隶,不管这种或那种做法是否会影响企图使之作奴隶的人,或是数目多得多的、往后将会进入奴隶领域的人,或是这个团体在其中仅仅是一个成员的各个团体的大家庭,或是作为目前所有一切团体的共同保护者的这个大家庭的首领——不管这些对象的一个或全体是否将受到影响,任何人或所有的人都不得干预。”

这就是道格拉斯的人民主权。他在这上面遇到很大困难。他关于这方面的演说、书信、论文以及就这个问题的解释所作的解释性的解释多得不可胜数。其中篇幅最长、我认为也是考虑得最成熟的,要算是最近刊登在《哈泼斯》月刊上的一篇文章。它有两个主要目的:第一,盗用独立战争的伟大人物所应得的权威和声望来为他的人民主权梳妆打扮;第二,说明德雷德·斯科特判决并没有彻底推翻他的人民主权。

在研究这两个主要目的以前,我想先把这篇有版权的论文的较次要的几点研究一下。

去年,西华德州长和我本人曾在不同时间不同场合发表过这样的意见:奴隶制是一个持久的不和因素,在奴隶制要么压倒自由原则,要么被自由原则压倒之前,我们将不得安宁。这可大大触犯了道格拉斯法官,对它又是痛骂,又是从中作出荒谬的论断,从此没完没了。在这篇有版权的文章里，他几乎一开头就分别引用了西华德和我本人关于这个问题所说的话——我的话引用得不太准确，但抓住了实质——并一再重复他那荒谬绝伦的推论。由于时间关系，好些话本来应该在这里说的，现在只好不说了，我只来谈两点意见。第一，由于道格拉斯在这篇文章里告诉我们，奴隶制在我国引起的动荡是从 1699 年开始的，至今尚未平息，一共已延续了一百六十年，整整十代人——所以，恐怕连他也感到奴隶制在引起动荡和不和方面的确是有点旷日持久的。第二个意见是，道格拉斯法官在深挖历史的当儿，可能已经注意到这样一个历史事实：在那一百六十年中，唯一的一个与奴隶制比较相安无事的时期，是从独立战争到 1820 年，正是在那个时期内，我们结束了非洲奴隶贸易，在几个州里废除了奴隶制，并通过 1787 年法令限制奴隶制扩展到新的州，正是在那个时期内，公众有理由相信，而且的确相信奴隶制正在走向最后灭亡。

对于另外一点，我暂时只随便谈几句，那就是：道格拉斯法官认为各州和各准州之间的差别仅在于州是加入联邦的，准州则没有加入联邦。但是，如果这是唯一的差别，为什么不马上让各准州加入联邦呢？为什么要把它们拒之门外呢？你们说这些准州不宜加入联邦吗？什么地方不宜？特别是，要是他们出于自愿准备好在人口稀少的土地上建立起奴隶制来耕种土地，他们的千百万子孙无法去除它，联邦因而要长期不得安宁，他们这样做了以后对履行联邦的任何义务又有什么不宜呢？看一看联邦内外，有哪种主权的作用像这种主权这么自命不凡？有哪种政府的职能在执行此职能的人数及其他各个方面需要如此完全成熟的条件？道格拉斯的人民主权隐蔽着这样一个假定:奴隶制是件没有害处、无关紧要的小事情,它本身没有什么错,也干不出什么坏事。如果大家都像他那样看待奴隶制,他关于奴隶制的政策就得逞了。不过全世界的人连一半也不会这样看待奴隶制。

在《哈泼斯》月刊刊登的文章末尾,道格拉斯告诉我们说,人们只有在正式组成一个政治团体以后,才能享有他的人民主权,而他们什么时候在人数上适合这样组织起来,则必须由国会来随意决定。现在,我要请他指出,宪法哪一条给予国会那种随意决定权,如果指出来了,再请他说明这种决定权不等于是说国会在他们作为一个州加入联邦之前有权随意统治他们。他愿意一试吗?他宣称国会要运用那种随意决定权的话,一定要等他们的人数达到一万、一万五千或二万。那么,在人数达到一万以前,应该为他们做些什么,或者和他们一同做些什么,或者由他们自己做些什么呢?如果他们当中哪一个人想拥有奴隶,其他人是非帮助他不可呢,还是有权不让他拥有奴隶?他是不是打算在达到规定的人数之前,把现有的那些人统统当作侵犯他人土地者赶出去?如果是这样,那就恐怕要很长时间才能凑足人数来组织这样一个团体哩。

但是,很清楚,给国会权力去随意决定什么时候可以组织一个团体,是完全违背他的人民主权论的。他亲口说,人们在组织起来以前没有这种主权,至于什么时候组织则由国会随意决定。如果在他们人数多得足够作为一个州加入联邦以前,国会偏偏不让他们组织起来,那又怎么办呢?根据他自己的规定,他的人民主权来自国会,除非国会同意给他们这种权,他们就无法行使。他费尽心机在《哈泼斯》月刊上写了冗长乏味的十九页文字去证明国会不能阻止一个新地区的人民排斥奴隶制，可是在结尾一段中却使整个事情最后完全取决于国会。如果国会拒绝组织，对于在一个新地区实行奴隶制这个问题会有什么影响呢？如果个别的人喜欢实行奴隶制，人民是不能阻止的，因为他们还没有获得人民主权。如果说奴隶制没有法律保护，事实上是实行不了的，那么历史已经证明这个假定是靠不住的，因为它最初在这个大陆上实行时就是没有法律保护的。……

如果奴隶制在一根把同一个联邦的姐妹州划分开来的线的一边是正确的，是上帝的旨意，那么，在这根线的另一边用各种宪法、法律和禁令去束缚和折磨奴隶主，就肯定是错的了。总之，除非假定奴隶制是错误的，否则随便在什么地方禁止奴隶制都是说不过去的；认为奴隶制是错误的这种观点一旦在北部退让，一切禁止奴隶制的法律也就退让无遗了。

如果硬说人们不同意道格拉斯的观点也照样可以支持他的措施，那就用眼前活生生的事实来验证一下吧。目前就没有一个道格拉斯派会反对他的任何一种观点，如果硬要他们表态的话，只会举起双手赞成。

五年前，没有一个人曾经在笔下或者嘴里否认过黑人在《独立宣言》中有份。二三年前，道格拉斯开始否认了，现在国内每一个道格拉斯派也都否认了。

造成同样结果的是这样一种反常做法：各准州一方面支持德雷德·斯科特案的判决，一方面又制订不利于奴隶制的立法——这种反常做法认定一样东西可以被合法地从它有合法生存权利的地方赶出去。这种反常做法是谁都不会长久地支持的。德雷德·

斯科特判决书这一半很快就会压服另一半。过程也许会是这样的:某个准州的立法机关会通过一项不利于奴隶制的立法,而最高法院会裁决那项立法是违反宪法的,然后拥护目前这种反常做法的人就会默认这个裁决。那种反常做法的唯一作用是到时候为它的拥护者准备这种默认。像一块制作弓形牛轭的木头,浸泡着不过是准备把它弯过来罢了。

八十、摘自 1860 年 2 月 27 日在纽约库珀学会的演说[39]

现在,如果他们愿意听的话——我想他们是不愿意听的——我要对南部人说几句话。

我要对他们说:你们认为自己是通情达理和公正的人,而我认为,在讲道理和公正这些普通品质上,你们不比其他任何人差。可是,当你们说起我们共和党人时,你们只会骂我们卑鄙,最好也不比亡命之徒强。你们愿意听强盗或杀人犯说话,可决不愿听“黑共和党人”说话。在你们彼此斗法时,你们每个人都把无条件骂“黑共和主义”作为头等要事。的确,这样骂我们似乎是让你们或准许你们说话的一个先决条件,可以说是许可证。现在,能不能请你们暂时免开尊口,想一想这对我们到底是不是公平,或甚至对你们自己是不是公平?把你们的指责统统提出来,然后耐心听我们来否认或者辩护吧。

你们说我们是地方主义的。我们否认。这就发生了争执;你们必须提出证据。你们把证据提出来了。到底是什么证据呢?喏,我们的党在你们的地区是不存在的,在你们的地区得不到选票。这完全是事实,但它能说明问题吗?如果能说明问题的话,那么,假使我们不改变原则而开始在你们的地区获得选票,我们就不再是地方主义的了。这个结论你们不会看不到。可是,你们愿意遵守这个结论吗?如果愿意,你们也许很快就会发现我们不再是地方主义的,因为我们今年就将在你们的地区获得选票。那时你们就会发现,正如事实明摆在那里,你们的证据并没有触及问题。我们在你们的地区得不到选票这个事实是你们造成的,不是我们造成的。如果那个事实有什么不对,那主要是你们不对,除非你们证明我们用某个错误的原则或者做法得罪了你们,否则总是你们不对。如果我们的确用哪个错误的原则或做法得罪了你们,那是我们不对,不过这样你们就得去做一开始就应该做的事——研究我们的原则究竟是对还是不对。如果我们的原则付诸实践以后,对你们地区不利,对我们有利,或有利于达到我们的任何目的,那么,我们的原则还有我们自己就是地方主义的,我们受到反对和批评是应该的。那么,就针对我们的原则付诸实践后会不会对你们地区不利这个问题来和我们较量一下吧,而且较量的时候要承认我们这方面可能有点道理。你们接受这个挑战吗?不接受!那你们就是真正以为"创建我们生活在其下的政府的先辈"认为其正确性是那么明显,因而加以采用,并在就职宣誓时一再认可的原则,事实上其错误是那么明显,因而你们用不着稍加考虑就应予以驳斥。

你们有些人喜欢当着我们的面卖弄华盛顿在他的告别演说中

提出的对地方主义的党的警告。在华盛顿提出那个警告不到八年之前,他作为合众国总统,曾经赞同并签署了一项国会法案,在西北领地禁止奴隶制,这项法案体现了直到他提出那个警告时和提出警告那个时刻政府对这个问题的政策;而在他提出警告大约一年之后,他写信给拉斐叶特,说他认为在西北领地禁止奴隶制是个明智的措施,并表示希望将来能由各自由州组成邦联。

记住这一点,再来看一看自从那时以后在这同一个问题上出现了地方主义,那么,这个警告到底是你们手里反对我们的武器呢,还是我们手里反对你们的武器?华盛顿本人如果能说话,他到底会骂支持他的政策的我们地方主义呢,还是骂反对他的政策的你们地方主义?我们尊重华盛顿提出的警告,把它连同他正确运用那个警告的榜样一同推荐给你们。

可是你们说你们是保守的,非常保守,而我们则是革命的,破坏性的,或诸如此类的东西。保守主义是什么?它不就是相信老的考验过的东西,反对新的没有考验过的东西吗?我们在有争议的问题上坚持"创建我们生活在其下的政府的先辈"所制订的政策,为它而斗争,而你们却一致反对、讥笑和唾弃那个老的政策,硬是要用新的政策来代替。的确,那个代替品究竟应该是怎么样的,你们自己也拿不定主意。你们各有各的主张和打算,不过在反对和骂先辈的老政策方面却是一致的。你们有的赞成恢复国外奴隶贸易;有的赞成国会制订各准州的奴隶法规;有的赞成国会禁止各准州在它们境内取缔奴隶制;有的赞成通过司法部在各准州保留奴隶制;有的赞成异想天开地称为"人民主权"的"如一人企图使另一人作奴隶,任何第三者不得反对"这一"伟大原则";可是你们当中就是没有一个人赞成根据“创建我们生活在其下的政府的先辈”的做法，由联邦在联邦各准州中禁止奴隶制。在你们五花八门的计划中，没有一个计划能在我们的政府创建至今的一百年中找到一个先例或提倡者。因此，你们自封保守，骂我们破坏，到底有没有明确和可靠的证据，请你们好好想一想吧。

还有，你们说我们使奴隶制问题变得比以前更加突出了。我们不承认。我们承认奴隶制问题是更加突出了，但不承认是我们使得它更加突出的。把先辈老的政策抛弃掉的是你们，不是我们。我们过去反对，现在还是反对你们的新花样，这样问题就更加突出了。你们愿意使问题缩小到原来的规模吗？那就回到老的政策上去吧。过去是怎样，现在同样条件下还是这样。如果你们愿意有往时的和平，就重新采取往时的方针政策吧。

你们指控我们煽动你们的奴隶起来造反。我们不承认。你们的证据在哪里？哈泼斯渡口？约翰·布朗？约翰·布朗不是共和党人，你们无法把哪怕一个共和党人牵扯到他一手策划的哈泼斯渡口事件中去。如果我们哪一个党员在那件事上有过失的话，你们可能知道，也可能不知道。如果你们知道，却不把这个人指出来，并证明是事实，那你们就是不可原谅的。如果你们不知道，却一口咬定，尤其是想提出证据却提不出，还是一口咬定，这也是不可原谅的。不说你们也知道，硬是向人家提出明知是假的指控，这简直是恶意诽谤。

你们有些人虽然承认没有一个共和党人曾蓄意帮助过或怂恿过哈泼斯渡口事件，可还是硬说我们的主义和宣言必然会造成这种后果。我们并不这么想。我们所奉行的主义，所作的宣言，无一不是"创建我们生活在其下的政府的先辈"过去所奉行和所做的。在这方面你们向来对我们不公平。逢到快要举行一些重要的州选举时，你们总是非常愿意相信，只要把这个罪名加在我们头上，就可以在选举中胜过我们。选举到了，你们的期望却落了空。每个共和党人都知道，至少对他个人来说，你们的指控是诽谤，因而不大情愿投你们的票。共和党的主义和宣言并且经常反对干预你们的奴隶或你们对奴隶的作为。这当然决不是鼓动他们起来造反。的确，我们像"创建我们生活在其下的政府的先辈"一样，声明奴隶制是错误的，但奴隶们甚至连这个声明也听不到。不管我们说什么或者做什么，奴隶们根本不知道有共和党这么一个党。我以为，事实上，要不是你们对他们作了关于我们的歪曲报道，他们一般不会不知道有我们这么一个党。在你们自己人之间的政治斗争中，每一派都指责另一派同情黑共和党，然后，为了使指控变得有力，又把黑共和党干脆形容为引起奴隶造反、制造流血和闹事。

奴隶造反今天并不比共和党成立之前更加普遍。二十八年前的南安普敦造反，死亡人数至少比哈泼斯渡口事件多三倍，是什么原因造成的呢？你们可不能把你们那非常灵敏的幻想引伸到这样一个结论，说南安普敦造反是"黑共和党挑起的"吧。在合众国目前的形势下，我认为一次全面的，或哪怕非常广泛的奴隶造反是不可能的。没有办法取得必不可少的一致行动。奴隶们没有迅速传递消息的工具，进行煽动的自由人，无论黑人或白人，也无法供应这种工具。成批的爆炸物到处都有，但是必不可少的导火线却没有，而且也无法供应。

关于奴隶对他们的男女主人的爱戴，南部人已经说得很多，其中至少有一部分是事实。要阴谋策划一次暴动，并传达给二十个人，而这二十个人中没有一个人为了救心爱的男主人或女主人的性命而把它泄露出去，这几乎是不可能的。这是规律；海地的奴隶革命也并非例外，而是一个在特殊环境下发生的事件。英国历史上的黑色火药阴谋尽管与奴隶无关，却更能说明问题。在那个事件中，大概只有二十个人获知秘密，可是其中一人，由于急切想救他的一个朋友，向那个朋友泄露了天机，结果就避免了一场灾难。偶然在伙食中下毒啦，在野外公然或暗中行刺啦，局部的起义蔓延到二十来个地方啦，这些都是奴隶制的自然结果，会不断发生，但是奴隶普遍起来在我国造反，我认为在很长一个时期内却是不可能的。谁非常害怕这种事情发生，或非常希望这种事情发生，同样会大失所望。

许多年前，杰斐逊先生说过这样一段话："我们还是有权来指引和平地解放奴隶并把他们遣送回国的过程，速度要放得慢，使祸害能不知不觉地消失，奴隶的位置以同样的速度由自由白种工人顶替。相反，如果强行加快这个过程，那么，人的天性就必然会对其前景不寒而栗。"

杰斐逊先生并不是说，我也并不是说，解放奴隶的权掌握在联邦政府手里。他谈的是弗吉尼亚，至于解放奴隶的权，我谈的只是蓄奴州。不过，正如我们所坚持的，联邦政府有权禁止奴隶制扩展——有权保证在目前没有奴隶制的任何一块美国土地上永远不发生奴隶造反。

约翰·布朗的尝试是与众不同的。那并不是一次奴隶造反。那是白人企图在奴隶中间挑起一次反叛，而奴隶们拒不参加。事实上，这个企图是那么荒谬，奴隶们再笨也清楚地看出它绝对成功不了。那个事件，就其哲理来说，和历史上许多次谋刺帝王的企图相仿。一个热心人对一个种族受压迫的事耿耿于怀，直到最后自以为是奉了上帝的旨意去解放他们。他冒险采取行动，结果是自己送掉性命。奥西尼[①]企图暗杀路易·拿破仑，约翰·布朗在哈泼斯渡口起义，它们的哲理都是完全一样的。一件事拼命想把责任推在老英格兰头上，另一件事想把责任推在新英格兰头上，都没有反证两件事是不一样的。

就算你们能够利用约翰·布朗、《助手大全》和诸如此类的东西破坏掉共和党的组织，这对你们又有多大帮助呢？人的行为可以在某种程度上改变，但是人的天性却是改变不了的。我国有一种反对奴隶制的思想和感情，至少可以投一百五十万张票。我们的政治组织是以这种思想感情为基础的，你们即使把这个组织破坏掉，也摧毁不了那种思想感情。这支军队是在你们最猛烈的火力下建立起来的，你们别想把它打垮。但即使你们能够打垮它，用强力使造就那支军队的感情越出投票箱的和平轨道而进入其他轨道，对你们又有什么好处呢？那另一种轨道会是什么呢？像约翰·布朗那样的人会因为这个行动减少还是增加呢？

然而你们宁肯使联邦分裂，也不愿放弃宪法规定给你们的权利。

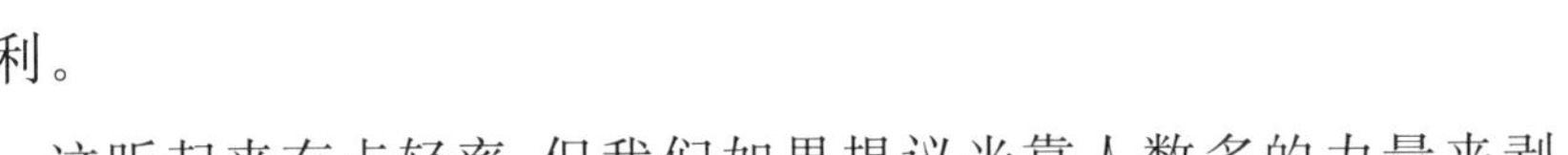

这听起来有点轻率，但我们如果提议光靠人数多的力量来剥

① 奥西尼(1819—1858)，意大利革命家，1858年行刺拿破仑第三未遂。——译者

夺宪法赋予你们的某种权利,情况就会缓和,即使这种做法不完全正当。但我们并不提这种建议。

当你们作这些声明时,你们明明是暗示宪法给你们权利把奴隶带进联邦各准州,在那里把他们当作财产占有。可是宪法并没有专门规定这种权利。在那个文件里,任何这种权利都没有提到。相反地,我们认为宪法根本没有规定这样一种权利,连言外之意都没有。

所以,你们的目的,说穿了,就是要搞垮政府,除非容许你们在你们和我们之间有争议的各点上随心所欲地解释和强制实施宪法。不管怎样,你们是要么掌权,要么覆灭。

这说穿了就是你们要说的话。你们也许会说,关于有争议的宪法问题,最高法院已作出对你们有利的判决。不见得吧。但是撇开法学家关于"法官的意见"和"判决"两者之间的差别的看法不谈,最高法院已经多少对这个问题给你们作出了决定。法院实质上是说你们享有宪法规定的权利把奴隶带进联邦各准州,并且在那里把他们当作财产占有。我说多少作出了决定,意思是说决定是在一个分裂为两派的法院,由法官的微弱多数作出的,他们对于作出决定的理由的看法各不相同,它的支持者们对它的意义的看法各不相同,它主要是依据一个不实之词——"对奴隶的财产权是由宪法专门地和明确地规定的。"

把宪法仔细研究一下,就可以看出它里面对奴隶的财产权并没有"专门地和明确地规定"。要记住,法官们并不是以法官的见解保证这种权利在宪法里含蓄地获得肯定,而是毫不含糊地保证这种权利在那里"专门地和明确地"获得肯定——所谓"专门地",

就是说不混杂其他任何东西，所谓“明确地”，就是说字面上就是那个意思，不需要作任何推论，也不能作其他解释。

如果他们只是用法官的见解说这种权利在文件里是含蓄地获得肯定的，这样别人就会说宪法里既找不到“奴隶”，也找不到“奴隶制”这个词，甚至与暗指奴隶或奴隶制这类东西有关的“财产”这个词也没有；宪法中凡是暗指奴隶的地方，都称他为“人”；凡是暗指奴隶主对他的合法权利的地方，都称为“应得的劳役或劳力”——称为可用劳役或劳力偿付的债务。同样也可以用当时的历史证明，用这种暗指奴隶和奴隶制的方法，而不是直截了当把它们说出来，是有目的的，就是不让宪法里有一种可以把人当财产的想法。

所有这一切是容易说明的，也是确凿无疑的。

向法官们指出他们这个明显的错误以后，希望他们收回这个错误的说法，并重新考虑根据这个错误说法作出的结论，难道不是合理的吗？

另外还要记住，“创建我们生活在其下的政府的先辈们”——宪法的制订者们——早就对同一个宪法问题作出了对我们有利的决定。他们作出决定时没有意见分歧，作出决定后对它的意义也没有意见分歧，同时，从各种留存的证据看，他们作决定时也没有把任何不实之词作为依据。

在所有这些情况下，你们是不是真以为自己有理由搞垮这个政府，除非大家马上服从像你们那样的法院判决，把它作为政治行动的结论性的和最后的准则？可是你们不能容忍一个共和党人当选为总统！你们说，如果发生那种情况，你们就要搞垮联邦；然后，你们说，搞垮联邦的严重罪名就会落在我们头上！妙极了！一个拦路强盗用手枪指住我脑袋，咬牙切齿地说："留下买路钱，不然我就打死你，那时你将是一个杀人犯！"

说真的，强盗向我勒索的东西——我的金钱——是我自己的，我有十足的权利保留它；可是它和我的选票一样都不是我的了。以威胁置我于死地为名勒索我的金钱，还有以威胁搞垮联邦为名勒索我的选票，两者在原则上是几乎没有什么区别的。

现在再来向共和党人说几句话。让这个伟大联邦所有各部分都太太平平，彼此和睦相处，这是最合乎理想的。我们共和党人应该尽力做到这一点。尽管我们受到很大挑衅，也不要意气用事。即使南部人不愿听我们的话，我们还是要冷静地考虑他们的要求，并从履行我们责任的角度尽可能加以接受。我们要根据他们所说和所做的一切，以及他们和我们的争端的原因和性质，尽可能决定哪些事情可以使他们满意。

如果使各准州无条件服从他们，他们会满意了吗？我们知道他们是不会满意的。在他们眼下对我们的一切责难中，几乎没有提到准州。目前叫得最起劲的是入侵和造反。如果今后证明我们同入侵和造反毫无牵连，他们是不是就满意了呢？我们知道不会的。我们知道这个，因为我们从来没有同入侵和造反有过牵连，可是尽管我们洁身自好，还是免不了受到攻击和责难。

问题就又来了：究竟什么才能使他们满意呢？只不过是这个：我们不但必须不去惹他们，而且必须使他们相信我们确实是不去惹他们。这一点，我们从经验知道，是不容易做到的。我们从我们的组织一开始就一直想使他们相信，但是没有用处。我们在我们的所有宣言和演说中都不断声明我们的宗旨是不去惹他们，可是这并不能使他们相信。尽管他们从来没有查出我们当中有哪一个人曾企图干涉过他们，可是这个事实还是不能使他们相信。

这些正常自然的、显然很恰当的方法都失败了，还有什么方法能使他们信服呢？这个，只有这个：不再说奴隶制是错误的，要和他们一起说奴隶制是正确的。而且必须做得彻底——不但口头上而且行动上都要做到。沉默是不行的——我们必须公开宣布和他们站在一起。道格拉斯参议员的新煽动叛乱法必须通过和实施，一切有关奴隶制是错误的言论，无论是在政纲里、在报刊上、在讲坛上还是私下发表的，一律禁止。我们必须欢欢喜喜地把他们的逃亡奴隶抓住，送回原主。我们必须取消各自由州的宪法。整个气氛必须肃清一切反对奴隶制的影响，这以后他们才不再认为他们的一切麻烦都是从我们这里来的。

我完全清楚他们并不把事情这样实说出来。他们绝大多数人可能会对我们说："随我们去，不要管我们，这样的话，对奴隶制你们爱怎么说就怎么说好了。"可是我们确实没有管他们，从来没有干扰过他们，所以，归根到底，是我们说的话使他们不满意。他们会一直指责我们在干扰他们，直到我们不再说话为止。

我也知道他们还没有公然要求推翻我们各自由州的宪法。然而这些宪法宣称奴隶制是错误的，其严肃和强调的程度远远超过其他一切反对奴隶制的言论。当所有这些言论都被钳住了口以后，就会要求取消这些宪法，于是再没有一种力量能抵制这种要求。虽然他们目前还没有提出全部这种要求，但并不说明情况正好相反。鉴于他们所做的事情和那样做的理由，他们不大功告成决不会自动罢休。他们既然认为奴隶制在道德上是正确的，社会地位上是高尚的，就不会不要求全国把奴隶制当作一种合法权利和社会福祉加以承认。

我们也只有在坚信奴隶制是错误的这个立场上才能正当地制止这种情况。如果奴隶制是正确的，一切反对奴隶制的言语、行为、法律和宪法本身就是错误的，必须加以制止和肃清。如果奴隶制是正确的，我们反对它推行到全国，推行到全世界，就不合理；如果奴隶制是错误的，他们硬要把它扩展开去——扩大下去，就不合理。如果我们认为奴隶制是正确的，他们的一切要求我们都愿意答应；如果他们认为奴隶制是错误的，我们的一切要求他们也都愿意答应。他们认为奴隶制正确，我们认为奴隶制错误，这就是整个争端的症结。他们认为奴隶制是正确的，这就难怪他们希望把奴隶制当作正确的东西予以充分肯定。可是我们认为奴隶制是错误的，我们能向他们屈服吗？我们能根据他们的观点来投票反对我们自己的观点吗？鉴于我们在道德上、社会上和政治上的责任，我们能这样做吗？

尽管我们认为奴隶制是错误的，但是在实行奴隶制的地方，我们还是可以随它去，因为那是出于它在国内实际存在的需要。可是，明明能投票制止奴隶制，难道能容许它扩展到各准州，并且到这些自由州里来侵扰我们吗？如果我们的责任感不允许这样，那就让我们无畏地和有效地坚持我们的责任吧。决不要被那些一直纠缠着我们的似是而非的诡计转移我们的方向，这些诡计多得很，例如在是和非之间找一个中间立场（这就像找一个既不是活人也不是死人的人一样枉费心机）；例如对于一个一切正直的人们的确都在乎的问题采取“不在乎”政策；例如以联邦名义呼吁真正拥护联邦的人服从分裂主义者，把指导原则颠倒过来，不是要有罪的人悔改，反而要正直的人悔改；例如召请华盛顿的亡灵，要求人们收回华盛顿所说的话，取消华盛顿所做的事。

同样不要让不实的指责使我们偏离了我们的责任，也不要被搞垮政府或把我们送入地牢的威胁吓得不敢履行责任。我们要坚信正义即力量，并且在这个信念的指引下，敢于像我们所理解的那样把我们的责任履行到底。

八十一、摘自1860年3月6日在康涅狄格州纽黑文的演说

我们人口的六分之一，以整数表示——不到六分之一，但超过七分之一——合众国全人口大约六分之一是奴隶。这些奴隶的主人们把他们当作财产。对奴隶主的头脑起作用的是财产，再没有其他东西，它诱使他们去坚持一切会有利于它作为财产的价值的东西，要求制订法律、制度和公共政策来增加和巩固它的价值，使它经久长存，风行全球。对奴隶主头脑的作用是使他们相信奴隶制一点没有错处。奴隶主不希望因为拥有那种财产而被当作坏家伙，所以他内心要进行斗争，并且努力使自己相信奴隶制是正确的。财产影响了他的思想。一个不信奉国教的牧师同一个英国国教的牧师就一个神学观点进行辩论，后者总是这样回答，“我看不到。”前者打开《圣经》，把一段话指给他看，可是正统的牧师答道：

“我看不到。”前者又给他看一个字——“看到了吗?”“看不到。”后者回答。不信奉国教的牧师把一枚金币放在字上面,“现在看到了吗?”“唔,看到了。”后者回答道。事情就是这样。这种财产的主人究竟是不是真正看到了财产的真面目,这我无从回答。但他们如果看到了,他们是透过二十亿金元看到的,这层外壳可实在厚。他们看到的肯定和我们看到的不同。投资在这种财产里的二十亿金元肯定是那么引人注目,头脑里马上就能印进去。这个巨大的金钱利益对他们的思想是大有影响的。

不过在这里康涅狄格和北部,奴隶制是不存在的,我们并不通过这种媒介来看它。对我们来说,我们很自然地认为奴隶是人;是人,不是财产;《独立宣言》中讲到人的事情,至少有一些对我们适用,对他们也适用。我们大多数人认为这个自由宪章对我们自己适用,对奴隶也适用。为了打烂这个观念而提出的论据也有意要摧毁自由治理——甚至对于白人——这一观念,并破坏自由社会的基础。我们认为奴隶制是道德上一个极大的错误,尽管并不要求有权在它存在的地方触动它,但希望在我们的选票所能及的各准州把它当作一个错误对待。我们认为,由于对我们自己尊重,对后代和创造我们的上帝负责,需要我们在我们的选票所能及的地方纠正这个错误。我们认为那种性质的劳动会损害自由白人——总之,我们认为奴隶制是道德上、社会上和政治上的一个祸害,之所以还要忍耐,仅仅是因为它的实际存在使得我们必须对它忍耐,越出这个范围就必须把它当作错误对待。

现在,这两种观念——认为奴隶制是正确的财产观念和认为奴隶制是错误的观念——相撞了,而且的确造成了那种控制不住

的冲突,西华德先生因为提到这种冲突而一直挨到臭骂。两种观念冲突着,而且必然会永远冲突下去。

再说,在政治方面,除了奴隶制这唯一的一样东西之外,还有什么东西使得联邦的永久性受到危害呢?我们有许多敌手们急于表白他们是特别忠于联邦的,拼命攻击我们仇视联邦。现在,我们声明只有我们才是真正拥护联邦的人,我们向他们提出这样一个问题:除了奴隶制之外,还有什么东西危害过联邦?还有什么东西引起过片刻恐惧?大家都得承认只有这样东西才危及联邦的永久性。但如果联邦受到其他势力的威胁,如果我们不能够或者不应该摧毁那种势力的话,可以不可以说最好的办法是至少不要让它再扩大下去?谁能认为保全联邦的方法是把那唯一的一样威胁联邦的东西扩充开去,听任它不断扩大下去呢?

这个问题要解决,就必须在某种思想基础上解决。一项政策如果不以富于思想性的舆论为基础,是不能永远保持下去的。因此,关于奴隶制只有两项政策能够保持下去。第一项政策以奴隶制是正确的这个财产观念为基础,和那个观念完全一致,要求我们为它做如果它是正确的我们就应该做的一切。我们必须排除一切反对意见,因为反对正确的东西是不对的;我们必须承认奴隶制是正确的,我们必须采纳财产权已促使奴隶主们信奉的那个观点,即奴隶制在道德上是正确的,在社会事务上是高尚的。这为一项永久性的鼓励政策提供了一个思想基础。

另一项政策符合奴隶制是错误的这个观点,要求我们为它做如果它是错误的我们就应该做的一切。这里我不希望被人误解,甚至不希望留下一个缺口让人歪曲。我并不是说我们必须在实行奴隶制的地方攻击奴隶制。依我看,如果我们要重新组织一个政府的话,鉴于奴隶制实际存在着,我们就只好建立一个我们的先辈所建立的那样的政府:一方面在确立奴隶制的地方给奴隶主以全部控制权,一方面有权不让它越出那些范围。由于形势的需要,我们只好去组织一个我们有福的先辈所给予我们的那种政府;如果他们已经那样做了,那就多了一个为什么我们不应该在实行奴隶制的地方去干涉奴隶制的理由。

如果我看见一条毒蛇在路上爬,随便哪一个人都会说我必须就近抓起一根棍子把它打死;但如果我发现那条蛇和我的孩子们一同睡在床上,那就是另一个问题了。我可能打伤孩子们,甚于打伤蛇,蛇还可能咬他们。更有甚者,如果我发现蛇和我的邻居的孩子们一同睡在床上,而我又曾和邻居庄严订约,在任何情况下都不插手他的孩子们的事,那我最好还是让那位先生自己去想办法解决。但如果一张床刚刚铺好,孩子们就要去睡在这张床上,却有人提议把一窝小蛇和孩子们放在一起,那我应该作出什么决断,我想没有人会提出异议吧!

情况正是这样。新的准州就是刚铺好让孩子们去睡的床,国民是不是让蛇去和他们的孩子们睡在一起,要由他们自己决定。应该采取什么对策,似乎不容有什么犹豫了。

我已经谈过两项政策,一项是以奴隶制是错误的这个观点为基础的,另一项是以奴隶制是正确的这个观点为基础的。可是现在还有人想建立一项既不认为奴隶制正确又不认为奴隶制错误的政策。它是以漠不关心为基础的。它的主要鼓吹者说过:“我不在乎它到底是被投票通过还是被否决。”“它仅仅是一个元和分币的问题。”“上帝已在这个大陆上划了一条线，在线的一边，所有的土地都必须永远由奴隶来耕作，在线的另一边，由自由民来耕作。”“当白人和黑人斗争时，我支持白人；当黑人和鳄鱼斗争时，我支持黑人。”它的中心思想是漠不关心。它认为，准州成为自由州或蓄奴州，就像我的邻居用他的农场饲养牲畜或种烟草，对我们都无关紧要。大家都认得这项政策，它那好像有理的、裹着糖衣的名称就叫“人民主权”。

“在白人和黑人之间的斗争中”之类的说法——我知道它们和这个政策出于同一个根源——标志着另一种手段。那种说法里包含着欺骗。“在白人和黑人之间的斗争中”假定有一种斗争，在这种斗争中，不是白人必须制伏黑人，就是黑人必须制伏白人。其实这种斗争是没有的。它只不过是精心编造出来的谎话，借以贬低黑人，使黑人变成野兽一般残忍。大家都别管大家的事，那就不会有什么斗争。如果两个遇难的水手待在一块狭窄的木板上，一个水手不把另一个水手推下水去，自己就会淹死，那我就会把黑人推下水去——如果对方是白人，我也照样会把他推下水去。但情况并不是这样，木板大得很，两个人都容得下。这块美好的土地大得很，白人和黑人都可以安身，没有必要叫一个人把另一个人推开。

所以，“在黑人和鳄鱼之间的斗争中”这类话，是出于这样一种想法：在鳄鱼居住的地方，白人是不能劳动的；不是鳄鱼，就是黑人，其他什么都没有；如果黑人不占有土地，鳄鱼就必然占有土地；在那种情况下，他声明支持黑人。整个意思只是：白人之对于黑人，就像黑人之对于鳄鱼；黑人可以理所当然地怎么样对待鳄鱼，白人也可以理所当然地怎么样对待黑人。这句由它的作者杜撰出来的话是非常宝贵的(如此宝贵,以致他蓄意在许多演说中一再使用),其目的是更进一步使黑人变成野兽,使舆论对于变野兽的人是不是当奴隶完全漠不关心。万一到了这个时刻,我认为我提到的那项政策就将获得成功。但是我希望我国善良自由的人们决不允许这种时刻到来,直到那以前,那项政策决不能得逞。

八十二、给 E. 斯塔福德的信,1860 年 3 月 17 日于伊利诺伊州斯普林菲尔德

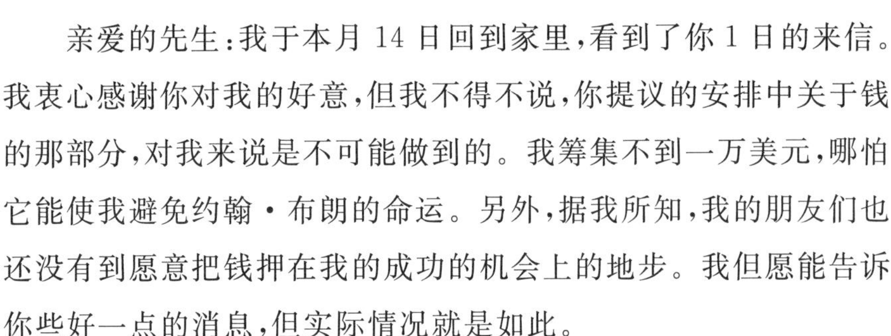

亲爱的先生:我于本月 14 日回到家里,看到了你 1 日的来信。我衷心感谢你对我的好意,但我不得不说,你提议的安排中关于钱的那部分,对我来说是不可能做到的。我筹集不到一万美元,哪怕它能使我避免约翰·布朗的命运。另外,据我所知,我的朋友们也还没有到愿意把钱押在我的成功的机会上的地步。我但愿能告诉你些好一点的消息,但实际情况就是如此。

八十三、给塞缪尔·盖洛韦的信,1860 年 3 月 24 日于芝加哥

亲爱的先生:我来到这里参加一次法院审讯。在离家之前,我

收到了你15日发出的好意的信。我获知我在俄亥俄的朋友们有意给予我有关他们的友谊和信任的最高证据，当然十分高兴。立法机关的帕罗特先生也写信告诉我同样的情况。如果我有什么机会的话，它主要在于这样一个事实：如果我被提了名，整个反对党将会投我的票（南部亲奴隶制的反对党当然不包括在内）。我的名字在政界是陌生的，我认为自己也并不是许多人之中的最佳人选。因此，我们的策略应该是不得罪人——要使他们处于这样一种心理状态，当他们不得不放弃他们的初欢时，就会来投靠我们。同样，我们也要公正地对待所有的人，要处于这样一种心理状态，不管什么人被提了名，我们都会衷心予以支持。记得我以前曾经告诉过你，我特别不愿意做对蔡斯州长不大方的事，因为他在1858年曾对我们表示同情，而当时几乎没有其他一个名人这样做。无论你们为我做什么事情，只要和这些建议一致，都将受到赏识，并感谢地铭记在心。

八十四、对芝加哥代表大会派来通知林肯被提名为总统候选人的委员会的答词，1860年5月19日[40]

主席先生和委员会各位先生们：我向你们，并通过你们向共和党全国代表大会以及它所代表的所有一切人，对你们现在正式宣布给予我的高度荣誉表示最深切的感谢。深刻地甚至痛苦地意识到和这种高度荣誉分不开的巨大责任——我几乎希望这种责任已落在某一个其大名已提交代表大会的远为杰出的人和有经验的政治家身上——我将,请原谅,更加充分地研究称为党纲的代表大会的各项决议,并在无任何不必要或不合理的延误的情况下,以书面向您主席先生答复。我相信党纲将会被认为满意,提名将会被满怀感激地接受。

现在我愿立即愉快地与你们每一位握手。

八十五、给共和党全国代表大会主席乔治·阿什曼的信,1860年5月23日于伊利诺伊州斯普林菲尔德

先生:您主持的代表大会提名我为总统候选人,您本人和其他人以代表大会为此目的而设立的委员会的名义写信正式通知我,我表示接受。

对于你们信中所附带声明的各项原则和见解,我表示同意,我将小心不违背或忽视它们当中的任何一部分。

恳求上帝赐助,并充分重视代表大会所代表的一切人的见解和感情,重视各州和各准州以及全国人民的权利,重视宪法的不容违背性以及永久的联合、和谐和全体人民的幸福——我非常高兴协助代表大会,使它所声明的各项原则获得实际成功。

八十六、1860 年 8 月 14 日在伊利诺伊州斯普林菲尔德的谈话

同胞们:我来和你们见面是不打算发表演说的。

自从我处于目前的地位以来,我就一直想不要发表任何演说。这一大群人聚集在我寓所附近,好像是为了想看看我,我当然也想看看你们大家。我此时来到会场,只是为了使我自己有最好的机会来看你们,也让你们能看到我。

我以感激的心情坦白说,望大家理解,我原来并没有预料到我来到你们面前会引起我现在看到的这么大的轰动。对于你们感情的这种流露,我深为感激。我所以感激,是因为这不是对一般的人表示的敬意,它证明,从现在起四年以后,你们将会对另一个在目前使公众感到焦急的问题上代表真理的人流露同样的感情;正因为你们那时将会像现在这样,或甚至比现在更热情地为这个事业战斗,尽管那时我也许已经死了,所以我深深地、衷心地感谢你们。

我说了这些话之后,请允许我说,我希望你们听其他朋友来讲吧,他们是特意到这里来向你们讲话的,我自己就不再多说了。

八十七、给格雷斯·比德尔小姐的信，1860年10月19日于伊利诺伊州斯普林菲尔德

亲爱的小姐：你本月15日发出的有趣的信已经收到。我不得不遗憾地说，我没有女儿。我有三个儿子——一个十七岁，一个九岁，一个七岁。他们三个，再加上他们的母亲，构成了我的整个家庭。至于小胡子，我从来没有留过胡子，如果我现在开始留胡子，你想人家不会说我是无聊的做作吗？

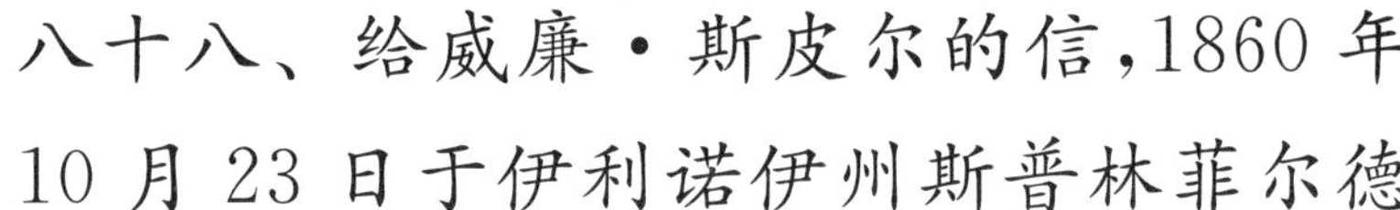

八十八、给威廉·斯皮尔的信，1860年10月23日于伊利诺伊州斯普林菲尔德

亲爱的先生：13日来信已按时收到。你建议我可以给公众写点东西，否认我有意在各州中干预奴隶或奴隶制，你的用心我是很感谢的，但是我认为这样做不会有什么好处。我已经这样做过许多、许多次，而且是印出来的，谁要看都可以看到。那些不愿意看或不愿意注意我已经公开说过的话的人，我就是重新说了，他们也不会看，不会注意的。“若不听从摩西和先知的话，就是有一个死里复活的、他们也是不听劝的。”

八十九、给特鲁曼·史密斯的信,1860年11月10日于伊利诺伊州斯普林菲尔德

亲爱的先生:这是一封绝对的私人信件,而不是作为对××先生交给我的你的信的答复。对你的用心我深切感谢,对你的见解也十分尊重;但我感到,至少在目前,我不便向公众发表声明。

第一,我要说的都已经说过了,而且白纸黑字,谁都可以来审查。硬要那些已经听过的人再来听是没有意思的;硬要那些过去不愿意听现在还是不愿意听的人来听,是有失体面的,而且还会显得讨好和胆怯,这样会使好人看不起,坏人吵嚷得更加起劲。

对于商业或金融方面的萧条我并不是没有觉察到,但是去向那些造成这种萧条的"有身份的恶徒们"奉承讨好是得不到什么的。还是让他们去努力弥补他们自己造成的损害吧,那样他们也许不会那么贪心,再来故伎重施了。

九十、在伊利诺伊州斯普林菲尔德庆祝林肯当选总统大会上的讲话,1860年11月20日[41]

朋友们、同胞们:请原谅我在这次会上不发表演说了。对于你们和

所有那些认为应该投票赞同共和党事业的人,我表示感谢。我和你们一同为那个事业迄今所获得的成功欢欣鼓舞。但是,在我们欢欣鼓舞的时候。对于任何一个在投票方面和我们意见相左的人既不可表示也不可抱有反感。我们时时刻刻要记住全体美国公民都是同一个国家的兄弟,应该在手足情谊的纽带中共同生活。请允许我再一次请求你们接受我的谢意,并原谅我这回不再多说了。

九十一、给写信征求意见的威廉·凯洛格的复信,1860 年 12 月 11 日

对于奴隶制的扩展决不能主张妥协。你一妥协,他们就又爬到我们头上来了,我们的一切努力就会付诸流水,早晚还得重头做起。道格拉斯肯定还会兜售他的“人民主权”。别理他。较量是不可避免的,现在较量比将来较量好。我认为宪法关于逃亡奴隶的条款必须实行——用最温和的方式实行,决不可加以抵制。

九十二、给 A. H. 斯蒂芬斯的信,1860 年 12 月 22 日于伊利诺伊州斯普林菲尔德[42]

亲爱的先生:刚收到你对我的短笺的恳切的答复,对此,请接

受我的谢意。我充分意识到国家目前所处的危机以及我担负的责任的重量。南部人当真害怕共和党执政会直接、间接地干预奴隶或就奴隶的事情干预他们吗?如果他们当真害怕,我想向你保证——你曾经是朋友,希望现在也不致是敌人——根本不用害怕。在这方面,南部在华盛顿时代没有危险,现在同样也没有危险。不过,我认为,这并不解决问题。你们认为奴隶制是正确的,必须加以扩展,我们则认为奴隶制是错误的,必须加以限制。我认为要害就在这里。它当然是我们之间唯一的一个重要分歧。

九十三、给 J. T. 黑尔的信,1861 年 1 月 11 日于伊利诺伊州斯普林菲尔德

亲爱的先生:6 日来信收到。我写回信,只是怕不写信会引起你的误会。我们目前的情况如何?我们刚按照向人民说清楚的原则进行了一次竞选。现在有人预先告诉我们,在我们就职以前,除非向那些被我们击败的人屈服,政府就会垮台。在这一点上,他们不是想要弄我们,就是真心实意要这么干。不管是哪种情况,如果我们屈服,那我们就完了,政府也完了。他们随时都会向我们来这一手。要不了一年工夫,我们就非得占领古巴作为他们留在联邦的条件不可。他们目前有着我们已在其治理下生活了七十多年的宪法,还有他们自己制定的各项国会法令,这些法令不见得会改变;他们提出的搞垮政府,或强迫我们妥协的借口,再没有比现在更不像样的了。依我看,只有一种妥协办法能真正解决奴隶制问

题，那就是不许奴隶制扩展到更多的领地去。

九十四、告别演说，1861年2月11日于伊利诺伊州斯普林菲尔德[43]

朋友们：任何一个人，不处在我的地位，就不能理解我在这次告别会上的忧伤心情。我的一切都归功于这个地方，归功于这里的人民的好意。我在这里已经生活了四分之一个世纪，从青年进入了老年。我的孩子们出生在这里，有一个孩子埋葬在这里。我现在要走了，不知道哪一天能回来，或者是不是还能回来，我面临着的任务比华盛顿当年担负的还要艰巨。没有始终伴护着华盛顿的上帝的帮助，我就不能获得成功。有了上帝的帮助，我决不会失败。相信上帝会和我同行，也会和你们同在，而且会永远是到处都在，让我们满怀信心地希望一切都会圆满，愿上帝保佑你们，就像我希望你们在祈祷中会求上帝保佑我一样，我向你们亲切地告别。

九十五、对印第安纳州印第安纳波利斯市的欢迎词的答词，1861年2月11日

莫顿州长和印第安纳州的同胞们：我衷心感谢你们给我的隆重欢迎。你们给予我的赞扬，除了和仅仅作为一个伟大事业的一种工具——也许应该说是一种意外的工具——所相称的之外，实

在愧不敢当，但是我还是必须把它看作是一次隆重的欢迎，并对此向你们表示衷心的感谢。你们喜欢向我讲话，这主要是为了我们生活在其中的光荣的联邦的利益，在所有这些方面我都完全和你们有同感，而且将尽我力所能及和你们密切合作。在这个欢迎会上，或者直到我抵达华盛顿以前，我都不打算作长篇讲话。我仅仅想说，保全联邦只需要唯一的一样东西，那就是像你们这样的人的心。当人民群众为了联邦和我国的自由成群奋起的时候，的确可以这样说："地狱之门不能攻胜它。"当我碰到各种难堪的境况时（我无疑将碰到许多这样的境况），我依靠的是你们和合众国人民。我希望你们记住，现在和将来永远记住，这是你们的事，而不是我的事。如果这些州失去了联合，人民失去了自由，对于一个五十二岁的人算不了什么，但对于生活在合众国的三千万人民，对于他们的子孙后代，却事关重大。起来为你们自己而不是为我保全联邦和自由吧，这是你们的事情。我再一次向你们呼吁要时刻牢记一个问题，这个问题不在政治家、不在总统、也不在谋求官职者身上，而是在你们身上。这个问题就是：这个国家的统一和自由能保持到最后的一代人吗？

九十六、摘自在哥伦布市对俄亥俄州议会的讲话，1861年2月13日

主席先生、议长先生、俄亥俄州议会各位先生们：参议院主席说得对，美国人民的选票要求我去担任的职位的重大责任已经落

在我身上。我深深地意识到那个沉重的责任。我当然知道你们大家都知道的一件事，我没有名望(也许没有理由为什么要有名望)，但一个担子已落到我身上，这副担子连开国之父也没有挑过。怀着这样的感情，我可以转身来寻求支持，没有那种支持，我就不可能履行那个伟人的任务。因此，我向美国人民，向从来没有遗弃过他们的上帝请求帮助。

九十七、摘自在俄亥俄州克利夫兰市的讲话，1861 年 2 月 15 日

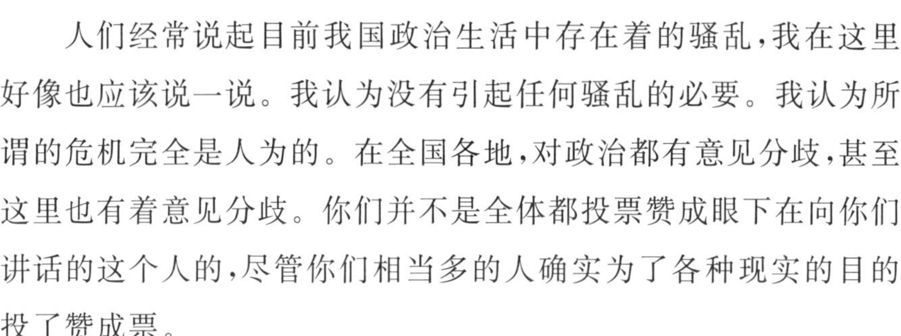

人们经常说起目前我国政治生活中存在着的骚乱，我在这里好像也应该说一说。我认为没有引起任何骚乱的必要。我认为所谓的危机完全是人为的。在全国各地，对政治都有意见分歧，甚至这里也有着意见分歧。你们并不是全体都投票赞成眼下在向你们讲话的这个人的，尽管你们相当多的人确实为了各种现实的目的投了赞成票。

那些想破坏联邦的人所做的事情完全是人为制造的。什么东西妨碍他们啦？他们现在享受的权利不是和过去一模一样吗？他们的逃亡奴隶不是都和过去一样交还给他们吗？他们现在有的宪法不就是七十多年的那部宪法吗？他们在这个共同的国家里不是享有公民地位吗？我们有什么权力来改变那种地位吗？［喊声："没有！"］那他们到底是怎么一回事？为什么这样慷慨激昂？为什么这样发牢骚？像我刚才所说，危机完全是人为的。它没有事实

根据。不能靠辩论把它挑起来，也不能靠辩论把它平下去。不要理它，它就会自己收场。

有一点使我非常高兴，那就是我获知，这次欢迎会不单是政治上和我见解相同的人召开的，而是所有各政党都参加了。我说事情本来就应该是这样的，这可并不是我自私。如果道格拉斯法官当选为合众国总统，在你们城里度过今天这个晚上，共和党人就应该和他的支持者们一道来欢迎他，就和今天晚上他的朋友们和我的支持者们一道来欢迎我一样。如果我们在这次航行中不是齐心协力地来保卫联邦这条老宝船，那就没有人有机会去驾驶它进行另一次航行了。

因此，我向你们所有参加这次热烈欢迎而给我带来荣誉的人，致以最真挚的谢意，这不是为了我自己，而是为了自由，为了宪法，为了联邦。

我向你们亲切地告别。

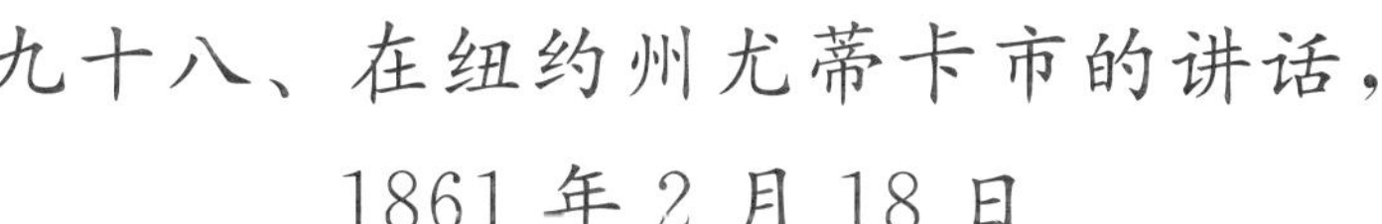

九十八、在纽约州尤蒂卡市的讲话，1861年2月18日

女士们、先生们：我没有话要对你们讲，也没有时间讲。我来到你们面前，是想看看你们，也让你们看看我。我得承认，就女士们来说，我是占了便宜，不过我想说清楚，对先生们我可不能这样说了。

九十九、在特伦顿市对新泽西州参议院的讲话,1861年2月21日

主席先生、新泽西州参议院的先生们:对于你们举行的这个以我为对象的隆重的欢迎大会,我非常感谢。我不能不想起新泽西在我国早期历史上所处的地位。在独立战争的年代里,十三个老州当中,几乎没有一个州的境内有像新泽西那么多的战场。请原谅我趁这个机会说,在我小时候,我刚开始识字的最早日子里,我弄到了一本小书,这本书年纪轻的议员们是很少看到过的——这就是威姆斯写的《华盛顿传》。书中关于争取我国自由的战场和斗争的所有记载我都记得,但对我印象最深的莫过于在新泽西州特伦顿这里进行的斗争了。渡河的战斗、同雇佣兵的斗争、当时所遭受的艰难困苦,所有这些比任何一个独立战争事件更深地印在我的记忆里;而你们都知道,因为你们都曾经做过孩子,这些早期的印象比任何其他印象保持得更加长久。记得当时我就想,尽管我那时还是个孩子,我想这些人为之战斗的东西一定不是一般的东西。那样东西,那样甚至比民族独立更重要的东西,那样给全世界千秋万代人民以巨大希望的东西,就是这个联邦、宪法和人民的自由,我迫切希望它按照过去为之进行斗争的最初思想传诸永远,如果我能是上帝和上帝的特选子民手中的一件恭顺工具,使那个伟大斗争的目标传诸永远,那我的确将最为高兴。你们为我举行的这个欢迎会,据我知道,是不分党派的。我知道,组成这个集体的

大多数先生们，在运用他们的最佳判断选择一个最高行政长官时，并不以为我是理想的人选。虽然如此，我知道他们前来欢迎我，是把我作为根据宪法选举出来的合众国总统，他们作为合众国公民来迎接一个人，这个人目前是国家的最高权力的代表，这个国家由唯一的一个目的——使宪法、联邦和人民的自由传诸永远——团结了起来。因而，我接受这次欢迎的感激心情，要比如果是对我个人的欢迎更加深刻得多。

一〇〇、在费城独立大厅的讲话，1861年2月22日

凯勒先生：当我发现自己置身于这个曾经集中了智慧、爱国主义和忠于原则的精神，从而产生了我们生活在其治理下的各项制度的地方时，我心中充满了深厚的感情。你亲切地告诉我说，我手中掌握着使我们这人心惶惶的国家恢复和平的任务。先生，我可以回答说，我所抱的一切政治思想，都是从产生于这个大厅并从这个大厅传播到全世界的思想尽我力之能及吸取来的。从政治上说，我所有的思想感情，没有一种不是来源于《独立宣言》所体现的思想。我常常默想那些在这里集会并制定和通过那个宣言的人所遭受的危险。我常常默想赢得独立的那支军队的官兵们所忍受的艰辛困苦。我常常问我自己，使得这个联邦如此长久地结合在一起的究竟是哪一种伟大的原则或思想。这不仅仅是殖民地脱离本国的问题，而是《独立宣言》中那种不但给我国人民以自由，而且还

给未来全世界人民以希望的思想。那种思想保证，总有一天，每个人肩上都将摆脱沉重的负担，人人都将有平等的机会。这就是《独立宣言》所体现的思想。现在，朋友们，这个国家能从那个基础上获救吗？如果能够的话，如果我能够出力拯救国家，那我就是世界上最幸福的人了。如果国家不能从那个基础上获救，那才真正是可怕的。但如果不放弃那个原则就不能救国家，那我要说，我宁愿在这里被刺杀也不愿放弃那个原则。根据我对目前形势的判断，没有流血和战争的必要。没有这个必要。我不赞成这种解决办法，我可以预先声明，除非逼得政府没有办法，就不会有流血。除非使用武力来反对政府，政府不会使用武力。

朋友们，这次讲话事先毫无准备。我来到这里的时候，并没有料到会要我说一句话。我原以为只要做些升旗那样的事情就行了。因此，我可能说了些不该说的话。[喊声："没有，没有。"]不过我所说的话，我都愿意为之而生，如果天意如此，也愿为之而死。

一〇一、第一次就职演说，1861 年 3 月 4 日于华盛顿[44]

美国同胞们：按照一个和政府本身一样古老的惯例，我来到你们面前向你们作简短的讲话，并遵照合众国宪法关于总统"在履行职务前"必须起誓的规定，当着你们的面起誓。

我认为，对于那些不特别令人担忧或不特别紧张的行政问题，目前没有必要来讨论。

南部各州的人当中好像有一种恐惧心理，生怕共和党执政会危及他们的财产、和平和人身安全。这种恐惧从来是毫无根据的。事实上，证明相反事实的充分证据倒一直存在着，随时可供他们检查。现在在向你们讲话的这个人的公开发表过的演说里几乎都有这种证据。当我声明说"我无意直接或间接地去干预蓄奴州的奴隶制度。我认为我没有合法权利去这样做，也不想这样做"时，我说的这些话其实就是从那些演说中的一篇引用来的。那些提名并且选举我当总统的人完全知道我作过这个和其他许多个类似的声明，而且从来没有收回过。非但如此，他们还在政纲里放进一个清楚和有力的决议叫我接受，并且作为法令由他们自己和我加以遵守。现在我来读一下这个决议：

> 决议：保护各州的权利不受侵犯，特别是保护每一个州完全根据自己的意愿来制定和管理自己的内部制度的权利不受侵犯，这对于我们的政治结构的完善和持久所依赖的力量的平衡至为重要。我们谴责用军队非法入侵任何一个州或准州的领土，这种入侵不论出于什么借口，都是最严重的罪行。

我现在重申这些观点。在这样做的时候，我只提请公众注意一个最能证明这一点的确凿证据，那就是，即将上任的政府无论如何不会危及一个地区的财产、和平和安全。我还要补充说，所有各州如果合法地要求保护，不管出于什么原因，只要宪法和法律规定应该给予保护的，政府都将乐于给予它们保护——对于无论哪个地区都一视同仁。

关于逃避服务或劳役者的引渡问题，一直有很多争论。现在我要念的这一条款，和宪法里的其他任何条款一样，是规定得很明确的：

> “凡根据一州的法律应在该州服务或服劳役者逃往他州时，不得根据他州的任何法律或条例解除其该项服务或劳役，而应根据有权享有该项服务或劳役之当事者的要求予以引渡。”

毫无疑问，那些制定这一条款的人的意图是索回我们称为的逃亡奴隶，而立法者的这一意图已成了法律。国会全体议员都宣誓拥护全部宪法——拥护这个条款，也拥护任何其他条款。因此，对于凡奴隶的情况符合该条规定都“应予以引渡”的主张，他们的誓言是完全一致的。那么，只要他们高兴的话，难道就不能几乎同样一致地制定和通过一项法律，借以使那个一致的誓言始终有效吗？

对于这一条款应由联邦政府执行还是由州政府执行，目前存在着一些意见分歧，但可以肯定地说，这并不是十分重大的实质性分歧。如果奴隶必须被交还，那么到底由哪个权力机关来交还，对于奴隶或其他人来说并没有什么关系。谁会因为在用什么方式遵守誓言这一点上发生无关紧要的争执就情愿不遵守誓言呢？

还有，在关于这个问题的任何一项法律里，应不应该把文明和人道法学里关于自由的一切保证都写进去，使得一个自由人无论如何不至于沦为奴隶呢？好不好同时用法律使宪法里保证“每个州的公民都享有其他各州公民所享有的一切特权和豁免权"的那个条款获得执行呢?

今天我在正式宣誓时,思想没有保留,也无意根据任何过于严格的标准来解释宪法或法律。尽管我不打算详细说明国会的哪些法令是适宜实施的,但我认为,所有的人,无论官方还是非官方,都来遵守那些未被废除的法令,要比触犯其中任何一个法令,自以为它不符合宪法而不会获罪,要安全得多。

自从第一位总统按照我国的宪法就职以来,已经过去七十二年了。在那个时期里,有十五位大名鼎鼎的公民相继主持了政府的行政部门。他们在工作中经历过惊涛骇浪,但一般都很成功。可是,尽管有这个先例,我现在担任宪法规定的任期短短四年的同一工作,却面临着巨大和特殊的困难。在此之前,分裂联邦还只是一种威胁,而目前已采取了企图分裂联邦的可怕行动。

我坚信,从一般法律和宪法的角度来看,各州组成的联邦是永久性的。永久性在所有国民政府的根本法中如果不是明确规定,也是不言而喻的。可以有把握地说,没有一个正规的政府的根本法里面曾有过一个使它自己终结的条款。继续实行我国宪法的全部明文条款,联邦就能永远存在下去,除非采取宪法本身所未规定的某种行动,联邦是不可能摧毁的。

再者,即使合众国本身不是一个正规的政府,而仅仅是契约性质的各个州的联合,那么,作为契约,非经全体订约各方同意,难道就能和平地取消吗?订约的一方也许可以违约,可以说是毁约,但是要合法地取消契约,岂不是需要所有各方都同意才行吗?

根据这些总的原则,我们认为联邦从法律角度来看是永久性的这个主张，已由联邦本身的历史所证实。联邦的存在远比宪法为早。事实上，它是根据1774年的《联合条例》组成的。1776年的《独立宣言》使它臻于成熟并延续下来。1778年的《邦联条例》则使它更臻于成熟，当时的十三个州全都信誓旦旦地保证邦联应该永世长存。最后，1787年制定的宪法公开宣布的目的之一就是“建设一个更为完美的联邦”。

但是，如果仅仅一个州或几个州就可以合法地取消联邦，那么联邦失去了永久性这一重要因素，就比宪法制定之前更不完美了。

从这些观点可以得出结论：任何一个州都不能单凭自己的动议合法地退出联邦；任何为此而通过的决议和法令在法律上都是无效的；任何一个州或几个州反对联邦当局的暴力行为都可以根据情况看作叛乱的或革命的。

因此，我认为，从宪法和法律上来看，联邦是不容分裂的。按照宪法本身明确赋予我的职责，我将竭尽全力确保联邦法律在各州都得以忠实执行。我这样做只是履行我这方面的简单职责，只要行得通，我就将这样去做，除非我的合法主人即美国人民将收回这必不可少的工具，或者以某种权威的方式作出相反的指示。我深信这将不会被视为一种恐吓，而只会被看成是要实现联邦的公开宣布的目标：联邦将依据宪法捍卫和维护它自己。

实现这个目标无须流血或使用暴力；除非有人把它强加于联邦当局，否则绝不会发生流血或暴力行为。宪法赋予我的权力将被用来保持、占有和掌握属于政府的财产和土地，征收各种税款；除了为了达到这个目的所必需做的以外，将不会对人民有任何侵犯，不会对任何地方的人民或在他们之间使用武力。在任何内地，即使对联邦的敌意那么强烈和普遍，以致有能力的当地居民无法担任联邦的职位，也不会试图派讨厌的外地人到人民当中去担任那些职位。尽管政府有严格的合法权利来强制履行这些职责，但这种做法非常使人不愉快，而且又几乎行不通，所以我认为最好还是暂时不要去履行这些职责。

邮件除非被拒收，将继续在联邦各地投寄。将尽可能使各地人民具有那种最有利于冷静思考的绝对安全感。这里指出的方针将得到遵循，除非当前形势和经验证明将方针加以修改或改变是恰当的。对于任何一个事件和紧急关头，我都将根据实际存在的情况慎重处理，目的是希望和平解决国家的困难，恢复兄弟般的同情和友爱。

说到某些地方有人处心积虑想破坏联邦并不惜用种种借口来达到目的，我既不肯定也不否定。但如果真有这种人，我根本用不着对他们说什么。可是，对那些真正爱联邦的人，我难道能不说吗？

在着手研究把我们的国家组织连同它的全部利益、全部往事和全部希望一起毁灭这样一个严重的问题之前，先来弄清楚究竟为什么要这样做，岂不是聪明吗？如果你要逃避的那些坏事可能并不存在，你还会冒险采取那么不顾一切的行动吗？如果你逃出去所遇到的某些坏事要比你逃避的所有一切真正的坏事严重得多，你还会冒险犯这样可怕的错误吗？

大家都表示，如果宪法所规定的一切权利能够保持，就愿意留在联邦里。那么，宪法明文规定的权利到底有没有一项真的被否定了呢？我想没有。幸亏人的头脑是这样构造的，没有一方胆敢这样做。你们能不能找出哪怕一个例子说明有一条宪法明文规定的条款是被否定了？如果多数派仅仅依靠人数就剥夺少数派的任何一种明文规定的宪法权利，这从道德角度上来说也许就可以证明革命是合理的，如果这种权利是极其重要的，那么革命就肯定是合理的了。但我们的情况并不是这样。少数派的和个人的所有一切重要权利，都由宪法用种种肯定和否定、保证和禁令清清楚楚地规定下来，关于它们从未有过争论。但是没有一项基本法制定时能对实际工作中产生的所有一切问题都提供一条专用的条款。没有一种预见能够预先针对一切可能产生的问题制订明确的条文，也没有一个长度适当的文件能容纳这些条款。逃避劳役者到底应当由联邦政府交还呢，还是由州政府来交还？宪法没有明确规定。国会可以在准州中禁止奴隶制吗？宪法没有明确规定。国会必须保护各准州的奴隶制吗？宪法没有明确规定。

一切有关宪法的争端就是从这类问题中产生出来的，我们在这些争端上分裂成多数派和少数派。如果少数派不默然同意，多数派就必须默然同意，不然政府就完结了。没有其他选择办法，因为政府要继续下去，一方或另一方就非默然同意不可。

在这种情况下，如果少数派不肯默然同意而宁肯脱离，他们就将开创一个导致自我分裂和毁灭的先例。因为，当多数派不肯接受这个少数派控制的时候，就又会有一个少数派从这个少数派当中脱离出去。例如，一两年后，一个新联盟中的一部分为什么就不会像目前的联邦中的一些部分要求脱离出去的那样蛮不讲理地脱离出去呢？所有想搞分裂的人目前都恰恰正在培养这样做的情绪。

难道要组成一个新的联盟的各州的利益会如此完全一致，以致它们只会融洽相处而决不会重新脱离吗？

直截了当地说，脱离的中心思想实质上就是无政府主义。一个受到宪法的检查和限制的约束、总是随着公众舆论和思想感情的慎重转变而顺利转变的多数派，是自由人民的唯一的真正统治者。谁排斥这个多数派，就必然滑向无政府主义或专制主义。完全一致是不可能的，把少数派统治作为永久安排是绝对不能容许的。因此，排斥了多数这一原则，剩下的就只有某种形式的无政府主义或专制主义了。

我没有忘掉有些人的主张，说宪法方面的问题要由最高法院来裁决。我也不否认这种裁决必须对诉讼各方以及诉讼的目的都具有约束力，同时在所有类似的案件中也应受到政府所有其他部门的高度尊重和充分考虑。尽管这种裁决在某一特定案件中显然很可能是错误的，但它所产生的不良效果由于局限于该特定案件，裁决可能被驳回，不致成为对其他案件的先例，所以较诸另一种做法的害处容易忍受。同时，正直的公民必须承认，如果政府关于影响全体人民的各种重要问题的政策非由最高法院的裁决来决定不可，那么，一旦对有关个人之间事务的普通诉讼作出裁决时，人民就不再是自己的主人了，因为他们实际上已把他们的政府交在那个至高无上的法庭手里。这种看法并不是攻击法院或法官。他们有不可推诿的责任去审理正式交给他们的案件，如果别人想把他们的判决用来达到政治目的，这并不是他们的过错。

我国有一部分人认为奴隶制是正确的，应当扩展，而另一部分人则认为它是错误的，不应当扩展。这就是唯一的一个实质性的

争执。宪法关于逃亡奴隶的条款,以及禁止对外进行奴隶贸易的法律,两者在一个人民的道德观念不完全支持法律本身的社会里执行的情况,也许就像任何一条法律所能达到的一样好。在两种情况下,绝大多数人民都遵守刻板的法律义务,但每种情况下也有少数人违背。这个缺点我认为是不能完全克服的,在把两个地区分开以后,情况将会比以前更坏。对外奴隶贸易现在禁止得不彻底,最后将在一个地区无限制地恢复,而逃亡奴隶目前在另一个地区仅仅交出一部分,将来则根本不交出来。

就自然条件来说,我们是不能分离的。我们既不能把各个地区各自搬开,也不能在它们之间筑起一堵不可逾越的墙。夫妻可以离婚,然后分道扬镳,互不往来;但我们国家的各部分却不可能这样做。他们不得不始终面对面,他们之间的交往,不管是友好的、还是敌意的,都必须继续进行下去。那么,有没有可能使那种交往在分离后比分离前更加有利或者更加令人满意呢?和外人订条约能比朋友间订法律更容易吗?外人之间执行条约能比朋友之间遵守法律更忠实吗?假定你们现在诉诸战争,你们总不能永远打下去。等到双方都遭到重大损失而任何一方都得不到好处之后,你们停战了,那时,以什么条件相互交往这类完全相同的老问题还会重新摆在你们面前。

这个国家连同它的一切机构,都属于居住在这片土地上的人民。一旦他们对现存的政府感到厌倦,他们便可行使他们的宪法权利去改革它,或行使他们的革命权利去解散它或推翻它。我当然知道这样的事实:许多尊贵的、爱国的公民切望修订我国的宪法。尽管我不提议进行修订,但我充分承认人民对整个事情的合法权利，可以根据宪法本身规定的两种方式中的任何一种来行使。而在目前形势下，我与其反对不如赞成给人民以公正机会来对此采取行动。我大胆补充一句：依我看，采取会议的方式比较可取，因为这样就可以让人民根据自己的意愿去修订宪法，而不是仅仅让人民去接受或拒绝别人提出的建议，这些人不是为此目的推选出来的，这些建议也可能并不恰恰是人民所愿意接受或拒绝的。我了解到，一项修改宪法的提案已在国会获得通过（不过这项修正案我至今还未看到），其大意是，联邦政府永远不得干涉各州的内部制度，包括对应服劳役者规定的制度。为了避免对我所说的话产生误解：我改变不拟谈论任何具体修正案的初衷，特此声明：既然这样一项规定现在有可能列入宪法，我不反对使它成为明确的、不可改变的规定。

总统的一切权力来自人民，而人民并没有给予他任何权力去为各州的分离规定条件。人民本身如果愿意的话是可以这样做的，但是总统却不能做。他的责任是管理交在他手里的本届政府，并把它完好无缺地移交给他的下任。

对人民的至高的公正为什么不应该抱有坚定的信心呢？天下还有更好的或同样的希望吗？在我们目前的分歧中，难道各方不都是自以为是正确的吗？如果万国的全能统治者以他那永恒的真理和公正站在你们北部人一边，或者站在你们南部人一边，那么，在美国人民这一伟大法庭判决下，那种真理和公正必然会占上风。

按照我们在其治理下的政府的体制，美国人民聪明地只给他们的公仆极小胡作非为的权力，并且同样聪明地只隔开很短一段时间就把那点极小的权力收回。只要人民保持他们的美德和警惕，就没有一个行政首脑能在短短四年任期内用最恶劣或不正当的手段来极其严重地伤害政府。

同胞们，请你们大家把这整个问题冷静地、好好地想上一想吧。慢慢来是不会丧失什么宝贵东西的。如果你们当中哪一个人有一个目标，这个目标十万火急，促使你采取在平常情况下决不会贸然采取的措施，那么，假使慢慢来，这个目标就落了空。可是一个好的目标却决不会因为慢慢来而落空。你们当中心怀不满的人仍然有着原封未动的老的宪法，在要害问题上，仍然有着你们自己根据宪法制定的法律，而新政府即使想的话，也不会立刻有权力来改变这两者。即使承认你们愤愤不满的人在争执中是正确的一方，也没有充分理由可以鲁莽行动。理智、爱国心、基督教教义，还有坚决依靠从未抛弃过这块得天独厚的土地的上帝，这些就足以最好地解决我们目前的一切困难。

内战这一重大问题的决定权，是掌握在你们——我的愤愤不满的同胞们手里，而不是在我手里。政府将不会攻击你们。只要你们自己不做侵略者，冲突必可避免。你们没有向上帝发过摧毁政府的誓言，而我则将有“保持、维护和捍卫政府”的最庄严的誓言要履行。

我恨不能永远说下去。我们不是敌人而是朋友。我们一定不要成为敌人。虽然目前的情绪可能有些紧张，但一定不要使我们之间亲密情谊的纽带破裂。记忆的神秘琴弦，从每一个战场和每一个爱国者的坟墓延伸到这片广阔国土上的每一颗跳动着的心和每一个家庭，它们一定会再一次被触动，它们一旦被我们天性中更善良的性灵所触动，必将高奏出联邦的大合唱。

一〇二、对西华德国务卿的备忘录的答复,1861 年 4 月 1 日[45]

亲爱的先生:和你分别以后,我一直在思考你今天送来的、题为《供总统考虑的几点想法》的文件。文件的第一点想法是:“第一,我们执政已满一个月了,但我们不论在对内或对外方面都还没有一个政策。”

上月初,我在就职典礼上说:“宪法赋予我的权力将被用来保持、占有和掌握属于政府的财产和土地,征收各种税款。”你当时对此表示完全赞同。这段话,再加上我随即交给斯科特将军的一份命令,命令他用一切办法去加强和守住各个要塞,这正就是你现在极力要求的对内政策,唯一的例外是它没有提出要放弃萨姆特要塞。

还有,我不明白,增援萨姆特要塞怎么会是关系到奴隶制或政党的问题,而增援皮肯斯要塞则是更为全国性的和爱国的问题。

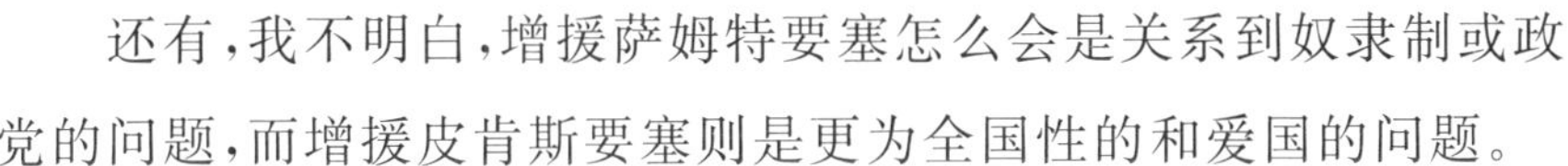

昨天收到的关于圣多明哥的消息当然在我们的对外政策范围内添加了一个新的课题。但直到那时为止,我们一直在给部长等人编写通知和训令,一切都井然有序,根本谈不上我们没有对外政策。

你最后提出建议:“不论我们采取什么政策,都必须有力地加以执行。

“为了这个目的,就必须有人来负责执行和不断进行指导。

“要么总统亲自来干，自始至终积极负起责任，要么就交给内阁的某个阁员去做。政策一旦决定，对它的争论就得停止，全体都得同意和遵守。”

关于这些建议，我所要说的是，倘若必须那样做，我一定会那样去做。总的政治路线一经采纳，就不至于无缘无故地改变，或把它继续作为无谓辩论的题目。当然，对于执行过程中出现的问题，我希望，并相信我有权利听取全体阁员的意见。

一〇三、摘自林肯致国会特别会议的首次咨文，1861 年 7 月 4 日[46]

由此可见，对萨姆特要塞的攻打和占领在攻击者方面决不是一个自卫问题。他们明知道要塞的驻军决不可能向他们寻衅。他们知道——他们已得到明确的通知——当时唯一的企图是向少数勇敢和挨饿的驻军运送粮食，除非他们自己因抵制这一企图而惹起进一步的事端。他们明知道本政府希望让驻军留在要塞里，不是为了去攻击他们，而仅仅是为了表面上占有这个要塞，从而防止联邦立即实际解体——同时，如上文所说明的，相信应该让时间、协商和投票来最后解决问题。而他们攻打和占领要塞却是为了一个正好相反的目的——把表面上的联邦当局赶走，从而迫使联邦立即解体。本总统清楚地知道这是他们的目的，他在就职演说中对他们说过，“只要你们自己不做侵略者，冲突必可避免”，后来他就煞费苦心地不只使这句话有效，而且还使事情摆脱巧妙的诡辩力量的影响，使外界不至于对它产生误解。由于萨姆特要塞事件及其周围环境，这一点是做到了。就在这个当口，反对政府的人们挑起了武装冲突，他们眼前没有、也不会有一门炮对他们回击，除非就是要塞里有限的几门炮，这些炮还是好几年前送往那个港口去保护他们自己的，现在仍旧准备给予他们合法保护。他们的这一行为——其他一切行为不算——已经把一个明白无误的问题强加给这个国家："要么立即解散，要么流血。"

这个问题牵涉到的不仅仅是联邦这些州的命运。它向人类的大家庭提出了一个问题：一个宪法规定的共和国或民主国——一个由人民管理的人民政府——到底能不能够抵挡住它自己内部的敌人而维护领土完整。它提出一个问题：心怀不满的人（他们人数少得无论如何不能根据基本法来掌握政权）到底能不能够总是用这个借口，或其他借口，或蛮横地根本不用任何借口来推翻他们的政府，从而实际上结束地球上的自由政体。它迫使我们问："难道在一切共和国中都有这种先天性的致命弱点吗？""难道一个政府要么就必须强大到限制自己人民的权利，要么就必须弱小到不能维持自己的生存吗？"

从这个角度来看问题，没有其他选择，只好动用政府的军事力量，用武力来抵抗推翻政府的武力，用武力来保卫政府。

可以毫不夸张地断言，我们所享有的自由制度已发展了我们全体人民的才能，改善了他们的条件，这在世界上是没有先例的。关于这一点，我们有一个突出的给人深刻印象的例子。政府现在已拥有一支空前强大的军队，这支军队中没有一个士兵不是自愿地站到自己的岗位上来的。但是不只如此，另外还有许多精锐的民团，它们的每一个战士都具有充分的艺术、科学和专业方面的实际知识、懂得世上已知的任何有用的或优美的东西，几乎每一个团里都可以选出一位总统、一个内阁、一个国会和也许一个法院，有充分资格可以行使政府职权。我也并非说，我们过去的朋友，在这次斗争中成为敌人的人，他们的军队中就不是这么一个情况；但如果是这么一个情况，那就更有充分理由说明，为什么给予他们也给予我们这么多好处的政府决不应该被推翻。任何地区的人要想推翻这样的政府最好想一想他是按照什么原则做的——他想拿什么更好的政府来代替——这代替的政府是否能够或是否打算给人民那么多好处？这个问题上有些预兆。我们的对手们已经通过了一些独立宣言，这些宣言和杰斐逊所起草的那份好的老宣言不同，“一切人生来平等”这句话是被删去了。为什么？他们已经通过了一部临时宪法，这部宪法的序言和华盛顿签署的那份好的老宪法的序言不同，其中“我们，人民”被删去了，代之以“我们，有主权的独立州的代表们”。为什么？为什么要故意把人的权利和人民的权威取消掉？

这实质上是一次人民的斗争。在联邦方面，这是一次在世界上维护这样一种形式和实质的政府的斗争，这个政府的主要目的是提高人的地位——把人为的负担从一切人肩上去掉，为一切人追求值得称赞的目标扫清道路，使一切人在生活竞赛中有一个自由自在的开端和公平的机会，由于服从需要，有些事情暂时还不能做到，但以上就是政府的主要目的，我们正在为这个政府的生存而奋斗。

我非常高兴地相信老百姓是理解和赞赏这一点的。值得指出的是，在政府受考验的这个时刻，陆海军里大批被授予官职的人已经辞职，证明是背叛了那个优待他们的人，但却没有一个普通的士兵或一个普通的水兵舍弃了他的军旗。

巨大的光荣应归于那些尽管同事们叛变而自己始终忠贞不贰的军官，但是最大的光荣和最重要的事实却是普通士兵和普通水兵万众一心，毫不动摇。据我们知道，他们每一个人都成功地抵制了上级的叛变行动，而仅仅一小时前，他们还把上级的命令当作绝对的法律加以服从。这是普通人的爱国本能。他们不用讲道理就懂得，把华盛顿缔造的政府毁掉对他们是没有好处的。

我们的人民政府常常被称为一个实验。其中有两点我们的人民已经解决了，那就是成功地建立政府和成功地治理政府。有一点尚待解决，那就是成功地维护政府，防止它被可怕的内部势力颠覆。现在应该由他们来向全世界表明：那些能够公平地进行选举的人也能够平定叛乱；选票是枪弹的合法与和平的继承者；一旦选票公平地和符合宪法规定地作出了决定，就休想再成功地诉诸枪弹；在以后各次选举中，除了诉诸选票本身，再不能成功地诉诸其他任何东西。这是和平的一个伟大教训：它教人们懂得，不能靠选举获得的东西也不能靠战争获得；教所有的人懂得，发动战争实在愚不可及。

为了免得老实人对于叛乱被平定后政府将对南部诸州采取什么政策心中有所不安，本总统认为可以适当地说，那时他将像过去一样，决意把宪法和法律作为指导方针，至于联邦政府对宪法赋予各州和人民的权利负有的权力和义务，他的理解和他在就职演说中表达的也许不会有什么不同。

他希望维护政府，希望像建立这个政府的人所治理的那样为所有的人治理政府。到处的忠诚公民都有权这样要求他们的政府，而政府无权拒绝或掉以轻心。在这样治理政府的时候，不会有任何高压、任何强制或任何征服，这都是按照这些词的本来意义说的。

宪法规定，所有各州也都接受了这个规定：“合众国应保证本联邦内每一个州都有一个共和体制的政府。”但是，如果一个州可以合法地退出联邦，那它退出以后，就也可能把共和体制的政府抛弃掉。因此，防止它退出联邦，是达到维持上述保证这个目的所不可缺少的手段。如果目的是合法和强制性的，那么达到目的所不可缺少的手段就也是合法和强制性的。

本总统以最大的遗憾发现他被迫履行使用军事力量来保卫政府的责任。他不得不履行这个责任，否则就将把政府断送掉。在这种情况下，公仆之间的妥协是解决不了问题的。这倒并不是因为妥协往往是不适当的，而是因为它会造成一个显著的先例：那些获得选举胜利的人只有放弃人民据以选举的要旨才能保全政府免于立即毁灭，而有了这样一个先例之后，就没有一个人民政府能长久存在下去。只有人民本身而不是他们的仆人才能安稳地把他们自己那经过深思熟虑的决定颠倒过来。

作为一个平民，本总统不能同意让这些体制沦亡，尤其不能辜负自由人民给予他的那么巨大和神圣的信任。他觉得他在道义上没有权利退缩，甚至没有权利去考虑在今后发生的事情中他自己的命运将会如何。他充分理解他所担负的重大责任，迄今已做了他认为是自己责任的事情。你们现在应该根据你们自己的见解来履行你们的责任。他衷心希望你们的见解和你们的行动能和他完全一致，以使所有其权利受到侵犯的忠诚公民确信这些权利必将在宪法和法律的规定下很快获得恢复。

既经坦率和真心诚意地选择了我们的道路，就让我们加强对上帝的信任，毫不畏惧地以男子气概前进吧。

一〇四、宣布全国斋戒日，1861年8月12日[47]

鉴于国会两院的一个联合委员会拜访合众国总统，要求他“指定一个公共祈祷、蒙耻和斋戒的日子，由合众国人民以宗教的隆重仪式来遵守，向全能的上帝热烈祈求这些州的安全和幸福，求上帝保佑他们的军队并迅速恢复和平”；

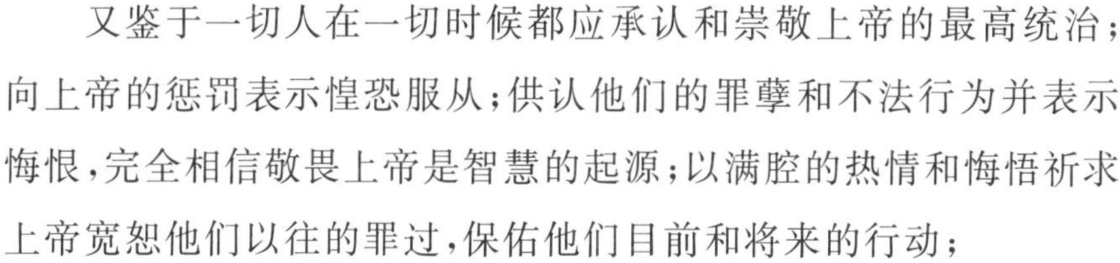

又鉴于一切人在一切时候都应承认和崇敬上帝的最高统治；向上帝的惩罚表示惶恐服从；供认他们的罪孽和不法行为并表示悔恨，完全相信敬畏上帝是智慧的起源；以满腔的热情和悔悟祈求上帝宽恕他们以往的罪过，保佑他们目前和将来的行动；

又鉴于我们亲爱的祖国过去在上帝保佑下曾经是团结、昌盛和幸福，现在却受到派系和内战的折磨，尤其需要我们承认这是上帝亲手安排的可怕的天罚，痛心地记住我们自己作为国家和个人所犯下的过错和罪行，向上帝俯首请罪，并祈求他的宽恕——祈求上帝不要再进一步惩罚我们，尽管我们是完全罪有应得；祈求上帝保佑我们的军队，使它能成功地在我们的辽阔国土上重新建立法

律、秩序与和平;让我们的先辈在上帝的引导和保佑下辛辛苦苦赢得的极其珍贵的人民自由和宗教自由得以恢复原来的精粹;

因此,我,合众国总统亚伯拉罕·林肯指定本年9月最后一个星期四为全国人民蒙耻、祈祷和斋戒的日子。我热切要求全体人民,特别是要求所有教派的全体教士、全体家长,根据他们各自的信条和礼拜方式,以宗教的全部隆重仪式,来恭顺地遵守那个日子。但愿全国人民的一致祈祷将会上升到上帝的宝座,上帝将赐给我们的国家以众多的恩惠。

一〇五、给弗里蒙特将军的信,1861年9月2日于华盛顿[48]

亲爱的先生:你8月30日的布告中有两点使我有点担心:

第一,你如果根据这个布告枪决一个人,那么,南部联盟的支持者们肯定会枪决一个我们落在他们手里的最优秀的人作为报复;这样,一人对一人地杀下去将永无止境。因此,我命令你,在没有获得我的批准或同意之前,不许根据这个布告枪决任何人。

第二,我认为布告最后一段关于没收叛乱的奴隶主的财产和解放他们的奴隶有很大危险,它会使我们南部诸州的朋友们恐慌,使他们转而反对我们;或许会把我们相当好的肯塔基州的前景毁掉。因此,请允许我要求你,就像出于你自愿一样,把那一段加以修改,使之与国会1861年8月6日通过的、题为《没收用作叛乱目的的财产法》第一和第四款符合,该法抄本一份随信附上。

写这封信的用意是谨慎而不是责怪。我把信交特使送上，使你能迅速收到，不致有误。

一〇六、给亨特将军的信，1861年9月9日于华盛顿

亲爱的先生：弗里蒙特将军需要帮助，但很难给他帮助。他正在失去周围的人对他的信任，而处于他这种地位的人要取得成功，周围人的支持是必不可少的。他的主要错误是使自己孤立，不让任何人去看他，这样，他对自己正在对付的事情的进展情况就一无所知。他需要有一个经验丰富的人在他身边帮助他。你愿意看我面子上担任那个位置吗？你的军衔是高了一级，不能命令你去做，但是你肯自愿担任那个职位来满足我的要求，为祖国服务吗？

一〇七、给弗里蒙特夫人的信，1861年9月12日于华盛顿

亲爱的夫人：你今天的两张便条已经收到。你带给我的弗里蒙特将军的信，我昨天已经写了回信，因为昨天没有听到你的消息，所以把回信邮寄给了他。你说老布莱尔先生告诉你，我派布莱尔邮政总长去圣路易斯检查那个部门并向我汇报，这是不完全正确的。布莱尔邮政总长是在我许可下以朋友身份去看望弗里蒙特

将军并和他交谈的。我不以为自己有权未得原写信者允许就把我手头有的信抄寄给你。我对弗里蒙特将军的荣誉或正直从未有过不良印象，说我是怀着敌意对他这样做，我提出抗议。

一〇八、给 O. H. 布朗宁的信，1861 年 9 月 22 日

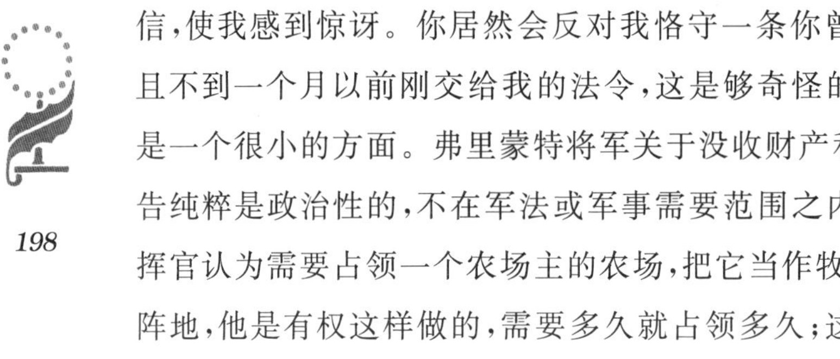

亲爱的先生：17 日来信刚收到。说实在的，你会写这样一封信，使我感到惊讶。你居然会反对我恪守一条你曾经协助制订而且不到一个月以前刚交给我的法令，这是够奇怪的了。不过这只是一个很小的方面。弗里蒙特将军关于没收财产和解放奴隶的布告纯粹是政治性的，不在军法或军事需要范围之内。如果一个指挥官认为需要占领一个农场主的农场，把它当作牧场、营地或设防阵地，他是有权这样做的，需要多久就占领多久；这是出于军事需要，因而在军法范围之内。但如果说农场将永远不再属于农场主或他的后嗣，农场有军事目的时这样说。没有军事目的时也这样说，那就纯粹是政治性的，一点没有军法的意味。奴隶方面同样也是如此。如果将军需要奴隶，他可以捉住他们和使用他们，不过一旦不需要了，他就没有资格去决定他们将来永久的身份。那必须根据由立法者制定的而不是由军事布告制定的法律来决定。布告在成问题的一点上干脆就是"独裁"。它假定将军爱做什么就可以做什么——把忠诚者和不忠诚者的土地一律没收，奴隶一律解放。这种事如果干到底的话，对于一些没有头脑的人来说，肯定会比过

去所做的一切事情还要受欢迎！但是我不能采取这种轻率的立场，也不允许别人越俎代庖采取这种立场。

你谈到它的时候，认为它是保全政府的唯一方法。恰恰相反，它本身就是把政府拱手交出去。一个将军或一个总统可以用布告来制定永久性的财产条例，这还能再自称是合众国政府，是宪法和法律产生的政府吗？我并不是说国会不会针对这一点正当地通过一项像弗里蒙特将军所公布的那样的法令。我并不是说，我作为国会议员不会投票赞成它。我所反对的是，我，作为总统，将明确地或含蓄地据有和行使政府的永久性的立法职权。

原则方面就谈这些。现在来谈政策方面。这件事在某些地区无疑是受欢迎的，如果是总的解放宣言，将会更加受欢迎。肯塔基立法机关要等到那个布告修改以后才会行动，而安德森将军打电报告诉我说，弗里蒙特将军当真已经发布解放奴隶命令的消息一传出，我们整整一连的志愿军就丢下武器散伙了。我有十分把握认为我们供给肯塔基的武器将会被用来打我们。我认为，失去肯塔基，就几乎等于全盘皆输。肯塔基一失去，密苏里就守不住，马里兰恐怕也难保。所有这些州都反对我们，事情就难办了。我们还不如答应立刻分离，包括把这个首都交出去。相反地，你如果不再三心二意去搞新的花样，而是坚决地站在当初你和其他好心的朋友帮助我当选的、并且在我的政府文件中予以赞同的立场上支持我，那我们将胜利地度过危局。你千万不要以为我是因为肯塔基的缘故才对布告抱这个看法。我在听到肯塔基的消息之前给弗里蒙特将军的私信中就已采取了同样的立场。

你以为我自相矛盾，因为我并没有同样也禁止弗里蒙特将军

根据布告枪毙人。我懂得枪毙人这一部分是在军法范围之内的，但我也认为这是失策的，因为我们枪毙他们多少人，他们也会枪毙我们多少人，这点我们的对手们是有权力，而且肯定会使用这种权力的。我已经私下给弗里蒙特将军写过信，把情况向他说明。此事我在公开信中没有提到，因为我觉得还是不要当着敌人的面讨论让他们听到来得好。

我根本没有想到以任何与弗里蒙特将军的布告有关的理由将他撤职。如果真想以什么理由将他撤职的话，我们大家的朋友山姆·格洛弗也许可以告诉你那是什么理由。我希望任何方面都没有将他撤职的真正必要。

一〇九、给麦克里南德将军的信，1861年11月10日于华盛顿[49]

亲爱的先生：这不是公函，而是一封社交信。你已经进行过一次战役，对于这次战役的重要性的精确程度还不能作出评价，但我认为可以有把握地说，你和所有和你在一起的人已经给你们自己和军旗带来了荣誉，为国家作出了贡献。我向你和他们表示衷心的感谢。我处于目前的地位必须为整个国家着想，但是我如果多抒发一点家乡的自豪感，说伊利诺伊没有使我们失望，但愿这不至于对任何其他一个州不公平。我刚和沃什伯恩先生作过一次长时间的会谈，他详细谈到了你和你的部下所经历的许多困难。请相信我们决不会忘记你们，也不会对你们忽视。有许多、许多事情还没有做,但那是因为我们没有力量做得比现在所做的更快。你有几支部队没有武器,但是这里和其他各个有相当数量军队的地方情况都一样。事实干脆就是,我们的善良的人民蜂拥前来拯救政府,他们来的速度要比政府能弄到武器交在他们手里来得快。让军队的每个师都知道它自己的精确目标当然合乎理想,但是政府不能马上也不能随时硬性地给所有的师确定目标,即使确定了,也不能告诉它的朋友而不同时也让它的敌人知道。我们知道你们会尽力审慎地和很好地去做,你们如果断言我们这方面同样也是如此,那肯定不会错。请代我向大家问候和致谢。

一一〇、摘自林肯致国会的年度国情咨文,1861年12月3日

叛乱继续发展到即使不完全是、也主要是对人民政府的首要原则——人民权利——的袭击。这方面的确凿证据既存在于叛乱者的最重要和深思熟虑的公开文告,也见之于他们的一般言论。那些文告大胆鼓吹剥夺现有的普选权,否定人民参与选拔除立法机关外全体公职人员的一切权利,以精心制作的论据来证明人民大规模管理政府是一切政府祸害的根源。有时候还暗示君主制度本身是躲避人民权力的可取办法。

我处于目前的地位,如果不对专制制度卷土重来提出警告,就怎么也说不过去。

这里不必也不便对赞许人民制度作出全面的论述。但是有个要点，连同与它有关的方面，是不像大多数其他要点那样被经常谈到的，我想提请大家注意一下。这就是，有人企图使资本在政府机构里的地位即使不高于劳动，至少也和劳动相等。他们先假定劳动只有和资本相结合才可以获得；一个人，除非另一个拥有资本的人利用资本来诱使他劳动，是决不会劳动的。这样假定以后，就进一步设想哪一种办法更好些，是资本雇佣工人，诱使他们自愿地工作呢，还是购买工人，强迫他们非自愿地工作。讨论到此，结论自然就是：所有的工人不是雇工，就是我们所谓的奴隶。此外还更进一步假定，谁要是做过雇工，就得终身处于那个地位。

然而，资本和劳动之间并没有这种假定的关系，也没有一个自由人会终身处于雇工地位这回事。这两个假定是谬误的，从它们得出的论断也都是没有根据的。

劳动先于资本，并独立于资本。资本只是劳动的成果，假使不先有劳动，就不可能有资本。劳动是资本的前辈，应该受到更多得多的尊重。资本有它的权利，这种权利理当和任何其他权利一样受到保护。同样也不否认劳动和资本之间存在着，而且恐怕将永远存在着一种互利的关系。错误是在于认定社会的全部劳动都存在于那种关系之内。少数人拥有资本，这些人自己不劳动，却用他们的资本雇用或收买另外少数人来为他们劳动。大多数人不属于这两个等级——既不为别人劳动，也没有别人为他们劳动。在大多数南部各州，各色人种中大多数人既不是奴隶，也不是奴隶主，而在北部各州，大多数人既不是雇主，也不是雇工。人们和他们一家老小——妻子、儿女——在他们的农场上、家里、店铺里为他们自己劳动，把全部所得归为己有，既不乞助于资本，也不要雇工或奴隶帮忙。当然也有相当数量的人把他们自己的劳动同资本混合起来——就是说，他们用自己的双手劳动，同时也购买或雇用别人为他们劳动。但这只是一个混杂的而不是独特的等级，所述原则并未被这个混杂的等级的存在所破坏。

还有，如同上面已经说过的，所谓自由雇工要终身处于那个地位，也并非一定如此。在这些州里，普遍都有一些独立创业的人，他们本身不多几年前还是雇工。这些身无分文、克勤克俭的创业者，先是挣工资干活过了一个时期，积攒了些钱为自己买了些工具或土地，然后又靠自己劳动了一些时候，最后雇用了另一个初出茅庐的人来帮助他。就是这种正大光明的发家致富方法为所有的人开辟了道路——给大家以希望和由此而来的干劲和进步，并改善了他们的生活条件。在世的人当中最值得器重的是这样一些人，他们出身穷苦，靠劳动起家——不是自己诚实劳动挣来的东西他们一概不要。要叫这些人小心，不要把他们已经享有的政治权利交出去，这种权利如果交了出去，肯定会被用来对他们这样的人关闭进步之门，并把种种新的限制和负担加在他们头上，直到全部自由都失去为止。

从第一次全国人口普查到上次普查，中间相隔七十年。在那七十年的末期，我国人口比初期增加了七倍。人们所需求的其他东西的产量增加得还要多。这样，我们就不但有了通过各州和联邦的机构应用于政府的人民原则在一个特定期内所产生的东西，而且还会有这项原则如果被坚决维护，可望于今后产生的东西。如果联邦能够保全的话，我们当中将会有人亲眼看到我国人口增加到二亿五千万。今天进行的斗争不完全是为了今天——它也是为了漫长的未来。让我们更坚决和热诚地信赖上帝，在形势交给我们的艰巨任务中奋勇前进吧。

一一一、给麦克莱伦将军的信，1862年2月3日于华盛顿[50]

亲爱的先生：你和我对波托马克军团的调动有截然不同的计划——你的计划是沿切萨皮克往下，再沿拉帕汉诺克往上到厄巴那，然后穿过陆地到达约克河上的铁路终点站，而我的计划则是直接向马纳萨斯西南铁路上的一点移动。

如果你能对下列问题给予满意的回答，我将愉快地放弃我的计划而接受你的计划。

第一，你的计划执行起来是不是比我的计划要花费更多得多的时间和金钱？

第二，你的计划在哪方面比我的计划更有获胜把握？

第三，你的计划在哪方面比我的计划所获胜利更有价值？

第四，事实上，你的计划并不能摧毁敌人重大的交通线，我的计划却能，这样你的计划的价值是不是减少了？

第五，万一战事不利，按照你的计划撤退起来是不是比按照我的计划撤退起来更困难？

一一二、向国会提出的咨文，1862年3月6日[51]

参众两院的同胞们：我建议尊贵的两院通过一项联合决议，其具体内容如下：

> 决议：合众国应与任何一个愿意逐步废除奴隶制的州合作，给予该州以资助，由该州酌情用来赔偿因改变制度而造成的公私损失。

如果决议中提出的建议不获得国会和国民的赞同，那就作罢，但是如果获得赞同，我认为必须把此事立即明确地通知有直接利害关系的州和人民，使他们可以开始考虑接受还是拒绝。联邦政府将从这个措施中获得最大的利益，把它当作最有效的自卫手段之一。叛乱的头子们指望政府最后将不得不承认对政府不忠地区的某些部分的独立，那时这些部分以北的所有蓄奴州就会说："我们为它战斗过的联邦已经完了，我们现在要跟着南部走。"使他们这种希望落空，实质上也就结束了叛乱，而开始解放奴隶则完全粉碎了他们对采取这一行动的各个州的希望。重要的不在于所有容忍奴隶制的州是不是都会很快开始解放奴隶，但由于这个建议是向大家一视同仁地作出的，更北部的州将会通过开始这一行动，向更南部的州明确表示，前者决不会参加后者拟议中的同盟。我说

“开始”，因为依我看，逐步地而不是突然一下子解放奴隶对大家都比较好。单单从财政或金钱角度来看，任何一个国会议员面对着统计表和财政报告，都会立刻看出，用这次战争的日常开支来按照合理估价赎买任何一个被指名的州中的全部奴隶，将是多么轻而易举。在政府方面，这样一个主张并不要求联邦当局有权干预州范围内的奴隶制，而实际上是让有直接利害关系的每个州和它的人民自己去解决这个问题。这是作为一个完全由他们自由选择的问题提出来的。

在去年12月的年度咨文中，我说过这样一句话：“联邦必须保全，为此必须使用一切不可缺少的手段。”这句话我不是随便说的，而是经过郑重考虑的。战争已经打起来了，还要继续打下去。这是达到这个目的的一个不可缺少的手段。只要重新实际承认国家的权威，战争就会成为不必要的，马上就会停止。但是，如果继续反抗，战争也就必须进行下去，战争会附带产生什么事件，会造成多大破坏，就难以预料了。对于结束战争似乎必不可少的办法，或者显然可望有巨大效力的办法必须产生，而且一定会产生。

现在提出的建议，尽管仅仅是个建议，我斗胆敢问一句，希望不要见怪：在目前的形势下，所提出的金钱方面的考虑，对于有关各州和私人到底是不是比奴隶制和奴隶所有权更来得重要？

尽管通过拟议中的决议确实仅仅是初步的，它本身并不是一个实际解决办法，但提出这个建议的目的，是希望它很快能导致重要的实际结果。鉴于我对上帝和国家所担负的巨大责任，我恳请国会和人民对这个问题加以考虑。

一一三、给《纽约时报》主编亨利·J.雷蒙德的信，1862年3月9日于华盛顿

亲爱的先生:《纽约时报》以及纽约各日报好意地评介了我最近致国会的特别咨文，对此我向它们一概表示感谢。

不过，贵报宣称，这个建议尽管用意很好，但由于费用的缘故，非失败不可。这一点我希望你能重新加以考虑。你有没有注意到这样一个事实:这次战争不到半天的费用就能赎买特拉华的以每名四百美元计算的全部奴隶——这次战争的八十七天费用就能赎买以同样价格计算的特拉华、马里兰、哥伦比亚特区、肯塔基和密苏里的全部奴隶?那些州如果采取这个措施，就能使战争缩短不止八十七天，从而真正做到了节省费用，这一点你能怀疑吗?

请好好研究这些问题，考虑一下应否再写一篇文章在《时报》上发表。

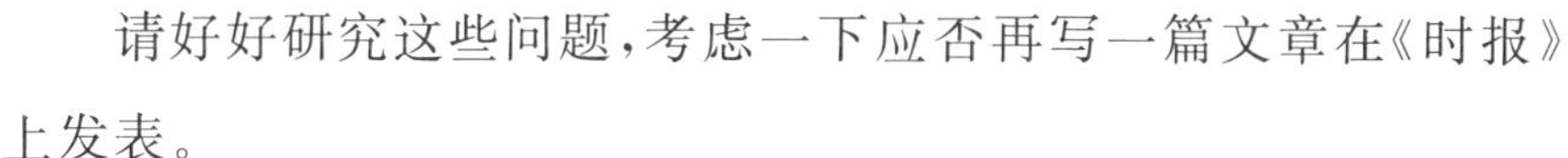

一一四、给詹姆斯·A.麦克杜格尔的信，1862年3月14日于华盛顿

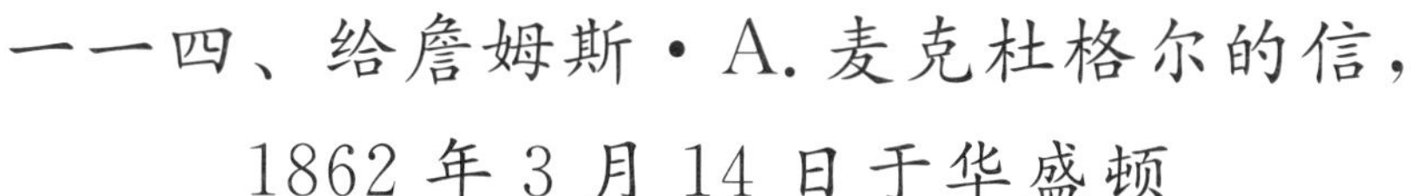

亲爱的先生:关于上次咨文中提出的以赎买方式逐步解放奴

隶计划花钱多的问题，请允许我提出一两点简单的想法。

这次战争不到半天的费用就能赎买以每名四百美元计算的特拉华州的全部奴隶。

这样，根据1860年的人口调查，	
特拉华州全部奴隶人数为	1 798
	400
奴隶的费用	\$ 719 200
一天的战费	2 000 000

再有，这次战争不到八十七天的费用就能赎买按同样价格计算的特拉华、马里兰、哥伦比亚特区，肯塔基和密苏里的全部奴隶。

这样，特拉华的奴隶	1 798
马里兰的奴隶	87 188
哥伦比亚特区的奴隶	3 181
肯塔基的奴隶	225 490
密苏里的奴隶	114 965
	432 622
	400
奴隶的费用	\$ 173 048 800
八十七天的战费	174 000 000

那些州和本区若是采取这些初步措施，就能使战争缩短不止八十七天，从而真正做到了节省费用，这一点你能怀疑吗？

再来就支付费用的时间和方式说几句。假定，举例说，一个州制订一个计划，根据那个计划，在指定的一天——比如说1882年1月1日——在那个州彻底废除奴隶制。那就先按照1860年人口普查取得该州奴隶总数，再将此数乘以四百，得出合众国付给该州的钱数——这笔钱将由合众国以年息六厘的合众国公债分二十年付给该州，每年的款额相同。

我认为，这样付出去的钱，就支付的时间和方式来说，要比现在为了无限期进行战争而筹集同样数目的钱容易得多。不过，这一点你能够和我一样很好地作出判断。为了你方便起见，随信附上人口普查表一份。

一一五、给麦克莱伦将军的信，1862年4月9日于华盛顿[52]

亲爱的先生：你在电报中抱怨说你没有获得应有的支持，这尽管并没有触怒我，却确实使我十分痛心。

布伦克尔的一个帅在你离开这里以前就从你那里撤走了，你知道我是在多大的压力下这样做的，或如我所认为默许的——当然并不是不勉强的。

自从你走以后，我查清楚，你打算留下保卫华盛顿和马纳萨斯枢纽站的，总共不到二万乌合之众，连一个野战炮兵连也没有，而其中一部分甚至还要派往胡克将军的旧阵地。班克斯将军的一个军，本来计划用来防守马纳萨斯枢纽站的，也分散在和被牵制在温切斯特和斯特拉斯伯格一线，要离开的话，就不得不把上波托马克和巴尔的摩以及俄亥俄铁路再度暴露出来。这就给予（或者当麦克道尔和萨姆纳走后将会给予）敌人很大的诱惑，要从拉帕拉诺克折回来劫掠华盛顿。我曾下过明确的命令，说根据各军军长的一致意见，华盛顿应确保无虞，但这个命令被忽视了。正因为这个缘故，我才不得不把麦克道尔留下来。

我没有忘记，我曾对你让班克斯留守马纳萨斯枢纽站的安排表示满意；但后来那个安排被取消了，又没有任何补救办法，我当然是不满意的。我只好自己来想办法补救。

现在请允许我问：你果真以为我能允许从里士满经马纳萨斯枢纽站到本城一线除了不到二万乌合之众所能提供的抵抗之外完全没有防御力量吗？这是一个全国人民不容许我回避的问题。

你现在拥有的军队的人数是个猜不透的谜。当我本月 6 日给你打电报说你有十万多军队的时候，我刚从陆军部长那里收到一个报告，说是根据你自己的申报，你当时拥有的以及正在开往你那里的军队一共是十万零八千人。你现在却说当所有开往你那里的军队完全到达以后，也只有八万五千人。这二万三千人的差额究竟是怎么回事？

至于伍尔将军的部队，我认为他们为你做的事情，正是如果那支部队不在的话你自己的同样数目的部队所必须做的事情。开往你那里的军队此时想必已全部到达；如果是这样的话，我认为这正是你发动攻势的时候。要是迟延了，敌人就会相对地超过你，这就是说，敌人依靠防御工事和援军，能比你单单依靠援军进展得快。

让我再对你说一遍，你现在非发动攻势不可。这方面我是无能为力的。你应该记得，我向来坚决认为：沿海湾而下找寻一个战场，而不是在马纳萨斯或马纳萨斯附近战斗，只不过是转移困难而不是克服困难；无论在哪一个地方，我们都会发现同样的敌人和同样的或相等的防御设施，国民不会不注意到——而且正在注意到——目前迟迟不对掘壕据守的敌人进攻只是马纳萨斯旧事的重演。

我愿向你保证，我过去给你写信，或者对你说话，从来没有比现在怀着更大的好意，也从来没有比现在更充分的支持你的意图；我是一贯迫切想那样做的。不过你非采取行动不可。

一一六、给麦克莱伦将军的电报，1862 年 5 月 1 日于华盛顿[53]

你要求从华盛顿调走帕罗特式炮使我惊恐，主要因为此举将无限贻误战机。能否另谋他策？

一一七、给麦克莱伦将军的信，1862 年 5 月 9 日于华盛顿

亲爱的先生：我刚帮助陆军部长给你拟了一个关于编组军团

的电报，这个电报当然早在此信之前就已经送到你手里了。

我想就这个问题私下对你说几句。我命令编组军团，不单是根据由你选拔并任命为师长的十二位将军的一致意见，而且也是根据除你本人以外的每一个我能向其征求意见的军人（以及每一本现代军事著作）的一致意见。我当然并不自以为精通此事。我认为你必须知道，对于你竭力阻挠此事，那些我们不能等闲视之的方面是怎么看的。它被看成是只不过努力纵容两个宠儿，并迫害和贬谪他们那些想象中的敌手。我还没得到萨姆纳、海因策尔曼或凯斯的信息。这几个军的司令官当然是你手下三个级别最高的军官，但我经常听说你有事从来不和他们商量，也不和他们联系，你除了菲茨－约翰·波特将军，也许还有富兰克林将军以外，从来不和别人商量联系。我并不是说这些怨言是真的或公正的，但是你无论如何总得知道有这么一些怨言，这却是必要的。这些军司令有哪些事情不服从你的命令吗？

那天你解除了汉密尔顿将军的指挥权，这样你也就失去了你在参议院的至少一个最好的朋友的信任。在此请允许我说（这不单对你一个人适用），参议员和众议员们处于他们的地位可以随意谈论我，这是不成问题的，而军官们却决不可再写信辱骂他们，对他们放肆无礼。

现在言归正传。你是否厉害到——即使有我的帮助，你是否厉害到——可以一下子使萨姆纳、海因策尔曼和凯斯全都就范？这对于你是一个实际的也是非常严重的问题。

你的军队的成功和国家的事业是一致的，我当然总希望事业顺遂。

一一八、关于撤销亨特将军的军事解放命令的公告,1862 年 5 月 19 日

鉴于政府文件中刊有号称亨特少将的布告,布告全文如下:

> 由于组成南部军区的佐治亚、佛罗里达和南卡罗来纳三州已断然宣告它们不再受美利坚合众国保护,并已拿起武器反对该合众国,颁布军事管制法已成为军事需要。是以该军事管制法已于 1862 年 4 月 25 日颁布。在一个自由国家里:奴隶制和军事管制法是水火不相容的;因此特宣布:在此以前在这三个州——佐治亚、佛罗里达和南卡罗来纳——被作为奴隶占有的人,永远自由。

又鉴于上述布告正在引起某些骚动和误解,因此:

我,合众国总统亚伯拉罕·林肯声明和宣布,合众国政府对于亨特将军公布这样一个命令的意图不知情,没有得到消息也不相信;合众国政府也还没有得到可靠情报证明这个文件是真的。加之,合众国政府并未授权亨特将军,或任何其他司令官或个人发布命令宣告任何一个州的奴隶获得自由。这个成问题的所谓布告无论是真是假,就其宣布的内容来说是完全无效的。

我还要进一步声明,我作为陆海军总司令,是否应该宣布任何一个州或几个州的奴隶获得自由,还有,在某个时候,某种情况下,

是否非行使这种权力就不足以维持政府的生存，这些问题都属于我的职权范围，我要保留给自己去解决；让战场上的司令官去决定，我认为是没有道理的。这些问题与军队里和兵营里的那些内务条例问题完全是两回事。

在本年3月6日，我曾以特别咨文建议国会通过一项联合决议，其具体内容如下：

> 决议：合众国应与任何一个愿意逐步废除奴隶制的州合作，给予该州以资助，由该州酌情用来赔偿因改变制度而造成的公私损失。

上述文字的决议是由国会两院以绝大多数票通过的，目前是国家对与本题最有切身利害关系的州和人民提出的权威性的、明确的和郑重的建议。我现在向那些州的人民热切地呼吁。我并不是向你们讲道理，而是恳求你们为你们自己讲道理。对于时代的潮流，你们要想闭眼不看也是办不到的。我请求你们放开眼界，冷静地考虑一下这种时代潮流，可能的话，要把它远远置于个人和党派政见之上。这个建议把一个共同的目标作为共同的事业，对任何人都不加非难。它不是虚礼浮文。它设想的变化会像天上的甘露一样轻柔地降临，什么也不剥夺，什么也不破坏。你们不赞成吗？过去有那么多好事情没有做，现在你们去做是天意，是无上的光荣。但愿将来的人们不必因为你们没有做到应该做到的事而感到惋惜。

一一九、给麦克莱伦将军的电报,1862年5月25日于华盛顿

敌正以充足兵力向北移动以驱赶在其前方的班克斯将军——具体兵力不详。敌亦正从南北两面威胁马纳萨斯隘口铁路上之利斯堡和吉尔里两地——具体兵力不详。我意此系全面协调的行动,如敌意欲坚守里士满即不致此。我意你日内即应进攻里士满或放弃此举而回师保卫华盛顿。望速电复。

一二〇、给麦克莱伦将军的电报,1862年5月28日于华盛顿[54]

波特将军的胜利使我十分高兴。但若敌系全面溃败,则不解里士满与弗雷德里克斯堡之间的铁路何以未被收复,因为你说你们已经占领了除里士满和弗雷德里克斯堡之外的全部铁路。无此铁路,则除去从里士满到西点一小块地方,不知你如何能占领其他地方。从里士满到汉诺佛枢纽站的弗吉尼亚中心这一小块地方,若无其他更多地方,实微不足道。所谓全部敌军都集中于里士满,我想你我都无从确知。萨克斯顿从哈泼斯渡口向我们报告说,大批军队,猜想属于杰克逊和尤厄尔所辖,已迫使他今日从查尔斯市向前推进。金将军从弗雷德里克斯堡来电说,据逃入我军战线内

的黑人的确切情报，已有一万五千名士兵于星期一早晨离开汉诺佛枢纽站前往增援杰克逊。我深感你所面临的战斗的重要性，将始终如一地充分考虑各种因素，尽力支援。

一二一、给麦克莱伦将军的信，1862年6月26日于华盛顿[55]

你昨天发出的三份电报，汇报了情况，最后并声明你已完全达到目的，使我非常高兴。

下午六时十五分最后的一个电报，提出你有被二十万敌军压倒的可能，并谈到将由谁来负责，我看了觉得十分痛心。我总是给你我所能给的一切，认定你将以你手头所有尽力而为，可你却一直以为我愿意多给的话就能够给你更多，我以为你这种想法是心胸狭窄的。过去我没有放过，将来也不会放过任何一个机会来给你增援，只要我力量办得到。

一二二、给麦克莱伦将军的信，1862年6月28日于华盛顿

无论如何要保全你的军队。我们将尽快派来援军。当然他们不可能在今天、明天或后天到达。我并没有说过你需要援军是心胸狭窄。我认为你心胸狭窄是因为你以为我没有尽快给你派来援

军。对于你和你的军队遭到的不幸,我和你一样有切肤之痛。如果你打了不分胜负的一仗,或吃了败仗,那是我们为了不让敌人占领华盛顿所付出的代价。我们守住了华盛顿,敌人就集中力量来打你。如果我们当初撤销了华盛顿的一切防务,敌人本来就可以在出兵打你们以前先来打我们。不到一个星期前,你曾经通知我们,说敌援军正离开里士满来到我们前方。事情的性质就是这样,不能怪你们,也不能怪政府。请立刻告知目前的形势和情况。

一二三、给西华德国务卿的信,1862年6月28日于华盛顿

亲爱的先生:我对目前战局的看法大致如下:

科林斯的撤退以及洪水造成我们在奇卡霍米尼的延误,使敌人得以在里士满集结众多的兵力,致使麦克莱伦难以顺利地进攻。事实上,其他地方很快就不会再有可观的叛军兵力了。但我们如果把这里的全部兵力都派遣到麦克莱伦那里去,敌人就会趁我们不备从里士满派一支军队占领华盛顿。或者,如果把西线军的大部分调到麦克莱伦那里去,敌人就会把里士满送给我们,他们自己则重新去占领田纳西、肯塔基和密苏里等地。现在应该做的是守住我们在西线的阵地,打通密西西比河,并占领查塔努加和东田纳西,而不要占领其他更多地方。无论如何应当在华盛顿周围保留一支相当的兵力来保卫它。然后尽可能在最短期内征召十万新兵,这十万新兵直接或间接地增援给麦克莱伦,就可以拿下里士满

而不致危及我们目前所占有的其他任何地方，并将实际上结束战争。我想把这场战争进行到胜利，或者到我死，或者到我被打败，或者到我任期满，或者到国会或国民抛弃我。要不是担心会引起普遍的恐慌混乱，我就会向全国公开呼吁征召这十万新兵，因为现在要让大家明白一件事情的真实情况实在不容易。我认为新军应全部是，或几乎全部是步兵，主要因为步兵征召起来最便宜，也最快。

一二四、给麦克莱伦将军的信，1862 年 7 月 1 日于华盛顿

目前无法派援军为你应急。我们即使有百万大军，也不能及时派到你那里，何况我们没有军队可派。如果你力量不足以御敌，那你应该找个安全地方，在那里休整等待。能够的话就守住你的阵地，但无论如何要保全军队，哪怕退到门罗要塞也要保全。我们国家仍有充足的力量，将使它发挥出来。

一二五、给麦克莱伦将军的信，1862 年 7 月 2 日于华盛顿[56]

你星期二早晨发来的电报使我揣想你的军队正在休整。请允许我怀着这样的揣想向你讲点道理。当你要求马上给你派五万人

来的时候，你当然是把实际情况完全弄错了，结果自寻苦恼。前不久你送来一些文件，说明你今年春天作出的保卫华盛顿的兵力部署，要求重新实施那个计划。我发现你打算在华盛顿市内及其周围布置七万五千兵力。现在我向你保证，要实施那个计划，我的兵力尚缺少一万五千人。弗里蒙特在河谷里的全部兵力，班克斯的全部兵力，麦克道尔不在你那里的全部兵力，还有在华盛顿的全部兵力，所有这些兵力加起来不超过六万人，能达到六万人就不错了。把伍尔和迪克斯的兵力和上述兵力加在一起，不计你的军队，我在山以东的军队还不到七万五千人。因此，叫我立刻给你派五万人或任何其他可观兵力，这种想法简直是荒唐可笑。你经常提到责任，如果你因此而觉得我责备你没有尽力去做，那请你千万不要有这种想法。我只不过要求你也不要叫我去做不可能做到的事。如果你认为你现在的力量不足以占领里士满，我并不要求你现在就去占领。保全军队，人力和物力都要保全，我将尽快来加强它，使它能再次发动攻势。十八个州的州长们表示要给我征召三十万新兵。我已经同意了。

一二六、给麦克莱伦将军的信，1862 年 7 月 4 日于华盛顿

我了解你信中以及马尔西将军所说明的形势。给你增援，让你在一个月内，或甚至六星期内恢复攻势，是不可能的。除了从波托马克那里已到达的和正在到达的（估计约一万人，希望你很快能

从伯恩赛德那里得到约一万人以及稍后从亨特那里得到约五千人）之外，我不知道如何能在一个月内再给你增派一人。在这种情况下，目前的防御必须由你自己设法解决。要保全军队——首先，要尽可能在原地守住；其次，如果非转移不可，那就转移。你必须自行决定采取哪一个办法以及实行这个办法的手段。我只提供我的一个看法：你依靠炮舰和上述援军的帮助，能够守住目前的阵地——只要你能使在你下游的詹姆斯河畅通。你如果没有充分把握使詹姆斯河畅通，那还是尽快转移为妙，我不记得你曾经对你下游的河上交通有被切断危险表示担心，不过我想这一点你是不会不注意到的。……

又及：任何时候你觉得可以发动攻势了，你就可以放手去做。

一二七、给麦克莱伦将军的电报，1862年7月5日于华盛顿

对昨天十二时及下午一时两电带给我的宽慰表示万分感谢。你本人和全体官兵们所表现的英雄主义和军事技术已经而且将永远博得赏识。

如能坚守目前阵地，我们将更进一步给予敌人以迎头痛击。

一二八、为用赎买方式解放奴隶向边界州议员们呼吁,1862年7月12日[57]

先生们:国会快要休会了,在休会以后,我将有好几个月没有机会和你们见面。由于相信你们边界州的议员们比其他任何同样数目的议员更有力量做好事,我觉得有义不容辞的责任向你们作这个呼吁。我实实在在地对你们说,依我看,你们当初如果都投票赞成今年3月逐步解放奴隶咨文中提出的决议的话,战争现在实际上已经结束了,但我这样说并没有责怪或抱怨的意思。该决议中的计划目前仍是结束战争的最有力和最迅速的手段。应该让叛乱诸州肯定无疑地懂得:你们所代表的州无论如何不会参加他们提议的同盟,他们也别想把这场战争维持多久。不过,只要你们表示决心使奴隶制在你们自己的州内永远存在下去,你们就无法使他们失去最终把你们拉到他们一边去的希望。你们已经以压倒优势在选举上击败他们,可他们一点不灰心,照样断言你们是他们自己人。大家都知道他们的力量的杠杆是什么。当他们的面把那根杠杆折断,他们就永远再不能来向你们耀武扬威了。你们大多数人一向都待我好,体谅我。现在,当我为了整个国家的缘故向你们提一个问题,我相信你们决不会以为我是不恰当地干涉完全属于你们自己的事。这个问题就是:为了你们的州,你们除了接受我极力主张的建议,还有更好的办法吗?撇开那些适用于较容易应付的时势的行为细节和准则不谈,仅仅面对当前局势的前所未有的

严峻事实，你们还有更好的办法吗？你们希望在不破坏奴隶制的条件下恢复各州与国家之间的宪法规定的关系；这点如果做到了，那么，宪法和我的就职誓言所规定的我在这方面的全部责任也就尽到了。但事实上并没有做到，我们正在试图借助战争来做到。战争的附带事件是不可避免的。如果战争长期打下去，如果目的不能很快达到，必然会长期打下去，你们州里的奴隶制就会纯粹被倾轧和摩擦消灭掉——纯粹被战争的附带事件消灭掉。奴隶制没有了，你们只落得个人财两空。奴隶制的很大一部分价值已经失去了。你们和你们的人民采取那个能够立刻缩短战争，并为那样在任何其他情况下肯定会全部丧失的东西获得优厚补偿的措施，岂不是好得多！这样来节省否则就永远扔入战争的金钱岂不是好得多！趁我们力量做得到的时候来做，免得战争很快就要使我们无钱去做，这样岂不是好得多！你们作为卖主，国家作为买主，来卖出和买进那样要不是为了它战争就决不会打起来的东西，比让这样要卖掉的东西和它的代价两者都虚掷在互相残杀中岂不是好得多！我说的并不是立刻解放，而是决定立刻逐步解放。南美洲可供移民的地方多得很，价钱也便宜得很，如果人数多得可以成群结队互相鼓励，那么，获得自由的人就不会那么不情愿去了。

我遇到一件还没有提起过的难办的事，这件事有使那些团结很不坚强的人分裂之虞。其中一个例子你们是知道的。亨特将军是个正直的人。他过去是、我希望现在仍然是我的朋友。我仍然尊重他，因为他和我抱有共同的愿望要使普天下人都获得自由。他发布了某几个州内一切人都自由的命令，我取消了那个命令。他认为他采取的措施利多于弊，我却不以为然。但是，我取消那个命令以后，即使不是得罪了许多人，至少也使许多人不满，而这些人的支持国家是决不能失去的。事情还并没有了结。我仍旧受到这方面的压力，而且压力越来越重。你们答应了我的要求，就可以在这个关键问题上把我救出来，更重要的是，可以把国家救出来。出于这些考虑，我再一次请求你们注意今年3月我向国会提出的咨文。在离开首都之前，请你们大家把它研究、商量一下。你们是爱国者和政治家，作为爱国者和政治家，我请求你们考虑一下这个建议，至少要把它推荐给你们的州和人民去考虑。你们是愿意使人民政府在全世界最优秀的人民中万世长存的，所以我恳求你们千万不要忘记这一点。我们的共同的国家正处于极大的危险，要求以最崇高的见解和最勇敢的行动使它迅速得救。一旦得救，它的政体就为全世界保全了，它的被热爱的历史和珍惜的记忆就保住了，它的幸福的未来就有了充分的保障，将变得难以想象的美好。这个难得的光荣首先给予你们，你们要确保幸福的未来，使未来变得更加美好，并且使你们自己的名字永远同它联系起来。

一二九、给雷弗迪·约翰逊的信，1862年7月26日于华盛顿[58]

亲爱的先生：你由谢普利州长转交的16日来信已经收到。从你信上看来，路易斯安那州对联邦的感情由于费尔普斯将军的进驻而正在被破坏。请原谅我认为这是一个虚假的口实。路易斯安那的人民——全都是聪明懂事的人民——完全知道我从来都不想触动他们的社会基础，或者侵犯他们的任何一项权利。尽管他们充分认识到这一点，他们还是使我不得不派军队到他们那里去，他们对费尔普斯将军进驻路易斯安那感到烦恼，这是他们自己的过错，不是我的过错。他们也知道补救的办法——知道怎样摆脱费尔普斯将军。只要把他进驻的必要性去掉就行了。他们难道不应该想一想他们不是已经有足够的时间这样做吗？他们如果能设想在我力量范围内比费尔普斯将军更坏的东西，他们岂不是提防一点来得好吗？他们清楚地知道避免这一切的办法，干脆就是根据老的条件参加联邦。如果他们不愿意这样做，他们难道不应该受到更重的打击而不是更轻的打击吗？你一定要说我是在用只能用来对付敌人的手段来对付朋友了。当我的敌人用刀刺我的时候，我的朋友却把我的手抓住，这种朋友不是不够诚心，就是他的智慧值得怀疑。自称朋友的这种行为比任何其他东西更使我在这次斗争中无能为力。你总记得，1861 年 4 月巴尔的摩暴徒事件的第二天你曾经对我说，我如果试图派军队越过马里兰境内前往华盛顿，马里兰对联邦的感情就全都完了。尽管如此，我还是派军队去了，结果马里兰对联邦的感情始终很深，当年秋天选出了一个立法机关，这个立法机关又选出了一个非常杰出的联邦参议员！我是一个有耐性的人——总是愿意按照基督教的悔改条件原谅人，而且也给人充分时间来悔改。但是，只要可能的话，我一定要保全这个政府。不能做的事情我当然不会做，但是我要彻底地把话说清楚，我不等到打出每一张可以打的牌，决不会在这场赌博中认输。

一三〇、给卡思伯特·布利特的信，1862 年 7 月 28 日于华盛顿[59]

先生：托马斯·J. 杜兰特先生给你的信的抄件已经看到了。写信者看来是一个聪明能干、不动情感、极其真心诚意的人。信的第一部分是着重说明路易斯安那脱离联邦法令的通过是违反绝大多数人民意愿的。这多半是正确的，从这个事实中也可得出一些教训。他们为什么允许法令生效？他们为什么不坚持自己的权利？为什么处于被动，让自己被少数人压服？他们为什么不举行群众大会，不召开自己的代表大会来表明和执行州的真正意志？如果当时组织会议有困难，那么，现在联邦军队已经前来保护他们了，为什么还不开会？政府在这整个斗争中之所以瘫痪——完全无能为力——是因为这帮人不愿为政府做任何事情，也不愿为自己做任何事情，而只要求政府不要打击它的公开敌人，唯恐他们意外地遭到打击！

杜兰特先生抱怨说，我军的进驻从多方面破坏了奴隶主和奴隶之间的关系，他认为特别可恼的是，这多少是假借国会的法令做到的，而宪法的保证则借口军事需要停止实行了。事实是，就奴隶所做的事和不做的事，都是出于同样的军事需要做和不做的。要人和要钱都是出于军事需要，如果我们不让投奔来的奴隶进入我们的战线或者把他们赶出我们的战线，我们就既得不到充足数目的人，也得不到充足数目的钱。杜兰特先生不可能不知道这方面的压力,也不可能不知道我努力限制这种压力直到他和他那样的人有充分时间自助。

对于杜兰特先生所抱怨的各项警察条例,由于不了解,我不能发表什么知情的看法。如果经验表明其中哪一项是错的,把它改正就是了。我想我能理解杜兰特先生所主张的自由贸易,他主张用这种贸易使朋友和敌人都解除封锁的压力。事实上,这样他为敌人服务比敌人能为自己服务还更有效。我并非说也并不认为杜兰特先生的目的是为敌人服务,或者说他除了国家的和爱国的目的之外还有其他目的。尽管这样,如果有一帮人,他们对作战双方哪一方都不支持,在战争激烈进行时只是急于求得自身的安宁舒适,战争结束时拥护胜利的一方,而自己毫无损失,这帮人建议的进行战争的方式就会和他的方式一模一样。他一点没有谈到联邦人所担负的责任,显然根本没有想到。他甚至认为,禁止他们在哪一方都不支持的情况下从事贸易和来往是对联邦事业有害的。他们不用碰一张帆或一只泵,只要作旅客——而且是免票乘船的旅客——舒舒服服渡过风浪,平安到达彼岸。不仅如此:哪怕一个叛变者也不能去碰一碰,唯恐这些至高无上的旅客受到意外的伤害。如果路易斯安那的那些自命拥护联邦的人既不帮助政府镇压叛乱,又不允许政府不用他们帮助自行镇压叛乱,那么,路易斯安那的叛乱当然就永远也镇压不了。我认为,真正的补救办法同杜兰特先生提出的办法是大不相同的。补救办法并不是把战争的棱角磨光,而是要把战争的必要性去掉。路易斯安那人民要想他们的人身财产得到保护的话,只要伸出手去拿就是了。让他们诚心诚意地重新确定国家的权威,同时成立一个符合宪法规定的州政府。

他们知道怎么去做,他们在做的时候将会得到军队的保护。一旦这个州政府不需要军队保护了,军队马上就撤退。那时,这个州的人民就可以按照老的宪法规定爱怎么自治就怎么自治。这真是非常简单和容易的事情。

如果他们不愿意这样做,如果他们宁愿为了摧毁政府而甘冒一切危险,那就请他们想一想,我到底会不会为了使他们不致失去一切而把政府拱手交出去。如果他们拒绝我的建议,你根本不用问我会怎么做。你处在我的地位会怎么做?你会让战争半途而废吗?或者,你以后会用装着玫瑰香水的接骨木水枪来开战吗?你会宁可给对方较轻的打击而不给他们较重的打击吗?你会不把所有能用的办法都用过就认输吗?我不想吹牛。我不做超过自己力量的事,我将尽我的一切力量去保全政府,这是我宣过誓的责任,也是我个人的心愿。我做任何事情都不怀恶意。我对付的事情过于重大,不是恶意所能对付得了的。

一三一、给奥古斯特·贝尔蒙特的信,1862年7月31日

亲爱的先生:你本月9日在新奥尔良写给W先生的信的摘录已经看到了。你没有说出写信者的名字,但他显然是一个能干的人,也许还有点名气。他说:“现在是林肯先生必须采取决策的时候了。他要想人人都讨好,结果一个人也不会满意。在重要问题上采取举棋不定的方针是最糟糕的。现在是热爱祖国的正直人们

团结起来支持祖国的时候了。北部为什么不正式宣布它希望恢复过去的那个联邦?”

这样看起来,写信者认为我就是在这一点上没有方针。他为什么不读一读,不理解一下我已经说过的话呢?事实上,他想要我宣布的内容,在就职演说里,在两次致国会年度咨文里,以及在行政首脑自从就职以来发布的许多(如果不是全部)较次要的文件里,都已经有了。

打破的蛋是不能修补的,但路易斯安那现在没有别的办法,只能接受它过去在联邦所处的地位,而把已经打破的蛋抛开不计。它这样做得越快,补不起来的东西的数量就越小。本政府不能一直进行这样一场赌博,它把赌注全押上去了,它的对手们却什么也没押。那些敌人们必须懂得,他们不能去做搞垮政府的试验。如果搞了十年还搞不垮,再安然无恙地回到联邦来。万一他们想要原来那个联邦的话,那么我同写信者一起说:“现在是时候啦。”

写信者在新奥尔良军队的保护下这样做,要比坐在小房间里给北部写信发牢骚好多少啊!

一三二、给阿·加斯帕林伯爵的信,1862年8月4日于华盛顿[60]

亲爱的先生:你1862年7月18日发自瑞士沃州奥尔布的非常亲切的信已经收到了。对里士满来说,最糟糕的是士气低落,而且是每况愈下。我们目前正处于停顿,很快就会像我们所希望的那样重新奋起。在那一系列战斗中,在人力和物力方面,敌人的损失比我们重,而且他们肯定比我们经不起损失,我认为这样说是正确的。

在我们这里,每个士兵都是一个有个性的人,对待他一定要比欧洲的习惯做法多考虑周到一些。正因为如此,我们的大军由于一些比起在欧洲要更为细小的事由,已迅速减少,必须比预期时间更早一些发动一次新的征召。不过,我们将很容易地完成招募新兵的任务。你如果听说其中一部分将采取征兵的办法可别吃惊。人民现在正强烈要求政府采取这个措施,这连我也觉得奇怪,但却是事实。许多人本人不愿入伍,却急于出钱找替身,只要能让他们确信处境相同的不愿入伍的人也不得不这样做。此外,志愿兵绝大多数想参加新建立的团,征来的兵则可以派去补充老的团,一个人对一个人来看,他们的价值几乎高了一倍。

你问:"北部军队那么多,为什么常常竟会以占劣势的人数去同南部军队面对面较量?"尽管我痛心地知道这个事实,但一个军人——我不是军人——能更好地回答这个问题。我知道这个事实并没有被忽视,它所以会继续存在,主要由于其他一些事实:敌人占据的是内线,我们占据的是外线;在我们活动的地方,人民向敌人通风报信,而敌人活动的地方,人民却什么信息也不传送给我们。

承蒙你寄给我书和信,已经都收到了,对此请接受我衷心的感谢。你由于写作的才能在美国博得无限钦佩,由于对我们的盛情厚意和对自由原则的忠诚博得了无限热爱。

你说得很对,我们应该争取军事胜利,因为这种胜利由于对欧洲的影响,对我们是非常重要的,无论在国内或国外都是一样。但是，半年内取得一系列胜利，肃清十万多平方英里的国土，对我们的作用那么小，而仅仅半个败仗对我们损害却那么大，这好像是说不通的。不过我们还是耐心点好。

我非常高兴地获知我的方针没有和你关于礼俗和策略的见解相抵触。我只能说，我是根据我最好的信念，不抱私心或恶意行事的，依靠上帝帮助，我将继续这样做下去。

一三三、在华盛顿一次联邦集会上的讲话，1862 年 8 月 6 日

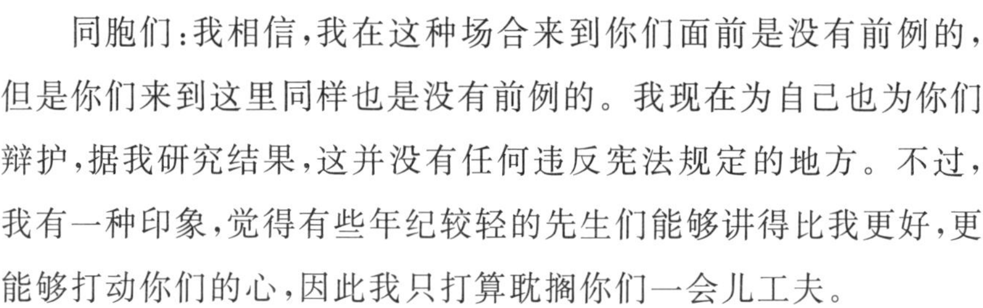

同胞们：我相信，我在这种场合来到你们面前是没有前例的，但是你们来到这里同样也是没有前例的。我现在为自己也为你们辩护，据我研究结果，这并没有任何违反宪法规定的地方。不过，我有一种印象，觉得有些年纪较轻的先生们能够讲得比我更好，更能够打动你们的心，因此我只打算耽搁你们一会儿工夫。

我在随便哪个场合，除非希望说过以后会产生好的效果，就什么也不想说。我现在想到的唯一的一件别人未必会比我说得好的事情是，我们听到有些人因为我本人所做的事而受到责备。许久以来，一直广泛存在一种企图，想使麦克莱伦将军和陆军部长不和。我所处的地位使我能够观察到，这两位先生的不和远远不如某些自命为他们的朋友的人之间的不和那样严重。麦克莱伦将军的态度是这样的，由于天性自私使然，他必然巴望打胜仗，而我也希望他打胜仗；陆军部长的情况也完全相同。如果陆军司令官们

在战场上不能打胜仗，那么，不只是陆军部长，就连我自己——目前我是他们两位的上司——也非失败不可。我知道麦克莱伦将军希望打胜仗，我也知道陆军部长更希望他打胜仗，而我比他们两人更希望他打胜仗。有时候，我们因为麦克莱伦将军有多少兵力的问题发生争执。那些想贬低他的人说他的兵力非常多，而那些想贬低陆军部长的人则一口咬定麦克莱伦将军的兵力非常少。产生争执的原因是：麦克莱伦的名册上的总人数同能够实际打仗的人数之间有很大的差别，而目前这种差别恐怕比往常更大。那些想贬低他的人指的是纸上的总人数，而那些想贬低陆军部长的人指的则是目前能打仗的人数。麦克莱伦将军要求的东西，陆军部长有时候没有给他。麦克莱伦将军要求他需要和缺乏的东西，这没有错，陆军部长没有东西可给，所以没有给，这也并没有错。我要在这里说：据我知道，任何时候，凡是我能够给他的东西，陆军部长一样也没有少给。我对陆军部长没有什么可指摘的。我认为他是一个勇敢和能干的人，我在这里声明，正如公道需要我做的那样，对陆军部长的一切指责，都由我来承当，和他无关。

我已经说得比原来打算说的多了，现在我利用我的特权不再多说了。

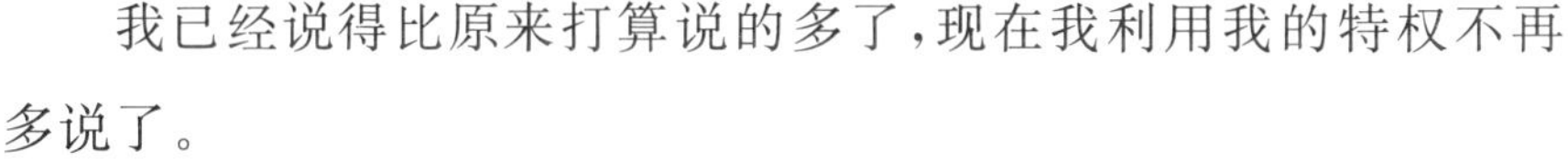

一三四、对一个黑人代表团就开拓移民地的讲话，1862 年 8 月 14 日

依我看，你们这个人种正蒙受着任何民族所蒙受过的最大的

冤屈。但即使你们不当奴隶了,你们也还远远没有和白种人处于平等地位。白种人享受到的好处,你们有许多享受不到。人类的壮志是自由自在地和最优秀的人平等相处,可是在这个广阔的大陆上,你们人种里却没有一个人和我们人种里的一个人处于平等地位。你们即使去到待你们最好的地方,禁令还是照样挂在你们头上。我不打算来讨论这件事,而是把它当作一个我们必须应付的事实提出来。这个事实我想改变也改变不了。对于这个事实,我和你们想法一样,感受也一样。我们着眼的是实际情况。由于这个大陆上存在着两个人种,关于奴隶制对白人所产生的影响,我就用不着对你们多说了。

我认为奴隶制对白种人有许多坏影响。请你们先看看我们目前的情况——国家正在打仗——我们白人自相残杀——谁都不知道会扩大到什么地步——然后再来考虑一下我们认为是确切的事实。要不是为了你们黑种人,我们白种人之间就不会打起来,尽管两方中的每一方都有许多人对你们根本毫不关心。尽管如此,我再说一遍,要不是奴隶制,要不是黑种人这个根子,战争是绝对打不起来的。因此,最好是让我们大家分离。我知道,你们当中有些是自由民,这些人,即使他们的条件可以改善,也不会像那些当奴隶的、能够在这个条件下获得自由的人那样愿意离开这个国家。我认为,开拓移民地方面一个最大的困难,是自由的黑人不能理解离开这个国家可以增进他的康乐。你们也许以为你们在华盛顿或在美国别的地方度你们的余年,可以度得和在任何一个外国一样好,或许更好些,因此你们就断定,到外国去的念头和你们无关。

这是一种极端自私的看问题的方法(我这样说并没有恶意)。

你们应该做些事情来帮助那些不像你们自己那样幸运的人。我们白种人不愿意(尽管这种心情也许是残酷的)让你们自由黑人和我们待在一起。如果你们能给白人一个机会,你们就可以打开一扇大门,使许多人获得自由。如果我们一开始就和那些不自由的、其智能受到奴隶制影响的人打交道,我们做工作的材料就少得可怜。如果有才智的黑人,就像在我面前的人,肯在这方面采取行动,那就大有可为。极其重要的是,我们一开始就要有能够像白人一样思考的人,而不是那些常年饱受压迫的人。你们可以从很多方面受到鼓舞。为了你们的种族,你们应该牺牲一点目前的利益,争取在这方面和白人一样高尚。在人的一生中,想到你能做点事情来改善那些备受虐待的人的处境,这是令人愉快的。一个人做人对得起自己,并要求和创造他的伟大的上帝有血缘关系,这个人是不大会受苦的。在美国独立战争中,参加战争的人们作出了牺牲,但他们永远被后世称颂。华盛顿将军自己如果始终做一个英国臣民的话,也不会吃这么多苦。但他却是一个幸福的人,因为他从事于造福他的种族的工作,为同胞的孩子们做事情,自己却一个孩子也没有。

利比里亚移民地存在至今已经很久了。从某种意义上说它是成功的。利比里亚的老总统罗伯茨刚到我这儿来过,这是我生平第一次和他见面。他说,他们那块移民地人口约在三十万和四十万之间,比我们的某几个老的州,例如罗得岛州或特拉华州,或其他几个比较新的州多,比某几个比较大的州少。他们并不都是美国的移民或移民的后代。从我国送往那里的不到一万两千人。许多原来的移民已经死掉;但是,像别处的人一样,他们的子孙在数量上超过了死者。问题就来了:如果劝黑人到什么地方去的话,为什么不到那儿去呢?

不愿去的理由之一,是你们有些人宁愿留在你们出生的国家附近。我不知道你们对我们白种人有多少好感。我并不认为你们有充分的理由去爱他们。但无论如何你们对他们还是有好感的。

我想用作移民地的地方是在中美洲。它离我们比利比里亚近,——比去利比里亚的路程的四分之一远不了多少,乘轮船七天可到。和利比里亚不同,它是一条通途,是水陆交通干线。那个地方非常好,任何人都能适应,自然资源极其丰富,有许多有利条件,特别因为气候和你们本土差不多,所以很适合你们的身体条件。我看中的地方是从大西洋或加勒比海到太平洋的一条交通干线,这个地方具有移民地的一切有利条件。它的两旁有许多港口——世界上最优良的港口。其次,迹象表明那里有非常丰富的煤矿。一定数量的煤对于任何一个国家都是宝贵的。我之所以这样看重煤,是因为它使居民在准备好永久安家落户前有立刻就业的机会。如果你把移民送到一个没有好的落脚点的地方,他们就没有什么机会,送到没有土地可以耕作、没法办农场的地方去情况也是如此。但是如果开头就有准备,一到那里马上就有饭吃,那就大大有利。我认为煤矿是开创事业最理想的东西。

现在言归正传——我已经对你们谈了这个问题,说明有些人对那个地方,包括那里的煤矿很感兴趣,想干一番事业。我们知道白人和黑人一样都是为自身利益着想的,否则我们这辈子就完全想错了。除了那些智能有缺陷的人之外,每个和你们做生意的人都要得点好处。这种情况到处都是一样的。如果这种人能占到便宜,问题就来了,难道你们就不能占到便宜吗?你们是聪明人,懂得成功与其靠外来的帮助,还不如靠自力更生。因此,主要还得靠你们自己。至于煤矿,我认为你们自力更生的办法是有的。如果你们有足够的人数愿意干,我将作出一个规定,使你们不至于受到委屈。如果你们愿意干这个事业,我将把托付给我的钱拿一部分出来。我并不能肯定你们会获得成功。政府可能会失去这笔钱;但是我们不尝试就不能获得成功。我们认为,只要认认真真去做,我们是会成功的。中美洲的政治形势并不像我希望的那样令人满意。那里有许多相互斗争的党派;但是,所有各党派在移民这个问题上是一致的,他们需要移民,而且比我们这里还要慷慨,这却是事实。

对于你们黑种人他们没有异议。我要尽力使你们和最优秀的人处于平等的地位,而且确信你们将会和最优秀的人处于平等的地位。

有一件实际的事我要探知:当我提供鼓励和保护的证据的时候,我到底能不能够弄到一批身强力壮的人,愿意带着他们的妻子和孩子去。能够有一百个还算聪明的人,愿意带着他们的妻子和孩子去,可以这么说,“自谋生路”吗?能够有五十个吗?如果我能找到二十五个身强力壮的人,加上一些妇女和儿童,——我认为妇女和儿童在家庭关系中是好东西——我就可以有一个成功的开端。希望你们让我知道这到底能不能做到。这是我想见你们的一个实际原因。这些问题是极其重要的,值得研究上一个月,而不是一个小时的讲话就解决得了的。因此,我要求你们认真考虑一下,这个问题不仅仅关系到你们自己,也不是眼前为了你们的种族和

我们的种族，它是这样一件事，这件事处理得好，将造福人类——不仅限于目前的一代人，而是

歌曲代代相传，
　传给亿万子孙，
余音回荡飞远，
　直到千古永恒。

一三五、给霍勒斯·格里利的信，1862年8月22日于华盛顿[61]

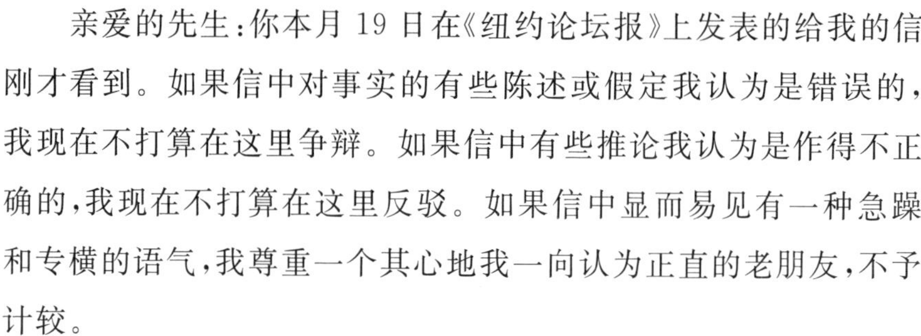

亲爱的先生：你本月19日在《纽约论坛报》上发表的给我的信刚才看到。如果信中对事实的有些陈述或假定我认为是错误的，我现在不打算在这里争辩。如果信中有些推论我认为是作得不正确的，我现在不打算在这里反驳。如果信中显而易见有一种急躁和专横的语气，我尊重一个其心地我一向认为正直的老朋友，不予计较。

至于你所说的我“似乎在执行的”政策，我从来没有想让任何人感到怀疑。

我要拯救联邦。我要在宪法指引下通过最简捷的途径去拯救联邦。政府的权力恢复得越快，联邦就越接近于“原来那个联邦”。如果有人认为除非能同时拯救奴隶制否则他们就不愿去拯救联邦，对这种人我是不赞成的。如果有些人认为除非能同时摧毁奴

隶制否则他们就不愿去拯救联邦，这种人我也是不赞成的。我在这场斗争中的最高目标是拯救联邦，而既不是保全奴隶制，也不是摧毁奴隶制。如果我能拯救联邦而不解放任何一个奴隶，我愿意这样做；如果为了拯救联邦需要解放所有的奴隶，我愿意这样做；如果为了拯救联邦需要解放一部分奴隶而保留另一部分，我也愿意这样做。我在奴隶制和黑人问题上做了些事情是因为我相信那将有助于拯救联邦；有些事我所以克制不做，是因为我认为那将无助于拯救联邦。如果我认为我做的事情对联邦的事业不利，我就尽量少做，如果我认为我做的事情对联邦的事业有利，我就尽量多做。我一旦发现错误，就努力克服，一旦发现某些新的观点是正确的，就立即采纳。

这里我只是根据我对所担任的政府职务的理解说明了我的意图；对于我经常表示的一切地方的一切人都应获得自由这一个人愿望，我是决不会改变的。

一三六、给麦克莱伦将军的电报，1862年9月12日于华盛顿

柯廷州长来电：

据报杰克逊正从威廉斯波特渡过波托马克河，叛军将从马里兰全部撤走。

今天未从哈波斯渡口或马丁斯堡获得任何消息，而来自惠林方面的确实消息则说，该线已被切断，证实敌人正重新渡过波托马

克河这一看法。请勿令敌未受重创即行逃逸。

一三七、对芝加哥各教派要求总统公布解放宣言的一个委员会的答词，1862年9月13日[62]

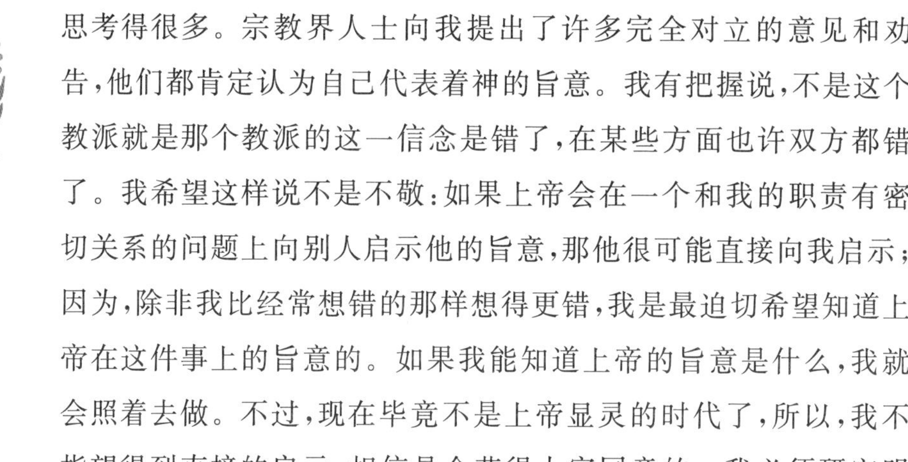

请愿书中提出的问题我几星期来，甚至可以说几个月来一直思考得很多。宗教界人士向我提出了许多完全对立的意见和劝告，他们都肯定认为自己代表着神的旨意。我有把握说，不是这个教派就是那个教派的这一信念是错了，在某些方面也许双方都错了。我希望这样说不是不敬：如果上帝会在一个和我的职责有密切关系的问题上向别人启示他的旨意，那他很可能直接向我启示；因为，除非我比经常想错的那样想得更错，我是最迫切希望知道上帝在这件事上的旨意的。如果我能知道上帝的旨意是什么，我就会照着去做。不过，现在毕竟不是上帝显灵的时代了，所以，我不指望得到直接的启示，相信是会获得大家同意的。我必须研究明摆着的具体事实，弄清楚哪些事情是可能的，哪些事情是明智和正确的。

问题是困难的，好心的人们意见不合。比方说，前一天，纽约有四位有身份、有知识的先生组成一个战争有关事务代表团来见我。在离去之前，他们当中有两位先生热切地恳求我公布总的解放宣言，另外两位先生听了马上把他们骂了一顿。你们也知道，国会上届会议反奴隶制的议员占绝对多数，但他们在这个政策上却无法团结一致。宗教界的情况也是如此。哎呀，叛军士兵们做起祈祷来恐怕要比我们自己的军队认真得多，期望上帝袒护他们一方。我们有一个士兵曾经被俘虏过，他几天前告诉威尔逊参议员说，他在叛军那里看到的事情中最叫人泄气的，莫过于那些人做起祈祷来一本正经的样子。不过我们还是来讨论一下这样做的好处吧。

我发表一个解放宣言会有什么好处呢，特别是在我们目前的处境下会有什么好处呢？我不愿意发布一个会被全世界看作肯定不起作用的文告，就像教皇反对彗星的空话一样。如果我连在叛乱诸州实施宪法都做不到，我的一句话难道倒能使奴隶获得自由吗？那里会有一个法院、一个官员或一个人受它影响吗？国会最近颁布了一项经我批准的法令，对逃到我们阵线里来的反叛奴隶主的奴隶提供保护和自由，有什么理由认为解放宣言对奴隶的影响会比那项法案的影响来得大呢？可是据我所知，那个法案并没有使得哪怕一个奴隶投奔到我们这里来。即使我的一份自由宣言能诱使他们全部投奔过来，我们又拿他们怎么办呢？这么多人如何管他们吃，如何照料他们？不多几天前，巴特勒将军写信告诉我说，他发给投奔到他那里的奴隶的口粮，要比发给他部下的所有白人士兵的口粮还要多。他们要吃，事情就是这样，尽管巴特勒将军的确也在管许许多多白人吃，因为那儿等于在闹饥荒。现在，如果战争的压力需要我们把军队从新奥尔良调去保卫另外一个地方，有什么办法可以不让奴隶主使黑人重新当奴隶呢？因为我听说，叛乱分子一抓住黑人俘虏，不管是自由民还是奴隶，马上就把他们

拍卖掉。几天前，一条船在田纳西河里搁浅，船上的人被他们抓去，就被拍卖掉了。为了这件事，我还受到非常小心眼的攻击哩！比方，在上次布尔河战役结束以后，从华盛顿派出一支队伍，打着白旗，去埋葬死者和运回伤员，但是叛乱分子却把那些前去帮忙的黑人抓住，送他们去当奴隶，霍勒斯·格里利在他的报纸上说政府恐怕不会对这件事采取行动。我能采取什么行动呢？

所以，请你们告诉我，发布一个像你们所希望的那种宣言究竟会有什么好处？你们要明白，我并不是根据法律或宪法的理由反对这样做；因为，作为陆海军总司令，我认为我在战时有权采取任何一种能最有效地使敌人屈服的措施。我也并非是鉴于南部可能发生起义和大屠杀而提出道德性质的反对意见。我是从切实可行的战争措施角度看待这个问题的，要看它对于平定叛乱有利还是不利来决定。

我承认奴隶制是叛乱的根源，或至少是不可缺少的条件。政治家可能受野心的唆使而采取行动，但他们如果没有奴隶制作为工具将无能为力。我也承认解放奴隶将会在欧洲给我们助力，使欧洲人相信激励我们的不只是雄心，还有别的东西。再有，我承认它对北部多少也有点好处，不过恐怕不像你们和你们代表的那些人想象的那么大。尽管如此，对战争总还可以增加一点力量，它毫无疑问会夺走叛乱分子的劳动力，从而削弱他们的力量，这是十分重要的。但是我不肯定黑人能帮我们很大的忙。如果把他们武装起来，我担心要不了几星期，武器就会落到叛乱分子手里；何况到目前为止，我们的武器确实连装备我们的白人军队也不够。我还要提一件事，尽管这只会惹你们嘲笑，让你们看不起。联邦军有五万兵力是从边界蓄奴州来的。如果由于公布一个像你们所希望的那样的宣言，他们跑到叛乱分子那里去了，那问题可就严重了。我并不以为他们都会去——的确不会像一年前或者六个月前那么多——现在不会像过去那么多。他们对联邦的感情正与日俱增。他们也在发挥他们的自豪感，要打败叛乱分子。让我再说一点：我想你们应该承认，由于立宪政府正处在危险中，我们已经有了一个重要的原则，可以使人民在这个原则下集合和团结起来。这个基本观念比什么都更深入人心。

千万不要因为我提出了这些反对意见而对我产生误会。这些反对意见说明我迄今所遇到的困难使我无法采取你们所希望采取的行动。我并不反对发布一个给奴隶以自由的宣言，而是要对这件事郑重考虑。我可以肯定地告诉你们说，这件事日日夜夜挂在我心上，超越任何其他事情之上。只要是上帝的意志我都愿意去做。我希望我这样坦率地讨论了你们的意见，并没有在任何方面伤害了你们的感情。

一三八、摘自《初步解放宣言》，1862年9月22日[63]

我，美利坚合众国总统、陆海军总司令亚伯拉罕·林肯特此宣布，此后正如此前一样，战争进行的目的将为实际恢复合众国和各州以及各该州人民之间的宪法所规定的关系，此种关系在各该州内业已或可能暂告中断或受到干扰。

我将在国会下次会议上再次建议通过一项实际措施，对所有其居民当时没有反叛合众国，而这些州当时已自愿采取或今后将自愿采取在各自领域内立即或逐步废除奴隶制的所谓蓄奴州给予资助，此项资助由各州自行决定接受或拒绝。使非洲人后裔移居本大陆或其他地方的努力将在非洲人后裔本人以及事先取得的移民地政府的同意下继续进行下去。

从公元 1863 年 1 月 1 日起，凡在当地居民那时尚在反叛合众国的任何一州之内或一州的指明地区之内作为奴隶被占有的人，都应在那时及以后永远获得自由。合众国政府行政部门，包括陆海军当局，将承认并保障这些人的自由，当这些人或他们中的任何人可能为自己的实际自由而作任何努力时，不采取任何压制他们的行动。

行政首脑将于上述的 1 月 1 日，以公告指明哪些州或哪些州的哪些地区的居民那时尚在反叛合众国（如果有的话）；在那一天，任何一州或该州居民在合众国国会中有大多数合法选民参加的选举所选出的国会议员忠实地代表他们，这种事实如无强有力的反证，则将被视为该州及其居民没有反叛合众国的确实证据。

一三九、给爱德华·埃弗雷特的介绍信，1862 年 9 月 24 日于华盛顿

致有关方面：爱德华·埃弗雷特即将前往欧洲。鉴于他的声望以及目前我国的情况，他到那里访问必然会引起注意，也可能会

被误解。因此我认为必须声明：他此行并未负有本政府的使命，但是，没有一个人比他更能纠正外国人心目中对美国形势的误解。

尽管我推荐他供那些他可能见到的人考虑，但我清楚地意识到，他在欧洲替我作介绍能够比我替他作介绍作得更好。

一四〇、对“小夜曲”[①]的答词，1862 年 9 月 24 日

我来到你们面前，只是为了领受你们给我的好意，并对你们表示感谢。你们在这个场合给我这样的光荣是为了什么，我还不清楚，不过我猜想那恐怕是为了宣言的缘故。我所做的事情是经过非常郑重的考虑的，而且是怀着极其沉重和严肃的责任感做的，我只能信赖上帝我没有做错。这里我不打算做任何解释来支持我所做过的事情或说过的话。现在要让全国和全世界来对宣言作出判断，也许还对它采取行动。

对这个问题我不再多说了。处在我这个地位，真是困难重重，但是，同那些正在战场上竭力用鲜血和生命换取我国未来幸福和繁荣的人所遇到的困难比较起来，我的这些困难就未必那么严重了。我们决不可以忘记他们。在本月的 14 日和 17 日，他们打过几场胜仗，打得真勇敢，真漂亮。详细情况还不知道。我们一定要

① 《初步解放宣言》发表的当天晚上，歌手们在白宫阳台下演唱歌曲，表示庆贺。“小夜曲”即指所演唱的歌曲。——译者

切记，在赞扬某个人的时候，不要委屈了其他的人。我只请求你们在我简短的讲话结束以后，为所有打这些胜仗的英勇官兵们三呼万岁。

一四一、给汉尼巴尔·哈姆林的信，1862年9月28日于华盛顿[64]

亲爱的先生：你25日的亲切来信刚收到。有些人知道，虽然我希望宣言会产生一些作用，但我并不像某些朋友那样抱过分乐观的希望。它对南部发生作用的时机尚未成熟，但在北部却应该立竿见影。

宣言发表已经六天了，尽管报纸和名人们交口称誉，对一个追求虚名的人来说于愿已足，但股票下跌，军队进展速度空前缓慢。这种情况清醒地正视起来，是不太令人满意的。我们在战场上的军队六天之后的今天比六天前少——老兵的损失在数目上超过新兵的补充。北部对宣言的反应在口头上很强烈；但单靠嘴里说是杀不死叛军的。

我但愿能写得更欢快些就好了。尽管如此，对你信中的好意我仍然表示感谢。

一四二、对上帝意志的沉思，1862年9月30日(?)

上帝的意志胜过一切。在大规模的斗争中，每一方都自称遵照上帝的意志行事。双方都可能是错的，有一方必然是错的。上帝不能在同一个时候对同一件事既表示赞成又表示反对。在目前这场内战中，上帝的意图很可能和任何一方的意图都有所不同；但是，人类的手段实行起来，最适合于实现他的意图。我几乎准备说这大概是正确的，即上帝愿意有这场斗争，而且眼前还不愿它结束。上帝单凭着他对目前斗争双方心灵上的伟大力量，本来可以不借手人类的斗争就保全联邦或消灭联邦。可是斗争还是开始了。既然已经开始，他可以在任何一天给任何一方以最后胜利。但斗争还是继续进行下去。

一四三、摘自给麦克莱伦将军的信，1862年10月13日于华盛顿

亲爱的先生：你总还记得我对你说过你做事过分谨慎。当你说你不能做敌人经常在做的事情的时候，你还不是过分谨慎吗？你难道不应该断言你的本领至少和敌人一样大，并且根据这个断言来采取行动吗？据我所知，你打电报给哈勒克将军，说你无法供

养你在温切斯特的军队，除非从哈泼斯渡口到该地的铁路畅通无阻。但敌人目前却确实在供养他们在温切斯特的军队，而他们离铁路交通比你如果没有上述铁路要走的路程几乎远一倍。敌人现正从卡尔佩珀法院大厦用运货车运输物资，路程正好比你从哈泼斯渡口出发大约长一倍。敌人的运货车的数量肯定不及你的一半。你如果能充分利用从哈泼斯渡口到温切斯特的铁路，我当然非常高兴，但是要打通铁路，就会把余下的秋天的日子白白浪费掉，实际上忽视了时间问题，而这个问题是不能也决不应该忽视的。还有，你知道，有一条关于战争的准则："在不暴露自己交通线的前提下尽可能破坏敌人的交通线。"你的做法仿佛这个准则对你只有坏处，没有好处。和敌人对换位置看看，你难道不认为敌人会在二十四小时内就破坏掉你和里士满之间的交通吗？你怕敌人进入宾夕法尼亚；但敌人如果用全部兵力这样做，就会把交通线全都送给你，你什么也不用做，只要跟在后面消灭他就是了。如果敌人不是用全部兵力这样做，那么，攻击和打垮他剩在后面的部队就更容易了。不计算水路在内，把你能走的路线和敌人必然要走的路线相比，你目前离里士满比敌人近。除非你承认敌人在行军方面比你强，否则你为什么不能在敌人之前赶到那里？敌人的路线是半圆形的，你的路线是直的。道路的情况双方都是一样的。你知道我希望你，但并没有命令你从申南多和蓝岭的下方而不是上方渡过波托马克河。我的看法是，这样立刻就能威胁敌人的交通线，只要敌人容许就加以占领。

如果敌人向北移动，我就占据他的交通线，紧追不舍。如果敌人防我们占领他的交通线而向里士满移动，我就紧紧压住他，一有机会就打他;至少要试一试从内线打他,把他打往里士满。我说“试一试”,如果不试,就永远别想成功。如果敌人在温切斯特停下来,既不向北也不向南移动,我就在那里同他打,我的设想是,如果我们以逸待劳还不能打败他,那我们要出动去打他,就永远不能打败他。这是个简单的道理,极其重要,切勿忘记。敌人来打我们的时候,就让我们占了便宜,我们决不可放过。我们决不可仅仅把他赶走就算数。既然我们最终一定要在什么地方打败敌人,那我们在近的地方打比在远的地方打容易。如果我们不能在敌人目前所在的地方打败他们,那我们就永远也不能打败他们,因为他们又会躲到里士满的堑壕里去了。

一四四、给麦克莱伦将军的电报,1862 年 10 月 24 日于华盛顿

马匹喉痛疲劳电悉。请原谅我问一下:使谁都疲劳的安提塔姆战役结束后,你军的马匹都干了些什么?

一四五、给麦克莱伦将军的电报,1862 年 10 月 27 日于华盛顿

昨电悉。我当然无意冤屈任何人,如事已如此,深为遗憾。军队已五个多星期无所事事,在此期内,我们已将所有可能获得的马

匹——总数达七千九百一十八匹，送往你军。而现竟被告知骑兵的马匹过于疲劳，行动不得，则前景实在暗淡，几乎绝望，可能迫使我在电报中说了些不耐烦的话。如马匹尚未获补充和休整，则何时能行？河水可能正在上涨，我乐于相信你军正在渡河。

一四六、给麦克莱伦将军的电报，1862年10月27日于华盛顿

本日下午三时要求以应征入伍者补充老团电悉，将尽可能照办。

现请明确答复下列问题：在各州正在征集的人编入老团之前，你是否不拟再采取行动？

一四七、解除麦克莱伦将军的职务并作其他调动的命令，1862年11月5日

奉总统谕，兹命令解除麦克莱伦少将波托马克军团司令的职务，由伯恩赛德少将接任该军团司令。伯恩赛德少将原担任的该军团的军长职务由亨特少将接替。解除菲茨—约翰·波特少将在该军团的军长职务，由胡克少将接替。

总司令受权即刻或很快发布上述内容的命令，时间以他认为适当为准。

一四八、守安息日的命令，1862年11月15日于华盛顿

总统、陆海军总司令希望并命令全体陆海军官兵有秩序地守安息日。规定的每周一次的休息对于人和牲畜的重要性、基督徒士兵和水兵的神圣权利、对基督教人民最佳感情的尊重以及对上帝意志的应有敬畏，凡此一切都要求在陆海军里的星期日劳动应减少到严格必要的程度。国军的纪律和声望不应由于亵渎安息日或至高无上者的名字而受到损害，他们所保卫的事业也不应因此而遇到危险。“在这万众忧伤的时刻”——借用华盛顿在1776年所说的话——“人们可以在为上帝和祖国服务中找到足够的事情做而不必陷入罪恶和不道德的罗网。”国父在《独立宣言》后发布的第一个公告中指明了我们的制度所赖以建立的并应永远加以维护的精神。“将军希望并且相信每一个官长和士兵都将努力按照基督徒士兵的身份去生活和行动，保卫祖国的最宝贵的权利和自由。”

一四九、给G.罗伯逊的信，1862年11月20日于华盛顿，未发出

亲爱的先生：昨天的快信收到。我相信你对美国经典著作（如

果真有这类东西)是很熟悉的,也许还记得帕特里克·亨利的一篇演说,他在其中说到独立战争年代里有一位名人完全不顾国家的困难,只是"声嘶力竭地叫喊:'牛肉! 牛肉!! 牛肉!!!'"

你难道不知道。我如果发布一个其明显目的是把逃亡奴隶交还原主的命令,还不如干脆放弃这场斗争来得好吗?

一五〇、给路易斯安那军管州长 G. F. 谢普利的信,1862 年 11 月 21 日于华盛顿[65]

亲爱的先生:持信人肯尼迪博士有点担心,非路易斯安那州公民的联邦官员可能会当上该州的国会议员候选人。依我看,这样一次选举不可能有什么意义。我们并不特别需要从那里来的国会议员来使我们能够同这里的立法机关融洽相处。我们所需要的是真凭实据:路易斯安那可敬的公民愿意当国会议员,并宣誓支持宪法,而那里的其他可敬的公民则愿意投票选举和保送他们。把一批北部人当代表送到这里来,这些人可能被认为是(也许果真是)在刺刀尖下选举出来的,这种做法是可憎的和蛮横的。我如果是这里的国会议员,就会投票反对把席位给予任何这样的人。

一五一、给谢普利州长的信，1862年11月21日于华盛顿

亲爱的先生：你本月6日给陆军部长的信已交到我手里。我从信中不愉快地获悉，到那天为止，在国会选举方面什么事情都没有做。在10月14日，我曾经就这件事给巴特勒将军、你本人和其他人写过一封信，由布利格尼先生转交。我现在不得不遗憾地推论，到本月6日为止，你根本没有看到过那封信。现随信附上该信抄件一份。另外还有一封今天早晨关于同一件事给你的信的抄件，原信已由肯尼迪博士面交。请你对两封信都加以注意。

我希望路易斯安那进行国会议员选举；但我希望由该地区人民来进行，而不是由我们驻那里的军事和准军事当局来进行。我只不过希望我们的军事当局给人民一个机会——保护他们，防止脱离联邦势力的干扰。当然，选举是不能严格按照法律程序进行的。根据州法律，1月以前恐怕没有选举日，而负责选举事务的官员多半也不会工作。这些问题必须解决，主要目的是表达民意。如果他们愿意自己来确定一个日子和方式，那当然最好；但他们如果袖手旁观，似乎不知道该怎么做，那你就应该出布告替他们决定这些事情。一天也不要耽搁，要尽快确定选举的日子，使我们这里能在1月1日之前听到选举结果。要在各区确定一个选举的日子，在尽可能多的地方进行选举。

一五二、给班克斯将军的信，1862年11月22日于华盛顿

亲爱的班克斯将军：上星期初你向我保证说，你将率领远征军在那个星期末或本星期初出发，当时我曾经满怀希望。现在已经是本星期末了，而我刚看到一份你发出的申请书，使我目瞪口呆，不知所措。人家向我保证说，要弄到和发出这份申请书里的东西，一定要两个月，少一个小时也不行。随信附上申请书抄件一份，但愿它不是真的，你从来没有看到过。亲爱的将军，迄今为止，这样无限制扩充和积聚辎重几乎叫我们破产了，如果不改弦易辙，最后就一定会破产。如果申请书里要的东西都给你运到码头上，有足够的牲口可以派用场，又有足够的草料给牲口吃，你在两星期内也根本收集不到船只来运送所有这些东西，更别说你的两万个士兵了。而且，即使有了船，再两个星期也无法把货物装上船。何况，归根到底，你去的那个地方根本不需要这些东西。你和我分手的时候脑子里并没有这种念头。我知道你没有这种念头，否则你不可能预期像你所说的那样快就出发。你应该恢复你的原定计划，否则你还没有出发，你的远征计划就已经失败了。你应该在国会开会前出发。你无论去哪一个地方，尤其你正在去的地方，最好还是不要随带一千辆货车，这些货车什么用处都没有，只是装运草料，用来饲养拉货车的牲口，而且至少要两千人来照料货车和牲口。否则，这些人就可以是两千精兵。亲爱的将军，不要以为这封

信有什么恶意,而是恰恰相反。只要把申请书公布出去就会使你身败名裂。

一五三、给卡尔·舒尔茨的信,1862年11月24日于华盛顿[66]

亲爱的先生:刚收到和看了你20日的来信。这封信主要是说我们在新近的选举中已经失败,由于战事失利,政府正摇摇欲坠,并说我不能自以为按理无须对此负责。我当然知道,如果战争失败,政府就倒台,那我不管是否罪有应得,都将受到责怪。要是我原来能干得更好些而没有干的话,那就应该受到责怪。你认为我能够干得更好些,因此你已经在责怪我了。我想我不能够干得更好些,因此我责怪你不该责怪我。我知道你现在愿意接受那些非共和党人的帮助,只要他们"有心"。同意。我不要其他的人。但谁来判断心或者"有心"呢?如果我必须放弃自己的判断而接受你的判断,那我也必须接受别人的判断;一旦到了我必须摒弃人家劝我摒弃的一切时,我就将一无所有,共和党人或其他人——连你本人也没有了。因为,亲爱的先生,请你相信,毕竟也有些"有心"人认为你扮演你的角色就和你认为我扮演我的角色一样蹩脚。我当然对布埃尔和麦克莱伦的行动迟缓感到不满。不过我在解除他们的职务以前,有很多顾虑,唯恐找不到能干得更好的人来接替。而我遗憾地补充说,到目前为止,那些顾虑一直很少消除。

我看不到有采取任何更迅速的行动的希望。我担心我们终于

将认识到困难是在于我们的事业而不是在某几个将军身上。我不想贬低任何人——当然不想贬低那些同情我的人。但我必须说，我需要成功，更甚于需要同情。据我所见，我从同情者那里获得成功的证据，不比我从那些被指责为持相反态度的人那里获得成功的证据大多少。我确实觉得，在战场上，这两种人就他们所做的以及没有做的来说，几乎是一模一样的。在用鲜血来确证忠诚方面，贝克、莱昂、波伦和理查森这些共和党人做得不能再彻底了，但他们是不是比卡尼、史蒂文斯、雷诺和曼斯菲尔德（他们当中没有一个是共和党人，其中至少有几个被人一再向我激烈地指责为同情脱离联邦者）做得更多些呢？我不会去做那种把失败事例相比较的白费力的事情。

你问："战争一开始，敌人就不断从一位像托马斯副官长那样重要官员的心腹下属那里获得情报，这件事报纸上难道没有披露，并显然已被证明为事实吗？"对于这个问题，据我所知，我必须回答说："不对。"我还要补充说，你如果能在这个问题上提出确实证据，我将邀请你到华盛顿来当众提出。

一五四、摘自致国会的年度咨文，1862年12月1日

一个国家可以说是由它的领土、人民和法律组成的。领土是唯一有一定持久性的部分。"一代人逝去，另一代人降临，但领土却永远存在下去。"充分地考虑和估计这个永远存在的部分是极其

重要的。美国人民在地球上占有和居住的这片土地只适合作为一个民族大家庭的家园，而不能作为两个或两个以上民族大家庭的家园。它那广阔的幅员和多样化的气候和物产在过去时代不管曾对多少个民族有利，现在却只对一个民族有利。随着蒸汽机、电讯等现代发明的到来，一个统一的民族会具有更大的优越性。

我在就职演说中曾扼要指出把分裂联邦作为解决两个地区人民之间的争端的办法是完全不恰当的。……

没有一根线，直的或弯的，适宜作为据以分裂的国界。我们从东到西，沿着自由州和蓄奴州之间的界线走，就会发现三分之一多一点的长度是容易渡过的河流，在河的两岸聚居着或很快就会聚居着众多的人口；而余下的长度几乎全都仅仅是测量员的线，人们可以在线上走过来走过去，根本不觉得线的存在。这根线的任何一部分即使把它作为国界写在纸上或羊皮纸上，通过起来也不见得会难些。如果脱离联邦成为事实，脱离部分就只好放弃逃亡奴隶法以及被脱离部分所承担的其他一切宪法规定的义务，而我估计决不会再订一个条款来代替。

但是另外还有一个困难。内地广大的地区，与其接壤东面是阿利根尼山脉，北面是英国自治领，西面是洛矶山脉，南面是栽培玉米和棉花的分界线，它包括弗吉尼亚的 部分，田纳西的一部分，肯塔基、俄亥俄、印第安纳、密执安、威斯康星、伊利诺伊、密苏里、堪萨斯、衣阿华、明尼苏达以及达科他准州、内布拉斯加准州的全部和科罗拉多准州的一部分，这里人口已经有一千万以上，如果不受任何政治上的愚行或错误的干扰，五十年之内将增加到五千万。它拥有合众国三分之一多的国土，面积肯定在一百万平方英里以上。它的人口一旦像马萨诸塞州一半那样稠密，就会超过七千五百万。从地图上一眼就可以看出，从领土角度讲，它是共和国的主体。其余部分不过是它的边缘地区，从洛矶山脉往西向太平洋倾斜的广大地区则蕴藏着最纵深也是最富饶的未开发的资源。就生产粮食、谷物和牧草以及它们的一切副产品来说，这块广大的内地自然是世界上最重要的地方之一。统计资料告诉我们，迄今这个地区只有很小一部分已被开发，同时它的产品正在大量迅速地增加，它所提供的前景的宏伟将使我们瞠目结舌。但是这个地区却没有海岸，没有一个地方接近海。作为国家的一部分，内地人民现在正而且将永远没法借道纽约到欧洲，借道新奥尔良到南美洲和非洲，借道旧金山到亚洲。但是，按照目前叛乱分子的设想把我们这个共同的国家分成两个国家，这样一来，广大内地的每一个人就都被切断了一个或更多的出口——切断的手段也许不是有形的障碍，而是麻烦和讨厌的贸易规定。

这条分界线无论划在哪里都会产生同样的情况。把它划在目前的自由州和蓄奴州之间，或者划在肯塔基以南或俄亥俄以北，线以南还是没有一个人能同线以北的任何一个港口或地方进行贸易，线以北还是没有一个人能同线以南的任何一个港口或地方进行贸易，除非根据一个和他们无关的政府决定的条件。这些东面、西面和南面的出口，对于居住在和即将居住在这块广大内地的人民的幸福是分不开的。要问这三方面的出口哪一方面最好，这种问法是不恰当的。全部三方面要比任何一方面好，而且所有三方面按照应享的权利都永远属于那些人民和他们的子孙后代。他们忠实于自己，不会问分界线将划在什么地方，而是会发誓宁可不要这种线。边远地区对从这些交通线到广大的外部世界去也一样感兴趣。它们，它们当中的每一个地区，也必须有一条到这个西方的埃及去的路，而无须在通过任何国界时付通行费。

我们国家的内乱不是起源于我们永久存在的部分，不是起源于我们居住的土地，不是起源于我们民族的家园。要分离就只会使我们中的灾难增加而不会减少。就它的一切适应力和自然倾向来说，只能联合，不能分裂。事实上，不管分裂将会流多少血，损失多少财富，它总是非很快重新联合不可。

我们这场冲突是我们自己的，是上几代人的；随着这一代人的逝去，这个冲突将会在没有剧烈震动的情况下永远平息下去。

我们说我们是赞成联邦的。全世界不会忘记我们是这样说的。我们知道怎样来保全联邦。全世界知道我们确实知道怎样来保全联邦。我们——即使在这里的我们——拥有力量，也负有责任。我们给了奴隶自由，同时也就保证了自由人的自由——我们给奴隶以自由，维护自身自由，都是同样光荣的。我们将高贵地保全或卑劣地失去人间最后的、最好的希望。其他方法也许会成功；这个方法决不会失败。道路是清楚的、和平的、大度的、公正的——只要走这条路，全世界就会永远赞美我们，上帝一定会永远赐福我们。

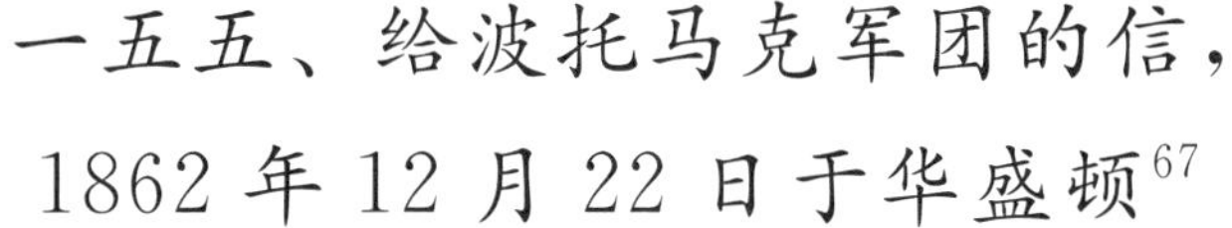

一五五、给波托马克军团的信，1862年12月22日于华盛顿[67]

波托马克军团：我刚看到你们的司令官关于弗雷德里克斯堡

战役的报告。尽管你们没有获胜，但这次进攻并没有错，失败也只是偶然的。你们在开阔地上同设防坚固的敌人英勇作战，冒着敌人的炮火以熟练的技能成功地来回强渡河流，显示了你们具有一支伟大军队应该具备的一切优良素质，这种素质将使国家和人民政府的事业赢得胜利。

我和送葬者一同为死者哀悼，向重伤者表示慰问，但伤亡相对来说是很小的，为此我向你们表示祝贺。

全体官兵们，我代表全国人民向你们致谢。

一五六、《最后解放宣言》，1863年1月1日[68]

合众国总统曾在公元1862年9月22日发表过一项宣言，其部分内容如下：

> 从公元1863年1月1日起，凡在当地居民那时尚在反叛合众国的任何一州之内或一州的指明地区之内作为奴隶被占有的人，都应在那时及以后永远获得自由。合众国政府行政部门，包括陆海军当局，将承认并保障这些人的自由，当这些人或他们中的任何人可能为自己的实际自由而作任何努力时，不采取任何压制他们的行动。
>
> 行政首脑将于上述的1月1日，以公告指明哪些州或哪些州的哪些地区的居民那时尚在反叛合众国（如果有的话）；

在那一天，任何一州或该州居民在合众国国会中有大多数合法选民参加的选举所选出的国会议员忠实地代表他们，这种事实如无强有力的反证，则将被视为该州及其居民没有反叛合众国的确实证据。

因此，我，合众国总统亚伯拉罕·林肯，现在依据实际发生反对合众国的权力与政府的武装叛乱时期作为合众国陆海军总司令被授予的权力，作为镇压上述叛乱的一个适当的、必需的战争措施，特于本日——公元1863年1月1日，按照我在上面第一次提到的日期公开宣布至今已足足有一百天的、要这样做的意图，命令指明这一天当地居民处于反叛合众国状态者有下列诸州及下列一些州的部分地区：

阿肯色州，得克萨斯州，路易斯安那州（圣伯纳德、普莱克明斯、杰弗逊、圣约翰、圣查尔斯、圣詹姆斯、阿森松、阿森普欣、特雷波恩、拉伐什、圣玛丽、圣马丁与奥尔良等教区及新奥尔良市除外），密西西比州，亚拉巴马州，佛罗里达州，佐治亚州，南卡罗来纳州，北卡罗来纳州和弗吉尼亚（西弗吉尼亚的四十八个县与柏克利、阿康玛克、诺桑普敦、伊丽莎白城、约克、安公主、诺福克等县及诺福克和朴次茅斯两市除外）。上述除外地区目前仍严格维持本宣言颁布之前的原有状况。

为了上述目的，我依据职权，正式命令并宣布凡在上面指明各州及一些州的部分地区之内作为奴隶被占有的人，从现在起永远获得自由；合众国政府行政部门，包括陆海军当局，将承认并保障上述人们的自由。

我特此责成这些被宣布获得自由的人，除非出于必要的自卫，不得有任何暴力行为；我劝告他们，在一切允许的情况下，他们应当忠实地为合理的工资而劳动。

我进一步宣布和声明：条件合适的那一部分人将被允许参加合众国武装部队，守卫堡垒、阵地、兵站和其他地方，以及在上述武装部队的各种舰只上服役。

我真诚地相信这一措施是正义的措施，它出于军事需要，合乎宪法规定。我祈求人类对之作出慎重判断，全能上帝对之赐予恩典。

一五七、给麦克利南德将军的信，1863年1月8日于华盛顿

亲爱的先生：你由斯凯茨少校送来的有意思的信已经收到。我一向要求所有的州和所有的州的人民，能够在合众国宪法的规定下，占有和保持他们在联邦的地位和权利，我从来没有要求得多些，也不愿意接受得少些。仅仅为了这个缘故，我觉得有权来进行斗争，现在我既不要求多些，也不要求少些。还是用一个粗俗但生动的比喻："破蛋是不能修补的。"我已经颁布了《解放宣言》，不能再把它收回。在战争开始以后，我思想斗争了将近一年半时间，想不去触动"奴隶制"；当我最后有条件地决定去触动它的时候，我向所有的州和人民说明了我的意图，给了他们一百天限期，在那段时间里，他们只要重新成为合众国的好公民，就可以平安无事。

他们决心对它置之不理，我就发布了最后的宣言，我认为这是出于军事需要。既然已经发布了，就必须坚持下去。至于宣言里没有列名的州，它们当然可以像过去一样享有在联邦中的权利。即使宣言里列名的州的人民，如果愿意的话，也并非一定要遭受损失。他们只要大体遵照最受赞许的逐步解放奴隶的计划，对黑人实行徒工制，依靠政府给他们的资助，日子可以过得几乎就像目前的纠纷没有发生那样好，而要比战争如果继续进行下去好得多。

至于担心我“有意使南部的白人做奴隶或把他们消灭掉”，我简直不相信这种担心会存在。那太荒唐了。我认为你可以作我的见证，证明在任何情况下，我这个人是最不用担心会过分严厉的。

如果你提到的朋友们果真希望按照老的条件获得和平，那么，他们应该马上采取行动。多一天事情就难办一天。

就我这方面来说，他们可以绝对安心地去做。

一五八、给曼彻斯特工人的信，1863年1月19日于华盛顿

曼彻斯特工人们：我荣幸地收到了你们在新年前夕寄给我的贺信和决议。当我于1861年3月4日通过合乎宪法规定的自由选举开始主持美国政府时，国家正处于内战边缘。不管出于什么原因，不管是什么人的过失，我总之面临着一个高于其他一切的任务，那就是：立即维护联邦共和国的宪法和领土完整。矢志不渝地履行这个任务，是政府现在所采取的以及今后所要实行的一切措

施的关键。在我们的政体和我的就职誓言下，我即使要违反这个宗旨也有所不能。政府为了公共安全必须随时制定政策，但是这些政策所产生的心理结果，政府却并不总是有力量来扩大或缩小它的范围。

我充分理解自卫的责任完全落在美国人民身上；但同时我也一直意识到，外国的赞成与否对于扩大或延长我国正在进行的对不忠分子的斗争有很大影响。适当地研究一下历史就可以证实这样一个信念：美国以往的行为和影响一般都被认为是有利于人类的。因此，我指望各国会采取克制态度。各种情况——其中有些情况你们已经好意地向我指出——使我特别盼望：只要美国做得公正和有信义，他们就不会遭到英国方面敌对势力的阻挠。我愉快地领受你们所表示的愿望，即你们的女王议会会对我国抱和平友好的态度，女王在大西洋彼岸这个亲戚国家所受到的敬爱仅次于在贵国。

我知道曼彻斯特和全欧洲的工人都不得不在这场危机中受尽苦难，对此我非常痛心。有人常常故意这样声称，推翻这个建立在人类权利基础上的政府，并代之以一个完全奠基于人类奴役的政府的企图很可能获得欧洲的支持。由于我们不忠公民的行为，欧洲的工人们一直受到严峻的考验，目的在强迫他们认可这个企图。在这种情况下，我只能把你们在这个问题上所表示的坚决态度当作是任何时代、任何国家都未曾有过的最崇高的基督教英雄主义的一个例证。这的确是关于真理的固有力量，关于正义、人性和自由必将最后在全世界获胜的有力的和鼓舞人心的确证。我毫不怀疑，你们所表达的思想感情将会受到你们的伟大国家的支持；而另一方面，我毫不犹豫地向你们保证，你们的这种思想感情将会在美国人民中间激起赞美、尊敬和最共同的友好感情。因此，我为这种感情的交流欢呼，把它作为一个预兆：不管今后还会发生些什么事情，不管你们的国家或我自己的国家还会遭到什么不幸，贵我两国之间现存的和平和友谊将会像我切望的那样万古长青。

一五九、给胡克将军的信，1863年1月26日于华盛顿[69]

将军：我已经任命你为波托马克军团司令。当然，我这样做自以为是有充分理由的，不过我想最好还是让你知道，在有些事情上我对你是不大满意的。我相信你是一个勇敢而有才能的军人，这我当然是喜欢的。我同样也相信你并不把政治和你的职业混同起来，你这样做是对的。你自信心强，这即使不是一种必不可少的品质，也是一种宝贵的品质。你富有野心，这在合理范围内与其说有坏处，不如说有好处。但我认为，在伯恩赛德将军统帅军团的时候，你曾经在你的野心的唆使下尽量和他作梗，你这样做，对于国家，对于一个功勋卓著和可敬的兄弟军官，都是极其不应该的。我曾经听说，而且不由不信以为真，即你最近说过军队和政府都需要一个独裁者。我让你当司令当然不是因为你说了这番话，但尽管如此，我还是让你当了司令。只有那些打胜仗的将军才能扶植起独裁者。我现在要求你的是在军事上打胜仗，至于独裁政权就由我来冒一下险罢。政府将竭尽全力来支持你，就像过去支持过、今

后还将支持所有的司令官一样，不多也不少。我十分担心你过去努力在军队里灌输的那种批评司令官和对司令官不信任的风气现在将会对你起作用。我将尽力帮助你制止这种风气。当这种风气在军队里流行的时候，无论是你，还是拿破仑再生，都别想从这支军队得到好处。再有，你要提防轻率。要提防轻率，要斗志昂扬、百倍警惕地前进，给我们打胜仗。

一六〇、给伦敦工人的信，1863 年 2 月 2 日于华盛顿

伦敦工人们：你们寄给我的新年祝词已经收到了，祝词中的崇高和人道的感情我深为赞赏。

由于这些感情显然是英国自由制度的持久支柱，我也确信它们是全世界自由制度的唯一可靠基础。

美国人民的资源、地利和力量是极其巨大的，他们因而也担负着同样巨大的责任。他们似乎需要考验一下：一个建立在人类自由原则上的政府到底能不能抵挡住那种要建立一个完全以人类奴役为基础的政府的企图而存在下去。他们将和我一同欢庆你们的活动所提供的新的证据，即他们正在表现的高尚行为已经获得国外真正热爱自由和人道的朋友的公正评价。

请接受我对你们的个人幸福以及对全体英国人民的快乐幸福的最好祝愿。

一六一、给亚历山大·里德牧师的信，1863年2月22日于华盛顿

亲爱的先生：你以美国基督教委员会总负责人的身份邀请我主持今天将在本市众议院大厅举行的会议的请帖，已经收到了。

虽然我由于我认为是充分的理由不能主持会议，但我不能不对会议以及会议的崇高目的表示赞许。凡是为了正在履行艰巨职责的陆海战士的利益而真诚地和以上帝名义安排的事情，都应该受到赞美。凡是有助于使我们的思想摆脱像我们这样一场民族大动乱容易产生的盲目和不仁的激情、偏见和嫉妒，并使它集中于斗争将产生的深远和持久的结果，无论是祸是福，特别是为了正义获得最后胜利而加强我们对上帝的信赖，凡此一切必然对我们大家都有好处。

华盛顿的诞辰和大安息日今年正好是在同一天，使人联想到今世和来世的最高利益，这对于拟议中的会议是个最吉利的兆头。

一六二、给亨特将军的信，1863年4月1日于华盛顿

亲爱的先生：我很高兴地看到了关于你的黑人部队在佛罗里达州杰克逊维尔的报道。我了解到敌人正在向他们猛烈攻击，这

是理所当然的。对于敌人来说，重要的是不让这样一支部队在南部形成、发展和壮大，而对于我们来说，恰恰同样重要的则是让它形成、发展和壮大。因此，我们方面必须十二万分小心警惕。敌人会格外努力地去消灭他们，而我们则应该格外努力地去保护他们并增加他们的人数。

一六三、在胡克将军对里士满作战计划上的批示，1863 年 4 月 11 日

我的意见是，目前敌人正好在我们前面，我们没有一条合适的路线可以进入里士满。因此，争论到底是拉帕汉诺克路线好，还是詹姆士河路线好，就显得毫无意义。我们的主要目标应该是在我们前面的敌军，而根本不是在里士满或里士满周围的敌军，除非它同主要目标有连带关系。

那怎么办呢？敌我两军正在对峙，中间隔着一条狭窄的河流。我们的交通线比敌人短，也比敌人安全。由于这个缘故，用同样的兵力，我们消耗敌人，就可以比敌人消耗我们来得多。我认为，敌人向华盛顿偷袭丝毫不能打乱波托马克军团的部署。敌人在远处没有活动，无法把波托马克军团调走一部分；我们却有这种活动，可以把敌人调开，至少可以把一部分敌人调开。当敌人兵力未受损失的时候，我认为我们不应该在不利条件下去攻打设防坚固的敌人；但我们应该不断扰乱和威胁敌人，使他们不能从容地或安全地把部队派遣出去。如果敌人的兵力削弱了，那就应该向他们发

动猛攻。

一六四、攻克维克斯堡后给格兰特将军的信,1863年7月13日于华盛顿[70]

亲爱的将军:我不记得你我曾经见过面。我现在写这封信,是向你对国家作出的几乎无法估价的贡献表示感谢。我还想再多说一句。当你最初到达维克斯堡附近时,我以为你应该做你最后所做的事——使部队通过瓶颈地带,让炮兵连和运输队一同行进,然后向下游进发。除了笼统地希望你比我懂得多以外,我绝对不相信牙阻山口之类的远征能获得成功。当你往下游走并占领吉布森港、大海湾及其毗邻地区时,我认为你应该沿河而下,和班克斯将军会师,而当你转向北,向大布来克以东前进时,我担心你是做错了。现在我要承认,你是对的,我错了。

一六五、葛底斯堡战役后给米德将军的信,1863年7月14日于华盛顿,此信未署名亦未发出[71]

我刚看到你打给哈勒克将军的电报,说由于我对你的所谓非难,要求解除你的司令职务。对于葛底斯堡大捷你给国家作出的贡献,我是非常、非常感激的;如果我使你感情上受到哪怕一丝伤害,我也觉得非常抱歉。但当时我自己正陷于极深的苦恼,忍不住要把它发泄一点出来。自从葛底斯堡战役以来,我几乎一直受到一些证据的烦扰,即你本人和库奇将军以及史密斯将军不打算和敌人接触,而是想不再打一仗,放敌人渡河逃跑。你如果要知道这是些什么证据的话,我想等以后我们大家都心平气和一点再告诉你。情况大致是这样的:你在葛底斯堡和敌人打了一仗,把敌人打败了,当然,至少可以这样说,敌人的损失和你的损失一样重。敌人撤退了,而你呢,我看似乎并没有对敌人紧追不舍。但这时河里涨洪水,把敌人阻住了,这样你慢慢地又追上了敌人。你身边至少有两万老兵,在驰援距离内的新兵也有此数,另外还有在葛底斯堡和你并肩作战的部队,而敌人却不可能获得一个兵员的补充。可是你却按兵不动,让洪水退尽,让桥搭起来,眼看敌人从容不迫地跑掉而不去追击。还有库奇和史密斯!根据一般正常估计,史密斯离开卡莱尔正赶得上在葛底斯堡最后一仗中助你一臂之力,可是他却迟迟没有赶到。过了十天,我相信是十二天,在不断催促下,他才从卡莱尔到了哈格斯镇,两地之间距离至多只有五十五英里,而库奇的行动也没什么两样。

还有,亲爱的将军,我认为你对李的逃跑所造成的严重恶果并没有充分认识。他当时就在你的掌握之中,只要跟踪合围,再加上我们新近获得的其他胜利,战争就可以结束了。而现在,战争将无限期拖下去。要是你上星期一不能有把握地攻击李部,现在你在河南,兵力只有原来的三分之二,又怎么能向他进攻呢?现在要指望你有多大成就是不合理的,我也不指望了。你已经错过了大好时机，这使我感到无限烦恼。

请不要认为我的这番话是要指控你，或存心和你为难。正因为你已经知道我不满，我才觉得最好还是诚恳地把不满的原因向你讲清楚。

一六六、给霍华德将军的信，1863 年 7 月 21 日于华盛顿

18 日来信收到。李渡过波托马克河逃跑使我万分痛心，因为彻底击溃他的军队本来就可使战争结束，也因为我认为要击溃他是极其容易的——我认为米德将军和他的杰出的军队施展了全部技能，耗尽了全部劳力和鲜血，但到了丰收在望的时候，却把收成白白地浪费了。

也许我的痛心是被加重了，因为我一直相信——这个信念已尽可能反复对人讲过——只要多加注意，往波托马克河以北移动的叛军主力就永远回不去，也因为葛底斯堡的军事行动使我大喜过望，更增强了我这种信念。几天过去了，我现在对已经做到的深为感谢，对没有做到的不再非议。

米德将军是一个智勇双全的军官和忠实的人，我对他十分信任。

一六七、给伯恩赛德将军的电报，1863 年 7 月 27 日于华盛顿

让我解释一下。格兰特将军在攻克维克斯堡后的第一个电报中说，他将把第九军派遣给你。我想你也许会高兴听到这个消息，所以请陆军部长打电报告诉你。由于格兰特将军从未告诉我们的某些原因，第九军并未派来，虽然我们从别的报告中看到它参加了针对杰克逊的远征。格兰特将军工作做得很多，仗也打得很多，但信却写得很少，电报也发得很少。他无疑是由于某种充足的理由改变了关于第九军的主意，却忘记通知我们了。

一六八、给莫尔顿的信，1863 年 7 月 31 日于华盛顿

亲爱的先生：你的宪兵司令部上级军官们一直对你啧有烦言，并以“一贯不服从命令和玩忽职守”的理由坚决要求将你撤换。我对你的爱国主义的动机是坚信不疑的，所以在你这个问题上，我不愿做任何一件可能显得不必要地严厉或与我个人一向尊敬器重你的感情不一致的事情。我认为你在你的地区所做的工作是有价值的，失去了十分可惜。不过，用不着我说明，当政府的军官之间产生意见分歧的时候，下级必须服从上级。你当然和我一样清楚地

懂得这条规则的重要性。我希望你下决心在司令部的制度规定下继续担任你目前的职务。希望你给我写信。

一六九、给林肯夫人的信,1863年8月8日于华盛顿[72]

亲爱的妻子:一切如常,反正没有特别麻烦的事。我已把钱存入财政部,年息五厘,享有早三十天通知随时可取的优惠。我想你知道了一定高兴。请告诉亲爱的塔德,可怜的“南妮山羊”不见了,卡思伯特太太和我都非常难过。你走的那天,人家还看见“南妮”在塔德的床当中休息,嚼她的一点点反刍的食物;可是现在不见了!花匠老是抱怨她把花踩坏了,最后决定把她送进白宫来。一送往白宫,第二天她就不见了,从此没有影踪。这是我们最后一次听到可怜的“南妮”的消息。

一七〇、给詹姆斯·哈克特的信,1863年8月17日于华盛顿

亲爱的先生:几个月前我收到你的大作和附寄的亲切的信,就应该给你回信的,现在只好请求你原谅我当时没有回。

对于一个像我这样年龄的人来说,戏看得很少。我第一次看到《福尔斯泰夫》是去冬或今春你在这里演出的。我能够作的最好的赞扬也许是说，而且我确实要说，我非常想再看一遍。莎士比亚的有些剧本我从来没有看过，但有些剧本也许就和每一个非职业化的读者一样经常捧读。后者包括《李尔王》、《理查德三世》、《亨利八世》、《哈姆莱特》，特别是《麦克贝斯》。我认为《麦克贝斯》是无与伦比的。它精彩极了。

和你们伶界的先生们不同，我认为《哈姆莱特》中以"啊，我的罪过是显贵"开始的独白，比以"生存还是毁灭"开始的那段来得好。不过请原谅我发表这么一个小小的评论。我真想听你朗诵《理查德三世》的开场白。你很快就会再来华盛顿访问吗？如果来的话请来看我，我愿和你交个朋友。

一七一、给 J. C. 康克林的信，1863 年 8 月 26 日于华盛顿[73]

亲爱的先生：你邀请我参加将于 9 月 3 日在伊利诺伊首府举行的无条件支持联邦者群众大会的信已经收到了。对我来说，趁此机会在我自己的家乡去和我的老朋友们见面是非常愉快的，但我目前抽不出那么多时间离开这里来参加会议。

参加这次会议的都是无条件忠于联邦的人。我有充分把握说，政界的老朋友们会感谢我代表国家给予那些人和其他高尚的人以谢意，对于这些高尚的人，任何党派的恶意或党派的希望都不能使他们叛卖国家。

也有些人对我是不满的。对这些人我要说：你们渴望和平，因为没有获得和平而责怪我。可是我们怎样才能获得和平呢?只有三个办法:第一,用武力平定叛乱。我正在努力这样做。你们赞成吗?如果赞成,那我们在这一点上就取得一致了。如果你们不赞成,第二个办法就是解散联邦。这个办法我是反对的。你们赞成吗?如果赞成,你们就应该老老实实说出来。如果你们既不赞成使用武力,又不赞成解散联邦,那么,可想而知就只有妥协了。我认为目前要达成保全联邦的妥协是不可能的。所有我了解的情况都导向一个截然相反的认识。叛乱的力量在于其武力,在于其军队。那支军队统治着它范围内的全部土地,全部人民。由那个范围内的一个人或几个人提出与那支军队意见相反的条件,这在目前是完全没有意义的,因为即使和这样一个人或几个人达成了妥协,他们也根本没有力量去把他们那方面的妥协的内容付诸实施。

举例说,假定南部的难民和北部的和事佬聚在一起开会,制定并公布一个恢复联邦的妥协案。有什么办法能够用那个妥协案把李的军队拒之于宾夕法尼亚门外呢?米德的军队能够把李的军队拒之于宾夕法尼亚门外,而且,我认为,能够最后把它消灭掉。可是李的军队的控制者不同意的任何纸上妥协,根本不能影响那支军队。花气力搞这样的妥协案只会浪费我们的时间,而敌人则会趁机加强他们的力量,对我们不利。事情就是这样。一个妥协案要有效的话,必须要么同那些控制叛军的人签订,要么同由于我们自己的军队打胜仗而首先从叛军统治下解放出来的人签订。现在,请允许我向你们保证,到目前为止,我还从来没有听到过叛军,或任何一个控制叛军的人,说过或暗示过一句关于和平妥协的话。所有一切与此相反的指示和暗示都是骗人的,没有根据的。我向你们保证，今后如果提出任何这样的建议的话，决不会被拒绝，也不会向你们保密。我坦白承认，根据美国宪法给我规定的职责，我是人民的仆人，作为仆人，我要向他们负责。

不过说实在的，你们在黑人问题上对我是不满的。你我在那个问题上很可能有意见分歧。我当然希望一切人都能自由，而我认为你们却并不希望如此。但是，我既没有采取也没有提出任何哪怕和你们的观点不一致的措施，只要你们赞成联邦就行。我建议实行有补偿的解放，对此你们回答说你们希望买黑人不要付税。我并没有要求你们付税买黑人，除非这样可以免除你们因为完全用其他方法来保全联邦而付出更多的税。

你们不喜欢《解放宣言》，也许还希望将它取消。你们说它是违反宪法的。我的看法却不同。我认为宪法授予总司令权力在战时实行战争法。奴隶充其量只能说是财产。根据战争法，必要时可以接管财产——无论是敌人的财产还是朋友的财产，这难道还成问题吗？如果接管财产对我们有利，或对敌人不利，这难道没有必要接管吗？敌人的财产凡是不能利用的，军队就把它破坏掉，甚至还破坏自己的财产不让敌人占有，这在全世界都是一样的。文明的交战国总是尽他们的一切力量来帮助自己或打击敌人，只有少数被认为野蛮或残酷的事情例外。这少数例外的事情包括对打败了的敌人和男女非战斗人员进行屠杀。

但是，宣言作为法律，要么有效，要么无效。如果它是无效的，就用不着取消。如果它是有效的，就无法把它取消，正如无法使死人复活一样。你们有些人自以为取消宣言对联邦有好处。为什么取消以后反而比发表以前好呢？在宣言发表以前，曾有一年半以上时间努力镇压叛乱，这一年半时间的最后一百天是在一个明确的通知下过去的：除非那些反叛分子重新效忠，就要发表宣言。自从宣言发表以来，战争进行得当然就像以前一样对我们有利。根据我对大家意见的充分了解，我们有几个打过几场极其重大的胜仗的司令官认为，解放政策和使用黑人军队已经给予叛乱分子以历来最沉重的打击，而且，要不是黑人士兵出力，这些重大胜仗中至少有一次是无法取得的。在抱这种见解的司令官当中，有几个人对所谓的废奴主义或共和党政策从来没有好感，他们抱这种见解纯粹是从军事角度考虑的。我所以提出这些见解，是因为我认为它们有一定分量，可以驳斥那些认为解放黑奴和把黑人武装起来作为军事措施是不智的，因而不该认真实行的反对意见。

你们说你们不愿为解放黑人而战斗。黑人当中有些人却似乎愿意为你们战斗。不过不要紧，你们就完全为保卫联邦而战斗吧。我发表宣言，目的就是帮助你们保卫联邦。等你们克服了对联邦的一切反抗以后，如果我还要劝你们继续战斗下去，那时你们就不妨宣布不愿为解放黑人而战斗好了。

我认为，在你们为联邦进行的斗争中，黑人停止帮助敌人到什么程度，敌人对你们的抵抗也就削弱到什么程度。你们难道不这么想吗？我认为，黑人作为士兵能做多少事情，白人士兵在保卫联邦方面也就可以少做多少事情。你们难道认为不对吗？可是，黑人就和大家一样，做事是有动机的。如果我们什么事情也不为他们做，他们又为什么要替我们做事情呢？如果他们为我们豁出生命，就一定要有个最强烈的动机来推动他们，这个动机正是给他们自由的诺言。诺言既然作出，就必须信守。

情况看来很不错。江河之父①又畅通无阻地流入大海了。这要归功于大西北军。但也不能完全归功于他们。他们行军三百英里，与新英格兰、恩派亚、基斯东和泽西的队伍汇合，东扫西荡，势如破竹。阳光明媚的南方地区也都出了力。他们在历史上的地位是当场白纸黑字写下的。这是一个全国性的伟大胜利，凡是光荣地参加过的人，都不应该被忘记。尽管那些扫清这条大河的人值得骄傲，但即使那样的胜利也并不是独一无二的。很难说哪里的仗比安提塔姆、穆弗里福罗、葛底斯堡以及其他许多不太著名的战场上打得更勇敢，更出色。山姆大叔的蹼足动物也不应被忘记。他们出现在一切临水的地方。不只在深海、在宽阔的海湾和湍急的河流上，而且也在狭窄、泥泞的沼泽里，哪里的地湿了一点，哪里就有他们的踪迹。谢谢大家：为了伟大的共和国——为了它赖以生存和保持活力的原则——为了人类的远大未来——谢谢大家。

和平看来已不像过去那样遥远了。我希望它很快到来，来了就保持下去；而且要值得千秋万代保持下去。这样就可以证明，在自由的人们当中，不求诸选票而求诸枪弹的做法是不会成功的，采取这种做法的人肯定会遭到失败并付出代价。到那时，将有一些黑人会记得：他们曾默默无语，咬紧牙关，端起刺刀，凝视前方，为人类取得这个伟大的成就作出了贡献。相反，我倒担心有些白人将无法忘记：他们曾心怀恶意，口出谎言，千方百计地阻挠人类获得这个伟大的成就。

但是我们不要对迅速取得最后胜利过分乐观。我们应该保持

① 指密西西比河。——译者

清醒的头脑。我们要孜孜不倦地运用一切办法，决不要怀疑公正的上帝会在他认为适当的时候给予我们应有的结果。

一七二、摘自给 J. H. 哈克特的信，1863 年 11 月 2 日于华盛顿

我给你的信我当然没有料到会被印出来；但报纸对它的评论并没有使我非常震惊。那些评论是我毕生经历的一个相当好的样本。我已经忍受过大量不怀多大恶意的奚落，也受到过大量多少带点奚落的亲切关怀。我习惯了。

一七三、给斯坦顿部长的便条，1863 年 11 月 11 日于华盛顿

亲爱的先生：我本人希望任命新泽西的雅各布·弗里兹为黑人团上校，不管他是否知道朱利叶斯·凯撒头发的确切颜色。

一七四、在葛底斯堡国家烈士公墓落成典礼上的演说，1863 年 11 月 19 日[74]

八十七年前，我们的先辈们在这个大陆上创立了一个新国家，

它孕育于自由之中，奉行一切人生来平等的原则。

现在我们正从事一场伟大的内战，以考验这个国家，或者任何一个孕育于自由和奉行上述原则的国家是否能够长久存在下去。我们在这场战争中的一个伟大战场上集会。烈士们为使这个国家能够生存下去而献出了自己的生命，我们来到这里，是要把这个战场的一部分奉献给他们作为最后安息之所。我们这样做是完全应该而且非常恰当的。

但是，从更广泛的意义上来说，这块土地我们不能够奉献，不能够圣化，不能够神化。那些曾在这里战斗过的勇士们，活着的和去世的，已经把这块土地圣化了，这远不是我们微薄的力量所能增减的。我们今天在这里所说的话，全世界不大会注意，也不会长久地记住，但勇士们在这里所做过的事，全世界却永远不会忘记。毋宁说，倒是我们这些还活着的人，应该在这里把自己奉献于勇士们已经如此崇高地向前推进但尚未完成的事业。倒是我们应该在这里把自己奉献于仍然留在我们面前的伟大任务——我们要从这些光荣的死者身上汲取更多的献身精神，来完成他们已经完全彻底为之献身的事业；我们要在这里下定最大的决心，不让这些死者白白牺牲；我们要使国家在上帝福佑下得到自由的新生，要使这个民有、民治、民享的政府永世长存。

一七五、摘自致国会的年度咨文，1863年12月8日

在叛乱开始时做奴隶的那些人当中，目前已足足有十万人在联邦军队中服务，其中约有半数人已拿起武器服役。这样就有了双重好处：既从叛军那里夺走了大量劳动力，又充实了否则就必须由大量白人来填补的缺额。从迄今受过的考验来看，很难说他们比任何优秀的战士逊色。解放黑奴和武装黑人等措施并未引起奴隶造反或使用暴力和残酷行为的倾向。这些措施在国外受到很多议论，在议论的同时，各国的舆论是大大改变了。在国内，这些措施已被充分讨论过、支持过、批评过和斥责过，而以后的各次年度选举，对于那些其官方职责是使国家经受住这次严重考验的人来说，是极其鼓舞人心的。我们这就有了新的估计。威胁着要使联邦的朋友们分裂的危机已经过去了。

一七六、在俄亥俄州霍德利州长关于枪毙一名逃兵的信上的批示，1864年1月7日[75]

从我刚收到的信上的记载来看，安德鲁斯事件的确是非常恶

劣的。然而，在收到此信以前，我已经命令将他的刑罚减轻为在战争期间服苦役，而且已经相应地发出电报。我这样做，并非根据事情的是非曲直，而是因为要设法制止最近这种乱杀的做法。

一七七、给斯坦顿部长的信，1864 年 3 月 1 日于华盛顿

亲爱的先生：一个名叫贝尔德的穷苦寡妇，有个儿子在军队里，由于某种犯法行为而被判处长期不给军饷服役，或最多只给极微薄的军饷。我不赞成这种扣发军饷的惩罚，因为它对贫苦的家庭打击太重了。当他这样服了几个月的役之后，在可怜的母亲眼泪汪汪的哀求下，我已经指示允许他重新再服一期兵役，享受的待遇和别人一样。她现在来见我，说她不能按规定得到这种待遇。请照办。

一七八、给迈克尔·哈恩州长的信，1864 年 3 月 13 日于华盛顿

亲爱的先生：我祝贺你作为路易斯安那第一任自由州州长而名垂青史。现在你们即将召开一次代表大会，大会要做许多事情，其中之一恐怕就是确定选举权。我提一个建议请你个人考虑：可不可以让一些黑人参加选举——例如那些才智出众的黑人，特别

是那些在我们军队里英勇作战过的黑人。在今后的考验时刻，他们也许会有助于在自由的大家庭中保住自由之宝。但这仅仅是一个建议，不是对公众，而只是对你一个人提出的。

一七九、华盛顿一次保健义卖会的闭幕辞，1864年3月18日

女士们和先生们：我只来说几句话。我们正在进行的这场异乎寻常的战争沉重地落在各个阶层的人身上，但最沉重地落在战士身上。俗话说，一个人愿意把他所有的一切来换取他的生命；当大家都作出具体贡献时，战士却把他的生命置于险地，而且常常为他祖国的事业献出生命。因此，最高的功勋应该是属于战士的。

在这次异乎寻常的战争中，出现了许多在过去历次战争中从未看到过的异乎寻常的事情。在这些事情中，最突出的莫过于这些旨在救济受苦的战士及其家庭的义卖会。而在这些义卖会中，主要的经办人就是美国妇女。

我不习惯于讲谀扬的话；我从来没有研究过赞美女性的艺术。但是我必须说，如果把自古以来演说家和诗人赞美女性的话统统用在美国妇女身上，也不足以对她们在这次战争中所起的作用作出公正的评价。让我在结束时说，上帝保佑美国妇女。

一八〇、给 A.G.霍奇斯的信,1864 年 4 月 4 日于华盛顿

亲爱的先生:你要求我把那天我在你面前对布拉姆莱特州长和狄克逊参议员说的话的要点写下来。它大致如下:

“我生来就是反奴隶制的。如果奴隶制不是错误的,那就没有一样东西是错误的了。在我的记忆中,我没有一天不是这样想,这样感觉的。但是我从来没认为总统的职位给了我不受限制的权力。可以去按照这种见解和感觉采取官方的行动。我在就职誓言中说,我将尽全力来维持,保护和捍卫合众国的宪法。我不宣誓就不能就职。我也并不认为我宣誓是为了掌权,在使用那种权力时可以违背誓言。我也懂得,在一般民政方面,这个誓言甚至禁止我在奴隶制这个道德问题上任意发挥我固有的抽象判断。这一点我已经公开讲过许多次,而且是用各种不同方式讲的。肯定地说,到今天为止,我没有单纯按照我对奴隶制的抽象判断和感觉采取过官方行动。不过,我确实懂得,我关于尽全力来维护宪法的誓言赋予我责任,要用一切必要的手段来维护以该宪法为其根本法的那个政府和国家。国家失去了,宪法还能保持吗?根据一般规律,生命和四肢是必须保全的。为了保全生命,往往不得不把四肢之一截掉,但是决不会为了保全四肢之一而把生命送掉,这是愚蠢的。我认为,一些措施,本来是不符合宪法规定的,但由于它们对于通过维护国家从而维护宪法是必不可少的,结果就变得合法了。对

也好，不对也好，我反正已经采取这个立场，现在公开宣布。如果为了保全奴隶制或任何较次要的东西，我竟然容许把政府、国家和宪法全部毁掉，那么，我甚至称不上已试图尽全力维护宪法。当战争初期，弗里蒙特将军企图从军事角度解放奴隶时，我不许，因为我当时并不认为那是必不可少的需要。稍后，当时的陆军部长卡梅伦将军建议将黑人武装起来，我也加以反对，因为当时我还是不认为那是必不可少的需要。再后来，亨特将军企图从军事角度解放奴隶，我又不许，因为当时我还是不认为时机已经成熟。1862年3月、5月和7月，我接二连三地向边界州发出恳切呼吁，要求它们赞成有补偿的解放，因为我认为除非被那个措施阻止，军事解放和武装黑人必将成为必不可少的需要。边界州拒绝了这个建议，这样，按照我最好的见解，我就只有两条路好走，要么放弃联邦并连带放弃宪法，要么对黑人问题采取强硬措施。我选择了后者。在选择的时候，我是希望得多于失；不过这方面我当时还没有充分信心。现在经过一年多的考验，证明我们在对外关系方面没有受到损失，国内舆论方面没有受到损失，白人军队方面没有受到损失，任何方面或任何地方都没有受到损失。相反地，它表明我们获得了十三万士兵、水兵和劳工。这些都是有目共睹的事实，它们作为事实，是无可挑剔的。我们已经有了人；不采取那项措施，是没有办法弄到这些人的。

“现在，让每一个对这项措施不满的联邦人用这个方法来考验自己：在一张纸上写下两行字，第一行，赞成用武力平定叛乱；第二行，赞成把这十三万人从联邦方面调走，要不是由于被他谴责的这项措施，就让这十三万人待在原来会待的地方。如果他做不到这

一点，那仅仅是因为他不能正视现实。”

我再补充一句那段谈话里没有说过的话。在讲这件事的时候，我并不想赞扬我自己卓有远见。我不认为是我控制了事态的发展，而要老实承认是事态的发展控制了我。现在，在三年战争的末期，国家的形势并不是哪一个党或哪一个人当初所能设想或预期的。只有上帝才有这种资格。出路在哪里似乎是很清楚的。如果上帝要想纠正一个严重的错误，并且要我们北部人以及你们南部人为我们大家在那个错误中的同谋关系付出相当代价，那么，公正的历史将从中找到新的理由来证明和崇敬上帝的公正和仁慈。

一八一、给霍勒斯·曼夫人的信，1864年4月5日于华盛顿

夫人：一群未满十八岁的少年要求我给予一切做奴隶的儿童以自由的、开头由你署名的请愿书，已由萨姆纳参议员交给我几天了。请告诉这些小朋友，他们幼小的心灵中如此充满了公正和慷慨的同情，使我非常高兴。虽然我没有力量满足他们的全部要求，我相信他们会记住，上帝有这种力量，而且，看来上帝也愿意这样去做。

一八二、摘自在巴尔的摩一次保健义卖会上的讲话，1864年4月18日[76]

对自由这个词，世界上从未有过精确的定义，而美国人民目前正迫切需要一个定义。我们都说要争取自由，但是在使用同一个词的时候，并非都指的同一回事。对有些人来说，自由这个词可能意味着每个人都可以随心所欲地支配他自己和他的劳动成果；而对另一些人来说，这同一个词可能意味着某些人可以随心所欲地支配他人以及他人的劳动成果。这里是两件不但不同，而且完全不相容的事，都叫同一个名字——自由。结果，这两件事当中的每一件，都由有关方面用上两个不同的和不相容的名字——自由和专制。

牧羊人把正在扑向羊群的狼赶走，羊为此感谢牧羊人，称他为解放者，而狼却为此而骂牧羊人扼杀自由，尤其因为那只羊是只黑羊。很明显，羊和狼对自由这个词下的定义是不同的。今天，在我们人类中，甚至在北部，也普遍存在着这样一种分歧，虽然大家都自称热爱自由。因此，我们看到这样一种现象，对于那种每天有许多人从奴役下挣脱出来的过程，有些人向它欢呼，称它为促进自由，另一些人却痛哭流涕，说它扼杀了一切自由。马里兰人民最近似乎正在做些事情来给自由下定义，由于他们所做的事情，狼的字典已被否定了。

像我这样地位的人作长篇演说是不太适宜的，但是另外还有一个问题我觉得应该来说几句话。

我们最近听到一个令人痛恨的传闻——我担心它是事实:叛军在田纳西州西端、密西西比河上的皮洛要塞屠杀了大约三百个被优势敌人压倒的黑人士兵和白人军官。在这个关键问题上,政府到底是不是履行它对黑人士兵和服役者的责任,公众似乎有点担心。在战争刚开始和以后一段时间,并没有考虑到要使用黑人士兵,至于后来为什么会改变主意,我现在不打算花时间来解释。出于明确的责任心,我后来决心使那种力量的因素发挥作用。为此,我向美国人民负责,向基督教世界负责,向历史负责,最后向上帝负责。既经决定把黑人当士兵使用,就不得不给予他以给予其他任何一个士兵的保护。困难不是在于说明这个原则,而在于实际应用这个原则。认为政府不关心这件事,或在这件事上没有尽最大努力,那是错误的。我们至今并不知道有一个黑人士兵或有一个指挥黑人士兵的白人军官被俘后被叛乱分子杀掉。我们担心这件事,可以说相信这件事,但实际情况我们并不知道。假使我们现在以叛军杀我们的俘虏为借口,把他们的俘虏也杀掉,而事实上他们到底有没有杀我们的俘虏还没有肯定,这样做将会是个极其严重和极其残酷的错误。我们正在对皮洛要塞事件进行彻底调查;这种调查大概会最后搞清真相。如果事实证明并没有皮洛要塞屠杀那回事,那就几乎可以肯定地说其他地方也未有过这回事,将来也不会有这回事。如果确实屠杀了三百人,或哪怕只是杀了三十人,事情总会最后得到证实的,一旦得到了证实,那毫无疑问要进行报复。究竟用何种方式报复必须经过郑重考虑,但只要情况属实,肯定是要报复的。

一八三、给格兰特将军的信，1864年4月30日于华盛顿[77]

由于在春季作战计划开始前未必再能和你相晤，所以我想在信里对我所了解的你到目前为止所做的一切事表示完全满意。你的各项计划的细节我并不知道，也不想知道。你是警觉的和自力更生的，我对这点很喜欢，不想对你横加限制或约束。尽管我迫切希望使我们的人避免遭受大量伤亡或被俘，但这些事我注意到了，你也一定早注意到了。如果你需要什么东西而我能够给的，请务必告诉我。现在，求上帝保佑你，保佑你的勇敢的军队和正义的事业。

一八四、对一个卫理公会代表团的答词，1864年5月14日

先生们：在回答你们的讲话的时候，请允许我证实它那具有历史意义的陈述的准确性，赞同它所表达的思想感情，并且以国家的名义对它所作出的肯定的允诺向你们表示感谢。

政府一直受到所有各教会的慷慨支持，我不打算说一句可能会开罪任何一个教会的话。但是，除此以外，可以公平地说，卫理公会和最好的教会一样虔诚，由于其人数较多，是所有教会中最重要的一个。卫理公会比任何其他教会向战场输送更多的士兵，向医院输送更多的护士，向上苍输送更多的祈祷，但这并不是其他教会的过失。上帝保佑卫理公会。感谢所有的教会，也感谢上帝，因为上帝在我们的这次伟大考验中给了我们教会。

一八五、给艾德博士等人的信，1864年5月30日于华盛顿

在回答你们给我以荣誉、向我递交美国浸礼会国内布道团的序言和决议的时候，我只能感谢你们又为各基督教团体如此热心地给予国家和给予自由的有效和几乎一致的支持增添了一份力量。的确，很难想象任何宣称信奉基督教的人，或哪怕有一般是非观点的人能够不那样做。我们在《圣经》中读到的上帝的原话是："你将从你脸上流的汗中吃到面包[①]"，有人却从中宣扬什么"你将从别人脸上流的汗中吃到面包"，我觉得这无论如何不能说是真心诚意的。到最终检点我一生所为时，但愿我不要因为抢过他人的财物而担负罪责；不过这比起抢夺他人的人身以及他的全部所有，倒还更可宽宥些。一二年前，当南部那些自称献身宗教的人在祈祷和礼拜的幌子下举行集会，以说过"你们愿意人怎样待你们，你们也要怎样待人[②]"这句话的上帝的名义，呼吁基督教世界帮助他

① 此句见《新约全书·创世纪》第四章第十九节，原译为"你必汗流满面才得糊口"。——译者

② 见《新约全书·路加福音》第六章第三十一节。——译者

们去对整整一个种族的人做他们决不愿意人家对他们自己做的事情的时候，我觉得他们是藐视和侮辱了上帝和他的教会，远远比魔鬼用地上的王国来引诱救世主为甚。魔鬼的企图也不过如此虚诳，而伪善程度却要轻得多。可是，我不多说了，要记住《圣经》里还有这样一句话："不要议论别人，免得别人也议论你。"①

一八六、对全国联邦党代表团祝贺林肯再次被提名为总统候选人的答词，1864年6月9日[78]

先生们：对于你们的主席的亲切的话我只能回答说，我十二万分感谢代表大会以及全国联邦党再次给予我的信任。讲话里面对个人的赞扬我当然是感觉到的，但是我要使自己相信其中只有极小一部分将被视为对个人的赞扬。代表大会和全国联邦党开会其实是有一个更高的目标——照管国家目前和将来的利益——我有资格享受的那部分赞扬，只是代表大会和全国联邦党的这样一个见解：我并非完全不配担任我在过去三年中所担任的职位。但是我不允许自己认为代表大会或联邦党已断定我若不是美国最伟大的人物就是美国最优秀的人物，毋宁说他们已断定在过河中途换

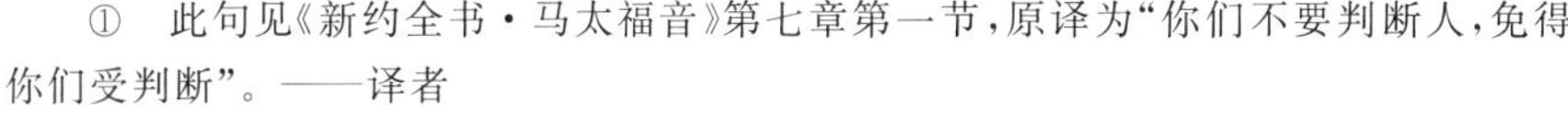

① 此句见《新约全书·马太福音》第七章第一节，原译为"你们不要判断人，免得你们受判断"。——译者

马并非上策,而且还进一步断定,我这匹马并非驽弱不堪,换马也许得不偿失。

一八七、摘自在费城一次保健义卖会上的讲话,1864 年 6 月 16 日

有一个中肯的问题,人们经常自问,也互相询问:战争到底什么时候结束?我当然也和大家一样对这个问题深为关切。可是我不愿意指定战争将在何年何月何日结束。我不愿意冒这样一个险:眼看时间到了,我们却还没有为战争结束作好准备,唯恐因为时间到了而战争还没有结束因而感到失望。我们从事这场战争是为了一个目标,一个崇高的目标,那个目标达到了,战争也就结束了。在上帝福佑下,我希望不达到那个目标战争决不要结束。据说,格兰特将军在谈到目前的战役时曾经说过:"我要在这条战线上打下去,哪怕要打一个夏天。"这场战争已经打了三年了;它是按照在整个国家疆域内恢复政府权力这条路线打起来的或者接受的。为了美国人民,我要说,即使战争还要打三年,我们也要把这条路线贯彻到底。

朋友们,我本来没有预料到在我离开这里以前会要我讲话,我并不知道就在这里要讲话。对于战争,我一向没有进行预言的习惯,但现在我忍不住要作一次预言。如果让我随口说说,那就是这样的:今天晚上,格兰特将军以及他部下的英勇官兵,还有米德将军和汉考克将军,正准备进攻里士满,不拿下里士满决不罢休。我

现在只来提一个建议，这个建议也许最好是以问题的形式提出：如果我发现一旦把大量的兵员和物资立刻送到前方，就能使格兰特将军和他的英勇官兵势如破竹地向前推进，那么你们愿意给我提供这些兵员和物资吗？你们愿意进军吗？[喊声："愿意。"]那就请准备好，我正在等待着这个机会。先生们，我谢谢你们。

一八八、向内阁宣读的备忘录，1864 年 7 月 14 日[79]

你们当中每一个人留职多久，或何时去职，都应该由我本人来决定。如果我发现你们当中有人力图使一个人去职，或以任何方式当众破坏他的名誉，将使我非常痛心。这种做法对不起我，而且更严重的是，对不起国家。在这个问题上，希望你们谁也别提意见，谁也别提问题，不管是在这里还是在别处，现在还是今后。

一八九、给格兰特将军的密码电报，1864 年 8 月 3 日于华盛顿

来电悉。你在电报中说："我拟让谢里登将军指挥战场上的全部军队，令其插入敌人南部，穷追猛打，直至置敌于死地。敌人到哪里，我军就追到哪里。"我认为，在我军应如何行动这一问题上，这样说完全正确；但请查一下自从你发布该命令以后收到的此间

发出的电报，看看能否找到此间哪一个人的头脑里有这样的想法："令我军插入敌人南部"，或者朝任何一个方向穷追猛打，直至置敌于"死地"。我再向你说一遍，这做不到，也不用试，除非你每天每时都监视敌人，并且强行去做。

一九〇、给格兰特将军的电报，1864年8月17日

电悉。你不愿放弃你掌握的地方。我也不愿。你要像獒犬一样死死地将敌人咬住，尽量嚼碎、吞掉。

一九一、给C.D.鲁宾逊的信的未完成稿，1864年8月17日于华盛顿

你提醒我的话一点不错。我在1862年给格里利的信中说过："如果我能拯救联邦而不解放任何一个奴隶，我愿意这样做；如果为了拯救联邦需要解放所有的奴隶，我愿意这样做；如果为了拯救联邦需要解放一部分奴隶而保留另一部分，我也愿意这样做。"我在同一封信中还继续说："我在奴隶制和黑人问题上做了些事情，是因为我相信那将有助于拯救联邦，有些事我所以克制不做，是因为我认为那将无助于拯救联邦。如果我认为我做的事情对联邦的事业不利，我就尽量少做，如果我认为我做的事情对联邦的事业有

利，我就尽量多做。”

所有这些话，我都是以极其诚挚的心情说的，现在我对它们就像当初说的时候一样信守不渝。当我后来公布《解放宣言》，并使用黑人士兵的时候，我只不过是遵循我刚才引用的给格里利信中的一句话：“如果我认为我做的事情对联邦的事业有利，我就尽量多做。”这些措施对事业的帮助不是靠魔术或奇迹，而是靠诱使黑人全都从反叛分子那里投奔到我们这里来。关于这一点，将近一年前，我在写给康克林先生的一封当时立即公开发表的信中这样说过：“可是，黑人就和大家一样，做事是有动机的。如果我们什么事情也不为他们做，他们又为什么要替我们做事情呢？如果他们为我们豁出生命，就一定要有个最坚强的动机来推动他们，这个动机正是给他们自由的诺言。诺言既经作出，就必须信守。”我可以肯定，你经过郑重考虑以后，决不会说，诺言作出后，必须一有机会就加以推翻。你肯定不会希望我说，或者让人家推断，我准备一有机会就使那些由于相信我们的诺言而为我们服务的人重新沦为奴隶。作为道德问题，这种背信弃义的行为难道能不受天罚或任何一个好人的咒骂吗？作为政策问题，宣布这样一个意图会把联邦的事业本身毁掉。吸收黑人充实部队的全部工作马上会停顿，所有目前在为我们服役的黑人马上会开小差，而且他们这样做是对的。既然我们已经把要出卖他们的意图和盘托出，他们为什么还要为我们送命呢？如果把目前黑人正在提供给我们的和可能提供给我们的人力赶走，让他们去支持反叛分子，那么，本届政府也好，将来的任何一届政府也好，都休想保全联邦。目前，为我军服务的黑人陆海军士兵和劳工有十三万、十四万或十五万，如果把他们奉

送给敌人，那么，这场战争我们就再也打不下去了。一个根据“战争和恢复奴隶制”纲领来选举总统的党必然会失去黑人的武装力量；这种力量一旦失去，再要拯救联邦，就像做其他任何一件不可能做到的事一样无能为力了。

这不是一个感情或爱好问题，而是一个人力问题，人力是可以估算的，就像马力和蒸汽动力可以估算一样。根据估算，这种损失我们是经不起的。况且，如果我们抛弃这些黑人，也无法搞到白人力量来代替。每一个白人心里都明白：在进行战争时，他们当然希望黑人帮他们作战，而不希望黑人帮助敌人来对他们作战。这不是拿一帮人交换另一帮人，而干脆是把一大支兵力白白奉送给敌人。除了上面所说的之外，请允许我再提醒你，任何一个控制叛军的人，或者在叛党方面有实权的人，在任何情况下，或任何条件下，都没有提出过，或暗示过愿意恢复联邦。要经常牢记在心，从来没有这样提出过或暗示过。难道我们果真软弱到竟然允许敌人用一个连他自己也不肯作为实际问题提出的抽象问题来使我们分心吗？在上述给康克林的信中，我说：“等你们克服了对联邦的一切反抗以后，如果还要劝你们继续战斗下去，那时你们就不妨宣布不愿为解放黑人而战斗好了。”我现在再说一遍。如果杰弗逊·戴维斯为了他自己，或者为了他在北部的朋友们的利益，要想知道他如果建议和平和重新加入联邦，而把奴隶制撇开不谈的话，我将作出什么反应，那就让他来试我一试吧。

一九二、摘自对第166俄亥俄团的讲话，1864年8月22日

每当我要对士兵们讲话的时候，几乎总是想用短短几句话来向他们强调指出这场战争获得胜利的重要性。这不仅仅是为了今天，而是为了将来，为了使我们毕生享有的那个伟大的自由政体能够为我们的子子孙孙传诸永远。我请求你们记住这一点，不单是为了我，而是为了你们自己。我有幸暂时入主白宫。我是一个活的见证，证明你们每个人的孩子都有希望到这里来，就像我父亲的孩子已经来到这里一样。为了使你们每一个人都能通过我们所享有的自由政体获得广阔的天地和公平的机会去从事工商业，去发挥聪明才智，为了使你们每一个人都能怀着人生的美好理想，在人生的竞赛中获得平等的权利，这场斗争必须进行下去，不仅仅进行一年，而是二年或三年，这样我们才不致失去我们生来就有的权利。为了保住这样一个无价之宝，这个国家是值得为之战斗的。

一九三、便条，1864年8月23日于华盛顿

今天早晨，和前几天一样，看来本届政府极可能不会重新当选。因此，我有责任和当选总统合作，以便在从选举到就职典礼这段时间里保全联邦，因为他所以当选的基础就是他今后不可能保全联邦。

一九四、给伊莱扎·格尼的信,1864年9月4日于华盛顿

尊敬的朋友:我没有忘记——也许永远不会忘记——两年前一个星期日上午你和你的朋友们对我的那次印象深刻的访问。你在将近一年后给我写的那封情词恳切的信,也一直没有被忘记。你始终希望我加强对上帝的信赖,我国善良的基督徒们一直在为我祈祷,给我安慰,我对他们非常感激,而对你本人更是感激不尽。上帝的意图是完美的,必将压倒一切,尽管我们有罪过的凡人也许不能预先正确地理解。我们早就盼望这场可怕的战争能圆满结束,但是上帝知道得最清楚,他作出了相反的裁决。我们应该进一步承认上帝的智慧,认识自己的错误。与此同时,我们必须在上帝给我们的最好的光明中热诚地工作,相信这样工作有助于达到他所规定的伟大目的。上帝当然想使这场浩劫给人带来巨大的利益,这场浩劫没有一个凡人能制造,也没有一个凡人能平息。你们公谊会教友们经受了而且正在经受着一次极其严重的考验。按照反对战争及压迫的原则和信仰,他们只能实际上用战争反对压迫。在这进退两难的当口,有人选择了进路,有人选择了退路。对于那些本着良心向我呼吁的人,我已经凭我的良心,按照我对法律立下的誓言尽力而为,而且今后还将继续尽力而为。我毫不怀疑你们相信这一点,正因为你们相信,我将继续为我们的国家和为我自己获得你们向我们在天之父作出的真挚的祈祷。

一九五、给格兰特将军的电报,1864 年 9 月 29 日于华盛顿

我有点担心李会向厄尔利增派援军,使其进攻谢里登,但愿这样说不至于使你受到约束,也不会造成什么损害。

一九六、对歌手们的答词,1864 年 11 月 9 日[80]

朋友们和同胞们:甚至在你们告诉我这些赞扬是和我友好的宾夕法尼亚的忠诚公民给予我的之前,我就已经断定你们是我的同胞中这样一部分人,他们认为支持本届政府将能促进国家的最高利益。我并不硬说你们有这种想法的人就把全国的爱国主义和献身精神都包罗在内了,但我确实认为,而且不带私心地相信:国家的福利确实需要你们给予这种支持和赞同。

我坚决相信,今天的事情的结果,要是真如你们所料,而现在看来也很可能如此,即使不能彻底拯救国家的话,至少也对国家有长远的好处:目前我还不知道选举的结果。但是,不管结果如何,我都不想改变这个看法:所有今天为联邦操劳的人都是为国家和全世界的最高利益服务,不单是为了现在,而且是为了将来千秋万代。

对于人民的这种赞许,我衷心感谢上帝。然而,尽管我对他们

给我的这种信任的标志深为感激，扪心自问，我的感激是不带任何个人胜利色彩的。我并不责怪任何反对我的人的动机。对我来说，战胜别人并不是什么愉快的事，但选举结果证明人民决心支持自由政体和人类权利，为此我感谢全能的上帝。

一九七、给比克斯比夫人的信，1864 年 11 月 21 日

亲爱的夫人：有人把陆军部文件里一份马萨诸塞州陆军副官处处长的报告书拿给我看。报告书说，你是一位有五个儿子的母亲，这五个儿子都在战场上光荣牺牲了。我感到，你因为遭到如此巨大的损失而无限悲痛，我无论用什么话来安慰你都只会是多么软弱无力和无济于事。但是我仍禁不住要向你说，你的儿子们是为拯救共和国而捐躯的，你可以从共和国对你的感谢中得到安慰。我祈求上帝减轻你失去爱子的痛苦，留下的只是对于钟爱的死者的缅怀和神圣的自豪感，由于你在自由的祭坛上供献了代价如此高昂的牺牲，这种自豪感非你莫属。

一九八、摘自致国会的年度咨文，1864 年 12 月 6 日[81]

我国公众意志的最可靠迹象是通过我们的人民选举获得的。

从最近进行的竞选活动及其结果来看,效忠联邦各州人民维护联邦完整的意志从来没有比现在更坚决,也从来没有像现在这样几乎完全一致。几百万选民在投票处汇集时的令人惊奇的从容镇静和良好秩序充分证明了这点。不单是所有那些支持联邦纲领的人,就连绝大多数反对党的人都可以公正地被称为抱有同一个意愿,而且被同一个意愿所推动。无论哪一个候选人,不管候选职位的高低,在争取选票的时候,都不敢公开宣称他赞成放弃联邦,这是一个无可辩驳的事实。对各种动机有过许多指责,对促进联邦事业的适当方法和最佳方式有过许多激烈争论,但是在要不要联邦这个突出问题上,政治家们却本能地知道人民之间是没有意见分歧的。从给予人民以良好机会去相互表示和向全世界表示这种坚决一致的愿望来说,这次选举对于国家的事业是极其宝贵的。

这次选举还表明了另一个同样值得指出的事实,就是在国家资源的最重要方面——人力方面,我们并未接近枯竭。尽管战争填满了那么多墓地,给那么多人心中带来了悲痛,想到这个令人无限忧伤,然而和幸存者比较起来,死者的数目非常小,这毕竟是令人宽慰的。一个个军、师、旅、团建立了,参加战斗了,减员了,最后消失了,但是组成这些军、师、旅、团的人绝大多数还活着。海军的情况同样如此。选举结果报告证明了这一点。不然就不会有那么多投票者。目前和四年前经常进行选举的州——加利福尼亚、康涅狄格、特拉华、伊利诺伊、印第安纳、衣阿华、肯塔基、缅因、马里兰、马萨诸塞、密执安、明尼苏达、密苏里、新罕布什尔、新泽西、纽约、俄亥俄、俄勒冈、宾夕法尼亚、罗得岛、佛蒙特、西弗吉尼亚和威斯康星——这次投了三百九十八万二千零十一票,四年前是三百八十七万二百二十二票；现在总计是三百九十八万二千零十一票。这个数目还得加上堪萨斯和内华达两个新州目前投的三万三千七百六十二票，这两个州在1860年并未投票，这样总数就增加到四百零一万五千七百七十三票，三年半战争期间净增十四万五千五百五十一票。现附上说明各项细节的表格一份。这个数目还得加上马萨诸塞、罗得岛、新泽西、特拉华、印第安纳、伊利诺伊和加利福尼亚等州在战场上的全体士兵，根据那些州的法律，这些士兵是不能在远离家乡的地方投票的，这个数目决不少于九万。还不止是这样。有组织准州里的人口现在相当于四年前的三倍，而当国军迫使叛军的阵线往后退时，成千上万的人、白人和黑人，参加了我们的队伍。这一切就是选举从正面和反面反映出来的。

要查问这些人数是如何增加的，或者说明要不是战争的缘故还会增加得更多(这也许是事实)，这都是不重要的。重要的是这样一个已经证明的事实：现在我们拥有的人力比战争开始时多；我们的人力资源并没有枯竭，也谈不上正在枯竭；我们的力量正在增强，必要的话，可以无限期地把仗打下去。这是说的人力。物质资源现在是空前地充裕和丰富。

因此，国家资源没有枯竭，而且，我们相信永远也不会枯竭。人民重新确立和维护国家权力的愿望没有改变，而且我们相信永远也不会改变。至于如何继续努力的方式则有待选择。在认真考虑一切可以得到的证据后，我认为同叛乱头子进行谈判的任何尝试，都不可能有好结果。除了分裂联邦以外，他不愿接受其他条件，而这正是我们所不愿也不能答应的。他在这个问题上所发表的声明是明确的，而且一再重复。他并不打算欺骗我们。他不给我们借口来欺骗自己。他不会自愿重新接受联邦；我们不会自愿放弃联邦。

在他和我们之间，问题是清楚的、简单的和无可改变的。这个问题只能由战争来考验，由胜利来决定。如果我们答应他，我们就失败了，如果南部人民不答应他，他就失败了。无论哪一方都是战争决胜负。不过，对于叛乱头子适用的事情，对于追随他的人未必适用。尽管他不会重新接受联邦，他们却会接受。我们了解，他们中的一些人已经渴望实现和平和恢复联邦。这种人的数目可能还会增加。

他们随时都可以得到和平，只要放下武器，服从宪法规定的国家权力就行。这以后，政府即使再要跟他们打仗也打不下去了。忠诚的人民不会支持也不会答应。如果还有问题，可以用立法、谈判、法院和投票等仅仅在宪法和法律渠道里活动的和平手段来解决。这许多问题，有些是行政首脑肯定没有力量解决的，有些是可能没有力量解决的；例如，接纳国会议员以及需要拨款的事项。行政首脑的权力将由于实际战争的结束而大大缩小。不过赦免和豁免没收事项却仍然在行政首脑的控制之下。至于这种控制将以何种精神和心情实行，可以从过去的经历作出公正的判断。

一年前，曾经根据特别规定的条件向除某些指明集团以外的所有人提供大赦和赦免，同时还公开声明，即使这些除外的集团也在给予特别宽大的考虑之列。在这一年中，许多人利用了这个总则。要不是某些人显然心怀叵测，对他们要采取预防措施，致使实际工作进行起来不那么顺当，一定还会有更多人想利用这个总则。在同一时期中，还曾给予已被排除在外的一些集团中的个别的人以特别赦免，凡自愿申请赦免者没有一个遭到拒绝。

因此，整整一年中，实际上是对所有的人敞开大门的，除非是那些没有条件做自由选择的人——比方那些在押的或受管制的人。现在，门依然对所有的人开着；但是可能有一天——这一天也许快来了——公众的责任要求把门关上，同时采取前所未有的更严厉的措施。

叛乱分子方面放弃对联邦权力的武装抵抗，是政府方面结束战争的唯一不可缺少的条件。我在提出这个条件时，凡是过去关于奴隶制说过的话一概不收回。我重申我一年前发表的宣言："只要我仍然担任我目前的职位，就决不收回或修改《解放宣言》，也决不使任何一个根据该宣言或国会的任何一项法令获得自由的人重新沦为奴隶。"

万一人们以不论什么方式方法规定总统有责任使这些人重新沦为奴隶，那就一定要由另一个人，而不是由我来充当执行这项任务的工具。

在申述和平的唯一条件时，我的意思简单地就是说，一旦发动这场战争的那些人停止了作战，那么政府方面就将停止战争。

一九九、给 W. T. 谢尔曼将军的信，1864 年 12 月 26 日于华盛顿[82]

亲爱的谢尔曼将军：对你的圣诞节礼物——攻克萨凡纳表示万分感谢。

当你将离开亚特兰大向大西洋海岸进军的时候，我的心情即使不是害怕，也是忧虑的。但是由于意识到你的判断比我高明，想到“不入虎穴焉得虎子”这句话，我就没有进行干预。现在，进军的任务已胜利完成，一切荣誉都属于你；因为我相信，我们这些人所做的最多不过是默许而已。

把托马斯将军的战绩也计算在内，因为应该把它计算在内——这的确是个了不起的胜利。它不但提供了明显的和直接的军事上的好处，而且还向全世界显示了你的军队可以分成两部分，让实力较强的一部分去担任重要的新任务，可是还绰有余力地来全歼原来对峙的敌军——胡德的军队，这样就使那些坐在暗中的人见到了光明。但下一步如何？

我认为，我可以放心让格兰特将军和你本人去决定。

请向你部全体官兵转达我的衷心感谢。

二〇〇、给格兰特将军的信，1865年1月19日于华盛顿

请不要把我看作总统而只是看作一个朋友来阅读和回复这封信。我有个儿子今年二十二岁，刚从哈佛大学毕业，他希望在战争结束前增长一些有关战争的见识。我不想让他当兵，也不想给他一个军衔，那些在军队中服役已久的人比他更有权利也更有资格获得军衔。可否在不给你添麻烦又无损于军队的情况下给他一个名义上的军衔，让他加入你的部队，他的必要费用由我而不是由公

家来负担。如果不行，请一点不要犹豫地实说，因为我就和你本人一样绝对不想让你有一点为难。

二〇一、关于和平谈判给西华德国务卿的指示，1865年1月31日[83]

你直接前往弗吉尼亚州门罗要塞，去那里根据我1865年1月18日给F.P.布莱尔先生的信（你已有此信的副本），与斯蒂芬斯、亨特和坎贝尔三位先生举行非正式谈判。你要向他们讲明下列三个必不可少的条件：

1.在所有各州恢复联邦的权力。

2.合众国总统对奴隶制问题的立场决不从总统最近致国会年度咨文和过去各项文件中对这个问题所持的立场后退。

3.除非对方停止战争和解散一切反政府军队，否则决不停止战争行动。

你要告诉他们，他们的一切建议，只要不和以上三个条件相抵触，都将以真挚的宽大精神加以考虑和通过。你听取他们所要说的话，然后向我报告。任何事你都不要擅自作出决定。

二〇二、给格兰特将军的电报,1865 年 2 月 1 日于华盛顿

切勿让任何正在发生的事情改变,阻碍或耽误你的军事行动或计划。

二〇三、致国会咨文的草稿,1865 年 2 月 5 日,未署名,亦未发出[84]

参众两院的同胞们:我郑重建议两院尽快通过如下联合决议:"美利坚合众国参众两院在国会会议上决议,授权合众国总统酌情把四亿美元付给亚拉巴马、阿肯色、特拉华、佛罗里达、佐治亚、肯塔基、路易斯安那、马里兰、密西西比、密苏里、北卡罗来纳、南卡罗来纳、田纳西、得克萨斯、弗吉尼亚和西弗吉尼亚诸州。付款方式和条件如下:此款将以年息六厘的政府公债支付,由上述各州根据1860 年人口普查所载各州奴隶人口按比例分配。上述各州必须在今年 4 月 1 日这一天或之前放弃和停止对联邦政府的一切反抗,否则不能得到上述款项的任何部分。在放弃和停止反抗的条件下,该款的半数将以上述方式支付,其余半数俟国会最近提出的宪法修正案在今年 7 月 1 日或这一天之前由必要数目的州批准使其成为有效法律之后方可支付。"

通过该决议的目的，是使它同其他提议一并归纳在一项关于谋求和平与重新统一的宣言中。

鉴于国会已通过一项联合决议，其内容如下：

因此，我，合众国总统亚伯拉罕·林肯现在宣布、声明和公布，根据上述条件由该联合决议规定的并赋予总统的权力将会得到充分行使；战争将会停止，军队将会裁减到和平时期的水平，一切政治犯将获得赦免，除奴隶以外，一切依法充公或没收的财产将予以归还，但涉及第三方利益者除外。凡是不在总统职权范围之内的一切问题，将建议国会从宽处理。

［批注］

1865 年 2 月 5 日。今天草拟了这些文件（内容详见文件本身），并将其提交内阁，阁员们一致不同意。

二〇四、对报告投票选举结果的国会一个委员会的答词，1865 年 2 月 9 日

对同胞们这种信任的标志深表感谢。我在形势最有利时也未必有能力履行必要的任务，何况目前的国家危机使这种任务变得加倍困难。但是，坚决依靠我们自由政体的力量以及人民对自由政体所据以建立的公正原则的忠贞不渝，尤其是依靠对上帝的坚定信念，我接受这种信任。请把这个情况转达国会两院。

二〇五、第二次就职演说,1865年3月4日于华盛顿[85]

同胞们:在第二次宣誓就任总统的时候,我没有必要讲得像第一次那样长。那时比较详细地说明要奉行的方针似乎是恰当和必要的。现在四年过去了,在这四年中,对于这场始终吸引国民注意并占用国民精力的伟大斗争的每一个关键问题和每一个阶段都已经不断地公开发布了文告,再没有什么新的东西好说了。关于我们的武装部队的进展——其他一切主要都取决于武装部队——公众了解得和我一样清楚;它的情况是相当令人满意和鼓舞人心的。尽管对未来抱着很大希望,对它却不敢大胆预言。

四年前我就任总统时,人人忧心忡忡,全部思想都集中在一场迫在眉睫的内战上。人人都害怕这场内战,人人都设法避免这场内战。当时我在这里作就职演说时,竭力想不经过战争来拯救联邦,叛乱分子却在城里力图不经过战争来毁灭联邦——力图通过谈判使联邦解体,人心涣散。双方都想避免战争。但其中的一方宁愿开战也不愿让国家生存下去,而另一方则宁愿应战也不愿让国家灭亡。于是战争就爆发了。

我们全国人口的八分之一是黑人奴隶,但他们并不是遍布整个联邦,而是集中于联邦的南部。这些奴隶形成了一种特殊的和重大的利益。大家都知道,这种利益不知怎么地成了这次战争的根源。反叛者的目的是要加强、永保和扩大这一利益,为此他们不惜以战争割裂联邦;而政府则只要求有权制止其地域的扩大。

双方都没有预料到战争竟会达到目前这样大的规模,持续这么长的时间。双方也都没有期望冲突的根源会随着冲突的停止而消除,或甚至在冲突本身停止之前就会消除。双方都寻求比较容易的胜利,胜利的效果不那么重要和惊人。双方都念同一本《圣经》,向同一个上帝祈祷,每一方都祈求上帝帮助自己反对另一方。有人竟敢要求公正的上帝帮助他们从别人脸上流的汗水中榨取面包,这可能会使人觉得不可思议。不过我们还是不要议论别人,免得被人家议论。双方的祈祷不可能都得到满足,任何一方的祈祷都没有充分满足。

上帝有他自己的意旨。"世界因为罪过而遭祸!那些罪过是不能免的,但那个引起罪过的人是该遭祸的。"[①]如果我们假定美国奴隶制是天意必须发生的那些罪过之一,但它的存在已超过了上帝规定的期限,现在上帝要把它去除了,又假定上帝给北部和南部双方带来这场可怕的战争,作为对那些犯下这个罪过的人应得的惩罚,那么,我们能从中看出这种做法和信仰上帝者总是赋予永在的上帝的那些神的属性有任何偏离吗?我们天真地希望,热诚地祈求,这场战争的浩劫能迅速地过去。但是,如果上帝的意旨是要让战争继续下去,直到奴隶们用二百五十年来的无偿劳动所积累起来的一切财富都化为灰烬,直到用鞭子抽出来的每一滴血都要用刀砍出来的另一滴血来偿还,那么三千年前人们说过的一句

① 见《马太福音》第十八章第七节,原译为:"这世界有祸了,因为将人绊倒,绊倒人的事是免不了的,但那绊倒人的有祸了。"——译者

话,我们也还必须重说一遍:“上帝的裁判总是正确和正义的。”

对任何人都不怀恶意,对一切人抱宽容态度;坚持正义,因为上帝使我们懂得正义。让我们继续努力完成我们目前正在进行的事业,把国家的创伤包扎起来,关怀那些担负起战争重担的人,关怀他们的孤儿寡妇——凡是可以在我们中间、在同所有国家的关系方面带来和保持公正持久的和平的一切事情,我们都要去做。

二〇六、给瑟洛·威德的信,1865 年 3 月 15 日于华盛顿

人人都喜欢赞扬。谢谢你对我的短短的通告演说和最近的就职演说的赞扬。我希望这篇就职演说能和我过去发表的一切演说一样耐久,也许更耐久,但我认为它不会马上就受到欢迎。人是不喜欢看到上帝和他们之间存在着不同意愿的。不过,假使否认这一点,就等于否认有一个主宰世界的上帝。我认为这个事实一定要说清楚。由于一切耻辱反正都直接落在我头上,我想我说出来别人也许经受得起。

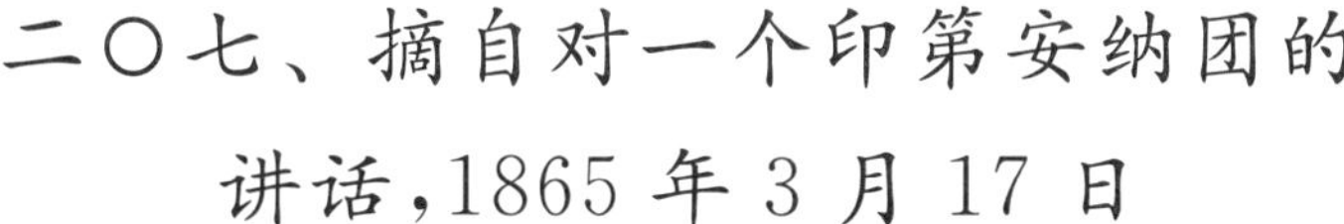

二〇七、摘自对一个印第安纳团的讲话,1865 年 3 月 17 日

关于这场伟大的战争,几乎每个方面我都已经用嘴或用笔表

达过我的观点。只有一个方面还没有讲过，那就是“我们的有过失的同胞”最近试图在他们的军队里使用黑人。他们心中的一个最大疑问是：“黑人肯为他们打仗吗？”他们应该比我们懂得多，而且毫无疑问也确实比我们懂得多。不过我可以顺便说一说，我生平曾经听到过许多论据——或用来充当论据的一连串言语——说明黑人为什么必须当奴隶。如果黑人现在打仗果真是为了保持自己的奴隶身份，那么，这个论据要比我以前听到过的关于黑人为什么应该继续当奴隶的一切论据强百倍。如果黑人那么渴望当奴隶，以致为此而战斗，那么他也许真应该当奴隶。或者，如果四个黑人中有一个为了自身获得自由而力求使另外三个当奴隶，这个黑人由于自私卑鄙也应该当奴隶。我向来认为一切人都应该自由。但万一有些人必须当奴隶的话，那首先必须是那些本身希望当奴隶的人，其次就是那些希望别人当奴隶的人。每当我听到有人为赞成奴隶制大嚷大叫的时候，我总是情不自禁想让他自己来当奴隶试试看。

二〇八、最后一次公开演说，1865 年 4 月 11 日于华盛顿[86]

我们今晚不是悲哀地，而是满怀喜悦地举行集会。彼得斯堡和里士满的撤离，叛军主力的投降，使正义的和平有希望迅速到来，欣喜之情怎么也压抑不住。不过，在这欢庆的时刻，决不可忘记赐福于我们的上帝。我们正准备确定一个全国感恩日，日期将及时予以公布。对于那些担任较艰难的职务从而给我们带来欢乐的人,也切切不可忽视。决不可把他们的荣誉跟别人平分共享。我本人曾经到过前线,有幸把许多好消息传达给大家,但是制订或执行计划的荣誉完全不是我的。一切都归功于格兰特将军,归功于他的熟谙军事的指挥官和勇敢的士兵。英勇的海军也作好了准备,但因战斗离他们较远,未曾积极参与。

恢复国家权力,重建南部,这是我们从一开始就着重考虑的问题,由于最近获得的这些胜利,迫切要求我们给予这个问题更加密切的注意。重建南部,困难重重。这场战争不像是两个独立国家之间的战争,对方没有一个全权机构我们可与之打交道,没有一个人能有权代表任何其他人放弃叛乱。我们只好从那些没有组织的、意见纷纭的分子着手,将他们拉拢在一起。此外,我们忠于联邦的人之间,对于重建的方式方法意见不一致,这也是一个很大的麻烦。对于那些对我个人滥施攻击的报告,我一般是不看的,因为那种东西我无法给予适当的答复,不愿被它们激怒。可是尽管这样小心谨慎,我还是不免受到很大的非难,说什么我一手包办建立了路易斯安那州的新政府,并企图给予支持。

在这个问题上,我做的事情是大家都知道的,绝对没有再多一些。在 1863 年 12 月的年度咨文和附带声明中,我提出了一个重建计划,并许下诺言,如果哪一个州加以采纳的话,联邦政府必将予以承认和支持。当时我明确指出,这并不是唯一的一个可得到承认的计划,我还明确表示,行政首脑并不要求有权决定这些州什么时候可以派议员进国会,或者到底可不可以进国会。这个计划事先曾提交当时的内阁,得到了全体阁员的明确赞同。有一位阁员还建议我立即把《解放宣言》应用于弗吉尼亚州和路易斯安那州的那些除外地区，劝我取消对获得自由的黑人实行徒工制的建议，还劝我在接纳议员进国会这件事上不要放弃自己的权力。但即使这位议员，对这个计划的所有重要部分也都表示赞同，从此，路易斯安那就一直按照或参照这个计划进行工作。

路易斯安那的新宪法宣布在全州解放黑奴，把宣言内容实际应用于以前规定的除外地区。它没有对获得自由的黑人实行徒工制，对允许议员进国会不置一词，当然也只能如此。因此，就路易斯安那而言，每一位阁员都完全赞同这个计划。咨文送交国会后，许多人以书面和口头对计划表示赞许，在路易斯安那人民开始按照计划行动的消息传到华盛顿之前，我从未听说有一个自称的废奴主义者对它提出过一丝异议。大约从 1862 年 7 月起，我就同那些据称对谋求重建路易斯安那州政府感兴趣的各界人士通信联系。当这份包含上述重建计划的 1863 年咨文送到新奥尔良时，班克斯将军写信给我，说是他相信在他的军方合作之下，该州人民将会大致根据该项计划进行重建。我复信给他和其他一些人，要他们试行一下。他们试行的结果，大家都已经知道了。所谓我一手包办建立路易斯安那新政府，事实就是如此。

至于说到支持路易斯安那新政府，如前所述，我是许下诺言的。但是，由于不好的诺言与其遵守，不如背弃，因而我将把它当作一个不好的诺言，任何时候只要使我相信遵守这个诺言是对公众利益有害的，我就摒弃它。不过我直到现在还没有这样相信过。人家曾经给我看过一封关于这个问题的信，据说是有水平的，写信人说我心思似乎并未明确集中在所谓脱离州到底是在联邦之内还是在联邦之外这个问题上,因而表示遗憾。要是他得知,我自从发现有些自称拥护联邦的人竭力提出那个问题以后,就有心不再对它公开表态,那他除了遗憾之外,恐怕还要大为惊讶哩。依我看,那个问题过去不是,现在仍然不是一个有实际意义的重要问题,正因为它仍然是不实际、不重要的,因此现在来加以讨论,除了使我们的朋友们闹分裂这个不良效果之外,不会有其他效果。不管今后如何,至少在目前,这个问题不宜作为争论的基础,它一点用处也没有,而只是一个有害的抽象概念。

我们大家都一致认为,所谓的脱离州已同联邦脱离了正式的实际关系,而联邦政府对待这些州的唯一目的,不论在行政方面还是军事方面,就是要使它们恢复同联邦的那种正式的实际关系。我认为,这样做的时候,对这些州到底是否脱离过联邦这个问题不加以决定,甚至不加以考虑,较诸加以决定或考虑,不仅是可能做到的,而且事实上也更容易做到。只要这些州现在平安在家,那么,它们到底是否出过国(脱离联邦)就完全无关紧要。我们应该群策群力,采取必要的行动,来恢复这些州和联邦之间的正式的实际关系,然后,每个人尽可以纵情发挥自己的看法:通过这些行动,我们到底是把这些州从外部纳入了联邦之内呢,还是这些州根本从未置身于联邦之外,我们只不过给了它们一点帮助。路易斯安那州的新政府所依赖的选民数,目前仅为一万二千人左右,如能增加到五万或三万,哪怕两万,可以说大家就会更满意些。有些人对于没有把选举权给予黑人这一点也感到不满。我个人宁愿现在就把选举权给予那些很有才智的以及曾在军队中为我们的事业效命的黑人。

然而，问题并不在于路易斯安那州政府的现状是否是十全十美的。问题在于哪种做法更明智些，是承认现状，帮助改进呢，还是拒不承认，予以解散？要恢复路易斯安那州与联邦之间的正式的实际关系，到底是支持新政府能更快一些呢，还是摒弃新政府能更快一些？在过去一直是蓄奴州的路易斯安那，大约一万两千名选民已宣誓效忠联邦，他们自认为是该州合法的政治力量，他们举行了选举，组织了州政府，通过了一部自由州宪法，准许黑人与白人平等享受进公立学校的利益，并授权立法机关给予黑人选举权。他们的立法机关已经投票批准了国会最近通过的在全国废除奴隶制的宪法修正案。这一万两千人就是这样专心致志于联邦的事业，使路易斯安那的黑人永享自由，专心致志于国家要求做的几乎一切事情。他们要求得到国家的承认和帮助，以便能专心致志地去做。

现在我们如果拒绝和鄙弃他们，那就等于拼命去瓦解和驱散他们。事实上对白人就等于这么说：你们一钱不值，简直半个钱都不值，我们既不会帮助你们，也不要你们帮助。对黑人等于这么说：你们的旧主人把这杯自由的美酒端到你们唇边，但我们要把它打翻在地，让你们自己去碰运气把泼洒在地上的东西捡起来，至于什么时候捡，在什么地方捡，用什么方法捡，却弄不清也吃不准。这种使白人和黑人都灰心丧气的做法居然会有助于恢复路易斯安那同联邦的正式实际关系，这一点我至今还看不出来。相反地，要是我们承认和支持路易斯安那州的新政府，情况就会完全不同。我们就鼓励这一万两千人精神饱满地去从事工作，为新政府声辩，为它争取信徒，为它战斗，培育它，使它成长壮大，直到获得完全成功。黑人看到人家团结起来为他们谋利益，也会受到鼓舞，从而警觉地、朝气蓬勃地、勇敢地为了同一个目标而奋斗。假定黑人盼望得到选举权，那么，从已经跨出的几步继续往前走，岂不比向后退要来得更快些吗？假使说路易斯安那州的新政府和应当建立的那种政府的关系不过像鸡蛋和小鸡的关系，那么我们要很快得到小鸡，就只能让鸡蛋孵化，而不能把鸡蛋打碎。

还有，我们要是抛弃了路易斯安那，也就抛弃了投给已由国会通过的宪法修正案的一票赞成票。有人主张，要合法地批准这项修正案，只需要那些未曾试图脱离联邦的州的四分之三就可以了。我不赞成这个主张，我只消说，这样的批准是成问题的，它肯定会不断受到质疑，而由全国四分之三的州来加以批准，才不会受到质疑，才是不成问题的。我再重复一下这个问题：要恢复路易斯安那与联邦之间的正式的实际关系，到底是支持新政府能更快一些呢，还是摒弃新政府能更快一些？关于路易斯安那州所说的话，一般也适用于其他各州。可是每一个州本身都有很大的特点，同一个州又发生那么巨大而突然的变化，再加上这整个问题完全是初次碰到，没有前例可循，因而没有办法订出一个独一无二、固定不变的计划，把全部细节和附属条款都妥善地包罗在内。这种独一无二、固定不变的计划必然会成为一个新的纠纷。只有重要的原则才可能而且必须是固定不变的。在目前形势下，我也许应该向南部人民发表一个新的宣言。我正在考虑这件事，当我确信那样做是对的，就将不失时宜地去做。

林肯的生平

[1859年12月20日写给J. W. 费尔的自传]

我于1809年2月12日出生于肯塔基州哈丁县。我的父母都出生于弗吉尼亚州，家庭都很普通，也许应该说是社会地位低下的家庭。我母亲是在我十岁那年去世的，她是属于一个姓汉克斯的家族，这个家族中的人有些现在住在亚当斯，还有一些住在伊利诺伊州梅肯县。我的祖父亚伯拉罕·林肯是大约1781年或1782年从弗吉尼亚州罗金厄姆县移居到肯塔基来的，一二年后被印第安人杀死，不是死在战斗中，而是在树林中开辟一个农场时被暗算的。他的祖先是教友会教徒，是从宾夕法尼亚州伯格斯县到弗吉尼亚州来的。有人曾想把他们与同一个姓的新英格兰家族等同起来，但除了两个家族之间的一些基督教名字，比如伊诺克、利维、莫迪凯、所罗门、亚伯拉罕以及诸如此类的名字相似之外，其他一无结果。

我的父亲只有六岁的时候，祖父就去世了，他长大几乎一点没受过教育。我八岁那年，他从肯塔基迁移到现在的印第安纳州斯潘塞县。我们到达我们的新居时，印第安纳州刚加入联邦。那是一片荒野地带，森林里还有许多熊和其他野兽出没。我就在那儿长大成人。那儿也有几个所谓的学校，但教师除了读、写和到比例运算为止的算之外，根本不需要其他资格。假使一个自称懂拉丁文的过路人碰巧在附近逗留，就会被当作奇才看待。绝对没有任何东西能激发一个人求教育的雄心壮志。我成年后知识当然也很缺乏，不过我总算还能读，能写，能算到比例，但仅仅到此为止。我后来就一直没有进过学校。我目前的有限知识是迫于需要随时一点一滴积累起来的。

我从小就学会做农活，一直做到二十二岁。在二十二岁那年，我来到伊利诺伊州梅肯县。后来我又到了新萨勒姆，当时属桑加门县，现在属梅纳德县。我在新萨勒姆待了一年，在一家商店当伙计。黑鹰战争爆发了，我当选为志愿兵连长，这个胜利比我以后获得的任何胜利都使我高兴。我意气昂扬地参加了战斗，同年(1832年)参加州议员竞选失败——这是我生平仅有的一次在人民选举中失败。在下一届和以后接连三届两年一届的选举中，我都当选为州议员。我后来就没有当过候选人。在当州议员期间，我攻读了法律，并迁居到斯普林菲尔德开业当律师。1846 年，我当选为国会众议员，任期满后没有再参加竞选。从 1849 年到 1854 年，首尾两年包括在内，我以空前的刻苦精神从事律师工作。我在政治上永远是辉格党员，在辉格党候选人名单上照例榜上有名，并积极从事竞选活动。我本来已开始对政治感到厌倦，但密苏里妥协案被废除使我又拍案愤起。以后我所做的事情就是众所周知的了。

如果想要知道一点关于我的体格特征的话，那么可以说，我身高将近六英尺四英寸；瘦削，平均体重一百八十磅；黑皮肤，粗硬的黑头发和灰色眼睛。其他标记或特征想不出了。

× × ×

在这篇自传体短文中，林肯叙述了他早年的生活；至于他后来的经历，看了他的书信和演说，还有给它们作的注解，这里就没有必要再多说什么了。至于林肯的奇特禀性，必须由他自己的话来体现——他在同朋友和敌人的关系中表白了自己，对这一点必须多加注意。本书的内容是经过精心选择的，以便把他性格的各个方面都显示出来。时间是考验一切见解的因素，对于林肯来说，它很快就使他那代人对他的非议一变而为这一代人对他的颂扬。在一个人心激昂的时期，不同的党派会从历史上性格最复杂的人物之一的各个不同方面尽量借题发挥，这本来是很自然的。如今那个时代的创伤几乎已经愈合，在林肯死后出生的男男女女已进入中年，由他们来描述他那伟大的职责，就有可能看到他的本来面目——一个心情十二万分抑郁，但却生气蓬勃，乃至粗鲁的人，一个属于“平民”范畴的人，他在小事情上具有“平民”的全部朴质，但是在大事情上却是高度礼貌的典范，他对不得人心十分敏感，但却情愿孤军作战，因为他十分清楚地看到了自己前面的目标。他是一个精明的政治家，又是一个无私的国务活动家，是一个不妥协的司令官，又是一个能体谅人类一切弱点的朋友。洛厄尔对这位被暗杀的总统的庄严质朴的颂词带有预言的调子：

他善于等待时机，
　　他的英名得以永传，
坚持崇高的信念毫不动摇，
　　直到明智的年代作出定论。
大将们带着枪炮战鼓，

暂时扰乱了我们的判断，

但宁静终于来临；

这一切都已过去，像高塔耸入云天，

我们的子孙将看到他英名显赫。

这个仁慈、真挚、勇敢、高瞻远瞩的人，

贤明、坚忍、怕赞扬、不怕责难，

他是第一个使我们新国土获得新生的美国人。

关于本书

现有记述亚伯拉罕·林肯的生平和悲惨的死的书和小册子品种如此浩繁，单单列举出书名就足可编成一卷。这些出版物十之八九是林肯遇刺所引起的竞选运动文件和颂词。阿尔巴尼的安德鲁·博伊德先生在1870年出版过一本林肯文献目录，他拥有的材料、诗和其他颂词不算，仅悼词就有四百零四篇之多。从智利的一位先生，海地的一位传教士，威尔纳的一个犹太人，还有从数不清的人士那里，这些用十多种文字写的小册子源源而来。维也纳寄来了一个剧本，剧中描述了这位已故总统一生中戏剧性的事件。这样的例子不胜枚举。在林肯同时代的人中，被写得最多的，除了拿破仑，恐怕就要算是林肯了。

甚至关于他的演说以及向公众所作演说的各种形式这样一个问题，范围也太广泛，不能在这里细述。书呆子要想获得1870年前出版的著作的最佳资料，就必须参考博伊德先生编的文献目录；自1870年以后，出的书数量大大减少，但都很重要，足以在任何一个大型图书馆的目录里占一席地位。

尼古拉先生为了将林肯的材料搜罗无遗，供世纪公司出版两卷的林肯全集，曾花了多年心血从事钻研和核实。他很早就开始剪贴材料，由于他担任当选总统的私人秘书，当然什么都没有放过，对于早年的书信，他就同任何其他传记作者一样，受惠于赫恩登先生匪浅，后者曾不遗余力地把与总统青少年时代有关的一切公之于世。林肯本人也曾把他自己的一些演说保留了下来，因为除了毫不自私的爱国精神之外，他的个人雄心也相当大。他当乡下律师初露头角的那些日子所作的政治演说经常以小册子形式广为流传。各种乡下报纸都急于用这位正在崛起的政治家的辩才来使他们的版面生色。也有少数几篇手稿被保留了下来。尼古拉先生曾仔细查遍《桑加门日报》的全部旧报，对他热爱的工作付出了极其巨大的努力。

第一本出版的林肯演说集收有他的几次大辩论。哥伦布福利特福斯特出版公司在1860年出了一个二百六十八页的八开本。波士顿、纽约、芝加哥和底特律的出版商竞相效尤，辩论集出了二、三版。林肯生时曾经叫斯普林菲尔德的一个出版商把它们印出来，这位出版商却认为它们引起的兴趣过于短促，不值得冒险。1860年以小册子形式出版的库珀学会演说也获得了最广泛的流传，被翻译成几种文字，其中包括威尔士文。

在林肯任总统的年头中，他给康克林的信、给格里利的信，给麦克莱伦的某几封信、与瓦兰迪甘姆案有关的信，以及表述他对奴隶制见解的摘录等等，都曾被许多出版商以小册子形式出版。在他去世以后，这些信再加上他向斯普林菲尔德的告别词、解放宣言、两次就职演说、葛底斯堡演说、“心爱的诗”等等，都传布四方。葛底斯堡演说首次以书的形式出现，是当波士顿利特尔布朗公司出版爱德华·埃弗雷特的与林肯同时同地发表的演说时，将林肯的这篇演说也收录在内。在纽约，贝克和戈德温相当傲慢地将它列入他们出版的埃弗雷特演说集,在篇名页上甚至不屑对这篇不朽传世之作提一笔。

在演说的摘录中,包含着大量多少有点陈腐的竞选活动。在全部有关林肯的著述中,只有两部著作需要一提,其中只有一部是由于其内在价值需要一提。威廉·迪安·豪厄尔斯在1860年写了一篇简短的林肯的生平介绍,由哥伦布福利特福斯特公司出版。1864年,《纽约时报》的亨利·贾维斯·雷蒙德发表了关于林肯施政的研究论文,这是关于这个题目的第一部具有文艺和评论价值的著作。绝大多数人和这位伟人以及当时的各种重大问题关系太密切,无从把他当作一个演说家恰如其分地加以评介。雷蒙德先生是第一个独具慧眼的人。他认为林肯的政府文件一个最显著的特点是"说明问题"的非凡本领。雷蒙德先生说:"他不自负有知识,一点都不想卖弄,只想使每一个人都精确地懂得他要说的话的真正意思。这样,他的政府文件对于人民群众所产生的力量和影响是我国过去任何一个人所不能企及的。这一点还被似乎充满他的头脑的幽默感而进一步得到加强,这种幽默感是那么自然,是头脑的富有吸引力和感化力的一部分,就像十月小阳春的各种氤氲色彩是它们所属的迷人季节的一部分一样。"

今天,林肯以英语的力量和纯朴无华作为英语大师的地位是无可置疑的。法国研究院、爱默生、洛厄尔、埃弗雷特、比彻、英格索尔以及英美许多著名演说家和评论家对这一点都意见一致。他那个世纪里的人,没有一个人阐述一个命题能比他更精确简洁。他那清澈明了的表达方式、有条不紊的逐步建立论点、恰到好处的精彩比喻、给人启发的诙谐隽语、对敌人不合逻辑的无情揭露、他的自我克制和高贵尊严，所有这些即使对一个学问高深的人来说也是值得注意的，而对于这个没有受过教育的荒野的儿子来说就更加了不起了。皮奥里亚演说、历次大辩论、给格里利的信、给麦克莱伦的信、给康克林的信，就是这方面的典范。同样值得注意的是他对词汇的直觉才能，他对朴素、富有表现力和音乐感的词汇的选择。两次就职演说、葛底斯堡演说（被爱默生誉为堪称世界第一）、斯普林菲尔德告别演说，显示了他在这方面的天才。

但是，没有一种评论，没有一种分析，能给予这些演说以生命，给予它们生命的只能是作这些演说的人的远大目光，这个人身高出众、瘦骨嶙峋、衣衫不整、举止粗鲁，但却因诚挚端庄而变得光彩夺目。那些听过他演说的人说，他起立讲话的时候常常显得局促不安，手足无措，但一讲入了题，很快就忘乎所以。他会把头高高昂起，颀长的身躯挺直到极点，扩展到看来超过了原来的细长比例。他很少用手势，但偶尔会把手臂在空中挥动，做一个漂亮的姿势。他的粗黑的脸庞会发亮，灰眼睛会冒出雄辩的火光或闪现幽默的光芒。有资格的评论家认为他的演说就其力量和魅力来说，足可与克莱和韦伯斯特齐名。演说家林肯就是这样。

注　　释

1　第一篇公开演说　这次竞选林肯没有当选，但考虑到他年轻（他当时只有二十三岁），在新塞勒姆又只居住了很短一个时期，所以他的表现已经很不错了。这是林肯生平唯一的一次在人民直接选举中落选。传记作者们认为这篇演说用词简练，节奏感强，显示了林肯后来的风格的主要特征。

2　给《桑加门日报》的信　在这次选举中，在四位获胜的候选人中，林肯名列第二。他当时是新塞勒姆的邮务员和桑加门县的助理测量员，他到过的地方比周围大多数人都多，书也读得最多。该年党派政治宴会上两篇最受欢迎的祝酒词是："亚伯拉罕·林肯：他满足了朋友的期望和粉碎了敌人的希望"以及"亚·林肯：天生伟人之一"。

3　对青年学会的演说　林肯是这个旨在互相促进的青年学会的组织者之一。

4　对奴隶制决议的异议　林肯和斯通对之提出异议的决议避免把奴隶制作为一种制度加以谴责，通过这些决议的目的是安抚亲奴隶制的思想感情，废奴主义组织遭到"强烈反对"，国会不获公民同意即可在哥伦比亚特区废除奴隶制的权被否定。值得注意的是，在动荡不安的年代中，哪怕最有才干的人也经常改变看法，林肯在这里表达的对奴隶制的看法却始终不变，他一贯反对奴隶制，但是他把奴隶主看作奴隶制的受害者，并且尊重他们的权利。W. E. 柯蒂斯在《真正的亚伯拉罕·林肯》一书中写道："我相信这是在合众国，至少是在赫德森河以西任何一个议会所提出的第一个反对奴隶制的正式宣言。"

5　给布朗宁太太的信　欧文斯小姐对 W. H. 赫恩登说，她所以拒绝林肯，是因为他"缺少形成女人幸福链条的那些细小的环节。"布朗宁太太起初还以为这封信是林肯信口胡编的，许多年后她要把信发表出来，林肯才承认他的自白里有“过多事实，不宜公开发表”。

6　1840年的党的活动　伊利诺伊州政府于1839年从范达利亚迁往斯普林菲尔德，这主要是通过林肯的努力。在新的首府里聚集了一班不寻常的人：林肯、道格拉斯、贝克、卡尔霍恩、斯图尔特、希尔兹、洛根、特朗布尔、麦克利南特、布朗宁、特里特、麦克杜格尔、哈丁等等，他们注定要在日益临近的斗争中扮演重要角色。这封信的收信人斯图尔特是林肯的法律合伙人。他俩在1834年一同竞选州议员，在黑鹰战争中一同打仗，结成了终身的友谊。斯图尔特劝林肯攻习法律，供给他书籍，并且请林肯做他的合伙人，这项协议一直持续到1841年。

7　给W. G. 安德森的信　林肯总是避免和人家发生争吵，晚年他向一个因口角而受军法审判的青年军官提出如下忠告：“一个决定尽量发挥自己作用的人是没有闲工夫来为自己的私事吵嘴的。吵嘴的一切后果，包括滥发脾气和失去自持，更加使他受不了。对于你只有同等权利的大事情要谦让，明明是你自己的小事情同样也要谦让。宁可给一条狗让路，也比和它争而被它咬一口好。咬了一口，即使把狗杀掉也无济于事。”

8　同托德小姐的纠纷　给斯图尔特的信和下面几封给乔舒亚·斯皮德的信联系林肯当时的生活来说是饶有趣味的。林肯在斯普林菲尔德遇到了肯塔基的玛丽·托德小姐，那时托德小姐正在探望她的姐姐爱德华兹夫人——一位州议员的妻子。他们订了婚，但两人之间发生了许多不愉快的事，林肯灰心丧气得差一点疯了。婚礼原定1841年1月1日举行，但后来没有举行。在解除婚约以后，林肯意气十分消沉，从他这个时期写的信，可以看出在他一生中时常发作的那种极度的精神忧郁症。

9　被出卖的黑奴　尽管林肯从他朋友斯皮德在肯塔基的家里访问回来看到的黑奴是快乐的，林肯在十九岁时却看到过一幅完全相反的景象。在从新奥尔良旅行归来时，他十分全面地表示了他对那个城市里的奴隶市场景象的愤怒，他的表兄约翰·汉克斯引证说，林肯宣称在当时当地开始对奴隶制感到无限厌恶。

10　给乔舒亚·斯皮德的信　斯皮德在斯普林菲尔德曾和林肯同室四年。一直是他的知己，他生平最亲密的朋友。斯皮德把这封信交给为林肯写传记的赫恩登时十分犹豫，把信上好几个名字都擦掉了。斯皮德是肯塔基的一个家族，乔舒亚的哥哥约翰在1864年被林肯任命为合众国司法部长。

11 林肯对禁酒的见解 林肯强烈反对饮酒过度，因此他终身都是华盛顿人戒酒协会斯普林菲尔德分会的会员。尼古拉先生说他在白宫总统身边度过的五个年头中，“从未看到过他喝一杯威士忌酒，也从未听说他喝过一杯”。约翰·海上校还补充说，他从未看见林肯吸过烟。另一方面，林肯对醉汉所持的温和态度常常使热心的革新者们恼怒。这里摘录的演说当时不为某些禁酒者欢迎，因为他在其中说到纵酒的人在心灵和头脑方面可能并不比不喝酒的人差。当战时一个代表团要求总统在军队中禁酒，并说最近几场败仗无疑是上帝对士兵酒醉的惩罚时，林肯回答说，上帝这样做未免有点不讲道理，因为南部人喝大量质地更劣的威士忌酒，而且喝得比北部人更多。他这样说了以后，就把代表团打发走了。

12 和希尔兹的决斗 这场从未实现的和希尔兹的决斗既富有情趣，又很滑稽。詹姆斯·希尔兹是个爱尔兰人，身材矮小，但好斗成性。他是托德小姐的许多崇拜者之一，但这并没有能阻止这位小姐和她的一个朋友在本地一家报纸上拿他取笑。希尔兹大为震怒，一定要查问作者的名字，林肯就承认这几行令人不快的文字是他写的。这个恶作剧很可能真是他唆使两个年轻姑娘干的。希尔兹马上向他提出决斗。林肯可以自行选择武器，而且如信中所述挑选了大刀。考虑到两人身高和臂长的悬殊，这次决斗显然是极其荒唐的。这个小个子爱尔兰人却毫不畏惧地接受了条件，两人就在决斗场相逢了。据说，在他们等待丈量地面的瞬间，林肯装得心不在焉的样子，从他坐着的一根大木头上站起来，拔出大刀，用拇指试了试刀锋，然后挺直他那六英尺四英寸的身躯，一刀砍下他头顶上几乎高不可攀处的一根树枝，一面用俏皮的眼光瞅着希尔兹。可是他那身材异常矮小的对手毫不畏缩，最后还是朋友们出来劝阻，才没有让这场闹剧进一步发展下去。詹姆斯·希尔兹后来曾作为两个州的参议员为国效劳，在墨西哥战争和内战中晋升将军。至于林肯，这场决斗使他和托德小姐重归于好，他们的婚礼于1842年11月4日举行。这个决斗的故事曾被用来从政治上反对他，林肯后来对此事变得神经过敏。

13 给马丁·莫里斯的信 此时林肯正在和爱德华·贝克竞选国会议员提名。贝克是“能言善战的鲁珀特王子”①，他的口才已使他在伊利诺伊州

① 鲁珀特王子(1619—1682)：巴伐利亚公爵，英国查理一世之侄，在英国内战时为保皇党骑兵领袖，立下战功，以辩才著称。——译者

声誉雀起，而且势必将在全国获得名气。林肯和贝克在1843年这次竞选中都没有获得提名，被提名的是J. J. 哈丁这匹"黑马"，但贝克从1848年到1849年担任国会议员，1861年被选为俄勒冈州的共和党参议员，在林肯第一次就职典礼上为林肯介绍。他于1861年10月21日在鲍尔斯一布拉夫作战时阵亡。

14　文学抱负　林肯在他的小木屋家中有什么书就看什么，他读过的书有《伊索寓言》、《鲁滨逊漂流记》、《天路历程》、《美国史》以及威姆斯的《华盛顿传》。后来，他又到手了莎士比亚和彭斯的著作，如饥似渴地阅读。爱默生曾经把林肯用一些小故事说明论点的特殊方法与伊索的手法相提并论；这很可能是他早年的阅读对他的风格留下的影响。他喜欢一种病态的诗，例如他喜爱的"啊，凡人的精神为何值得骄傲"。他非常欣赏拜伦的部分作品，另一方面又欢喜托姆·胡德，迷上"皮特罗林·纳兹比"①。他在边陲森林地带曾写过歪诗，但除这里刊登的一首之外，没有听说他再写过。评论家着重指出他的风格的音乐特征，R. W. 吉尔德还举出他第二次就职演说的两句作为他的"无意识诗歌"的范例：

我们天真地希望、热诚地企求，
这场战争的浩劫能迅速地过去。

15　妻子和子女　这里所说的第二个儿子取名爱德华·贝克，于1850年夭折。林肯的其余几个儿子是罗伯特·托德，1843年生；威廉·华莱士，1850年生，1862年死于白宫；还有一个是托马斯，1853年生，1871年去世。罗伯特·林肯曾在加菲尔德和阿瑟两位总统任期内任陆军部长，哈里森总统任期内任驻英公使；他曾被提名为总统候选人。目前（1903年）他住在芝加哥，是普尔曼公司总经理。林肯的妻子比他多活了许多年。她是1882年7月16日在斯普林菲尔德去世的。她似乎一直没有从丈夫遇刺受到的惊吓中完全恢复过来，晚年尽管记忆力始终很强，谈话的能力也没有受到影响，却养成了一些怪脾气。她从来不到阳光下去，大白天也坐在烛光暗淡的黑房间里。她还积聚了许多衣服，却从来不穿，也不想穿；其他方面也表现得精神失常。

16　给赫恩登的业务信　威廉·赫恩登在1845年成为林肯的法律合伙

① 皮特罗林·纳兹比：美国幽默作家大卫·洛克（1833—1888）的笔名。——译者

人，在林肯的毕生都贯彻始终，晚年成为他那著名同事的传记作者。说到信中林肯关于金钱的指示，必须指出，林肯当时还在偿还十四年前他和贝里合伙开店欠下的他所谓的“国债”。商店倒闭后不久，贝里即酗酒死去，买下店铺的人从未拿出过钱，但林肯却把那笔对于一个身无分文的年轻边疆居民来说极其沉重的债务承担下来，尽管当时当地金钱道德学是相当随便的，但他终于还是把债全部还清。就这样他获得了“诚实的亚伯”的绰号，关于他的一丝不苟的正直和近乎过分的诚实有许多小轶事。他的终身朋友贾奇·戴维斯说，他显然不知道怎样在他的本行之外挣钱，而且也从来不打算这样做。

17　关于墨西哥战争的演说　林肯在墨西哥战争中和总统处于对立，这场战争起因于这样一个问题：新并吞的得克萨斯的南部边界到底是在纽西斯还是在格朗德河。1846 年 1 月，波尔克总统曾派泰勒将军率领一支远征军前往格朗德河，在那里建立了布朗要塞。墨西哥人断言这不是得克萨斯的领土，出兵攻打要塞。波尔克致国会的咨文声称墨西哥“已使美国土地上流洒了美国人的鲜血。”林肯那时刚担任第一任国会议员，他提出了决议案，要求说明美国人的鲜血流洒的那个“确切地点”，并声称边界问题始终悬而未决。总统派遣布朗要塞远征军之举等于侵略。这些“地点决议”曾受到广泛讨论。林肯尽管不得人心，还是始终坚持自己的立场。

18　A. H. 斯蒂芬斯　亚历山大·汉密尔顿·斯蒂芬斯（他的演说曾使林肯深深感动）是佐治亚人，在后来的事件中起了重要作用。作为一个杰出的演说家，他从 1843 年到 1859 年是辉格党的国会议员。当心怀不满的南部诸州举行代表大会时，他反对脱离联邦，但他与南部同盟共命运，当了同盟的副总统。信中提到的“洛根”是斯蒂芬·洛根，他从 1841 年到 1845 年是林肯的法律合伙人，既是林肯的能干的老师，又是林肯的热心朋友和崇拜者。

19　给阿·威廉斯的信　这封给他的心腹威廉斯的信充分表现了林肯在政治上的精明老练。信中提到的布朗宁是奥维尔·布朗宁，林肯的终身的朋友。布朗宁急于在他的国会议员任期内解放奴隶，这一点可能说明林肯为什么担心他在克莱这个问题上可能会轻举妄动。布朗宁从 1866 年到 1869 年任内政部长。

20　给威廉斯的第二封信　“谷仓纵火者”是保守民主党人给新建立的自称“自由土地者”的反奴隶制党取的绰号。Locofocos 是“民主党激进派”；

“土生美国人”是“无所知者”的前身，他们后来赞成把选举权限制于土生的美国人。

21　给赫恩登的忠告　林肯对赫恩登的循循善诱除了其政治上和道德上的价值以外，还清楚地显示了共和国早期中年人所处的地位。林肯在信中以“老年人”自居，其实他当时只有三十八岁。当时的人很早就得退休，给年纪轻的人让路。林肯夫人的姐夫尼尼安·爱德华兹在1826年竞选伊利诺伊州州长时，不得不因自己年老而拼命打招呼，其实当时他只有五十一岁，其他的例子不胜枚举。

22　刘易斯·卡斯　作为民主党候选人与泰勒竞选总统，这里被林肯尽情笑骂的刘易斯·卡斯，于1782年出生，在1812年战争中任准将，1813年到1831年任密歇根州长，在职期间曾对这块印第安土地作过有价值的勘察，1831年到1836年任陆军部长，1836年到1842年为驻法公使，1845年到1848年为密歇根州的国会参议员。他曾两次竞争总统提名失败；在一次被提名但竞选失败后，于1849年到1857年任密歇根州的国会参议员，1857年到1860年任国务卿。必须指出，这篇演说尽管是在国会发表的，实际上是一篇“竞选”演说，并且预示了林肯将以全部精力投入支持泰勒当选的运动。

23　林肯作为一个律师　林肯开始学习法律的方式是很特别的。在他和贝里倒霉地合伙“开店”期间，一个人驾了一辆运货马车从店铺前经过，要求把那人认为碍事的一个木桶卖给他。为了满足那人的要求，林肯出半个美元买下了那个木桶。几个星期后，他把桶翻过来，想把桶底的一些垃圾倒掉，不料里面落下了一本布莱克斯通的法学著作。当时店铺生意清淡，有充分时间可以读书。在商店倒闭后，他还是勤读不辍。据说有一个过路的老人曾看见一个衣衫褴褛、模样可怕的人坐在一堆木柴上，看书出了神。老人问：“你在看什么呀？”林肯回答：“我在学习。”“学习什么呀？”过路人问道。“法律，先生。“我的老天啊！”老人只想得出这样一句回答。

依靠斯图尔特的帮助，特别是依靠斯蒂芬·洛根的帮助，林肯成了一个优秀的律师。洛根的事务所曾被称为政治家养成所，因为他的学生中除林肯以外，还有四个参议员和三个州长。林肯第一次在法院露面是1836年10月，他承办这个案子的手续费是三美元。林肯和斯图尔特每次办案收入很少有超过十美元的。贾奇·戴维斯写道：

“在造成一个伟大律师的各种因素中，他是很少有敌手的。……他能抓住一个案子的要点，简单扼要地把它们表达出来。……陈词滥调对他没有吸引力。他的谈吐总是充满机智幽默，即使碰到一个最乏味的案子，他也能利用种种恰到好处的轶事奇闻引起法官和陪审团注意。他使用比喻的能力很强，在每次法律辩论中都免不了使用这种推理方法。他的思想和道德的基础是诚实，对错案从来不屑加以辩护。”

“凡是他不认为无罪的人，他从来不愿为其辩护——这至少显示了这个人的品质，尽管这多少有点影响他的职业才能。”

24　给约翰·约翰斯顿的信　约翰·约翰斯顿是林肯的继母和前夫所生的儿子。林肯的亲生母亲南希·汉克斯是在他九岁那年去世的。托马斯·林肯的第二个妻子名叫萨拉·布什·约翰斯顿，是一个聪明和富于同情心的女人，看出小亚伯拉罕的才能，极力鼓励他上进。林肯对南希·汉克斯已回忆不大起，但孩子看到她被放入一口由他父亲粗粗钉成的棺材，埋在野地里，什么宗教仪式都没有，这时他是那么悲伤，以致几个月以后，他想尽办法促成一个过路的牧师在坟上念了一篇悼词。他继母的爱和关心满足了他的天性，他们彼此热诚尊重。林肯夫人在临终前说：“我确实可以说一千个母亲中难得有一个能说的话，就是亚伯拉罕·林肯从来没有对我说过一句难听的话，或者给过一个难看的脸色，我无论要他做什么事，他总是满口答应而且实际做到。他的心和我的心——我仅有的一点点东西——仿佛长到一块去了。”就在动身去华盛顿第一次就任总统之前，林肯和他的继母在一起待了一天——这是他们最后一次见面。至于约翰·约翰斯顿，他是个心地不坏，但得过且过的人，但正如尼古拉和海两位先生谈到这封信所说，“一卷专题论文也不能为读者更清楚地说明亚伯拉罕·林肯和南部及西部普通农业工人之间的差别。”

25　给约翰·约翰斯顿的信　林肯写了这封 1 月 12 日的信五天之后，他的父亲就去世了。林肯的健谈的表兄约翰·汉克斯发表意见说，林肯对他的父亲“并不十分关心”。看来托马斯·林肯一定没有给他的儿子作出过什么榜样，也没有给过他什么帮助。

26　在皮奥里亚的演说　林肯以这篇演说一跃而为国家政治生活中一个强有力的人物。芝加哥的一个主编曾把他和一夜之间成名的拜伦相提并论。林肯自从国会议员任期期满并谢绝担任俄勒冈州长职位以后，就不大过问政治，但是密苏里妥协案被废除却使他重新奋起。这个妥协案允许密苏里州实行奴隶制，但密苏里州以西或36度30分纬线以北全部地区却加以禁止，曾经被认为是防止南部这一“特殊制度”扩展的有效措施。这个妥协案在1854年被废除，再加上国会坚持实行逃亡奴隶法，致使群情激愤，其程度恐怕连1776年的情况也不能相比。林肯发现自己又和他在斯普林菲尔德的老对手斯蒂芬·道格拉斯处于对抗地位。下面这个传说是十分可靠的：那个“民主党巨头”对他的敌手的力量非常吃惊，私下和他约见，同他说定在选举之前双方都不再发表演说。林肯的一生和道格拉斯有密切关系，要充分评价这位未来总统的经历，就一定得对他那个比较不太得意的对手有所认识。

斯蒂芬·阿诺德·道格拉斯命中注定非永远和林肯交锋不可。他们是在斯普林菲尔德相识的，据传说，他们两人曾一同向托德小姐求婚。林肯反对的原则，道格拉斯却在伊利诺伊州公然加以鼓吹；的确，这个被称为“小巨人”的人，身材矮小、才能出众，和林肯正好截然相反——矮小匀称，仪表漂亮、理解力强，但在国家大事上却往往眼光短浅。和他的伟大对手一样，道格拉斯出身也很卑微。他于1813年4月23日出生于佛蒙特州布兰登一个农庄里。尽管早年生活艰苦，却受过良好的教育。1833年，他身无分文来到伊利诺伊州，下一年开办了一个律师事务所，在十二个月之内当选为该州司法部长，那时他还不满二十二岁。1835年，他当选为州议员，就辞去司法部长的职务。1837年，他竞选国会参议员以代表国内这一人口最稠密地区，仅以五票之差落选。1840年他担任伊利诺伊州州长，1841年任最高法院法官。1843年当选国会议员，在国会一贯鼓吹准州扩张。作为准州委员会主席，他撰写并贯彻执行许多议案，建立了明尼苏达、俄勒冈、新墨西哥、犹他、华盛顿、堪萨斯和内布拉斯加等准州，还允许衣阿华、威斯康星、加利福尼亚、明尼苏达和俄勒冈成为州。他鼓吹他称为的“每个州的人民都应有权按照他们自己的方式建立和管理内部事务和内部制度这一伟大基本原则”。他还补充说：“这些事情都是由宪法规定每个州自己去决定的，我不明白同一个原则为什么就不应该扩充应用到各准州去。”他赞成只要能体面地做到就应该及早把古巴弄到手。他反对克莱顿－布尔沃条约，理由是它会阻止合众国向南扩展。他在1852年曾参加总统提名竞选，但以失败告终。在1853—1854年国

会会期内，他提出议案，要在“人民主权”基础上建立堪萨斯和内布拉斯加准州——这个议案彻底改变了美国政治生活，使关于奴隶制的争论白热化。它使得老的辉格党解散，创立了反奴隶制的“黑共和”党。这个议案还废除了把奴隶制限制于宾夕法尼亚州界线以南各州的密苏里妥协案，并且如它的反对者所说，为无限制扩展奴隶制开辟了道路。这个议案本身宣称它的目的是“不以立法手段在任何一个州或准州实行奴隶制或者取消奴隶制，而是让那里的人民完全自由地按照自己方式管理内部制度，只服从合众国宪法”。在这个“人民主权”理论基础上，道格拉斯在 1856 年试图取得总统候选人资格，但被布坎南击败。堪萨斯一内布拉斯加法案遭到反奴隶制分子强烈反对，如道格拉斯所说，他能够借焚烧他自己的模拟像发出的火光从波士顿旅行到芝加哥。但是，当脱离联邦的问题发生时，道格拉斯坚决站在联邦一边。

在 1857—1858 年的参议员竞选中，道格拉斯击败了林肯，但他的演说并没有使他在伊利诺伊州以外的力量得到增加。1860 年，道格拉斯和林肯竞选总统，民主党的北部地区支持道格拉斯，南部地区则支持布雷金里奇。竞选失败和南部宣布脱离联邦后，道格拉斯始终坚定地拥护联邦。他于 1861 年去世，临死前宣称脱离联邦是“犯罪和发疯”。

27　给乔治·罗伯逊法官的信　乔治·罗伯逊从 1829 年到 1843 年是肯塔基州的首席法官。在这封信的末尾，林肯在三年后发表的“裂开的房子”的演说已微露端倪。

28　给斯皮德的信　林肯在这里直言不讳地陈述的对奴隶制的见解曾被广泛引用。密苏里妥协案风波所引起的堪萨斯暴乱，有人用“内战”这个字眼来形容，真是一点不错。奉命进行调查的特派委员们报告说，暴乱从 1855 年 11 月持续到 1856 年 12 月，死亡人数接近二百人。报告还公布：

庄稼损失	$37,349.61
烧毁房屋数	78
被杀或被抢走的马	368
被杀或被抢走的牛	533
被蓄奴者抢走或毁坏的财产	$318,718.63
被自由土地者抢走或毁坏的财产	$94,529.40

29　在加利那的演说　这篇演说的末了几句是有名的。脱离联邦的言

论那时刚刚开始变得重要起来。

30　在芝加哥的演说　在1856年的总统竞选运动中，弗里蒙特作为新成立的共和党候选人参加竞选，林肯对于组织这个党曾起过积极作用。共和党反对废除密苏里妥协案，主张让堪萨斯作为自由州参加联邦。无所知党提名菲尔莫尔为总统候选人。民主党推举詹姆斯·布坎南为候选人。林肯差一点被提名为共和党副总统候选人。他在这次竞选运动中的最后一篇演说被称为“林肯输掉的演说”。他的听众是那么感动，以致“从座位上站起来，脸色苍白，嘴唇发抖，情不自禁地向他拥过去”。连记者们也忘了记笔记。后来担任《芝加哥论坛报》主编的约瑟夫·梅迪尔说：“我清楚地记得，当林肯坐下，暴风雨般的掌声静息后，我从一种似醉如痴的状态中清醒过来，想起要给《论坛报》写报道。我发现其他所有的新闻记者都被这篇精彩的演说引起的轰动冲昏了头脑，没有把演说写成报道或特写，我总算抢在他们前面发了消息，真是快事。”在这篇芝加哥演说中，林肯至少显示了领袖的一种巨大天赋——使失败的追随者获得新的希望。

约翰·查尔斯·弗里蒙特是一个坚强勇敢、意气风发的青年考察家，在开发西部方面作过很多贡献，赢得了“开拓者”的美名。从1842年到1854年，他考察了落基山脉、犹他和加利福尼亚。内战时期他在军中供职，1864年被不满林肯的共和党人提名为总统候选人，但后来退出竞选。

31　德雷德·斯科特　德雷德·斯科特判决书是最高法院于1856年3月6日公布的。斯科特原是一个黑奴，他的主人带了他从密苏里迁移到伊利诺伊。两年以后，斯科特的主人又迁到现在叫做明尼苏达的地方，在那里把斯科特卖给一个名叫桑福德的人。斯科特不承认桑福德有权占有他，宣称他既然在一个自由州住过，就理所当然获得了自由。法院判决斯科特胜诉，但案子移到高级法院后，原判被撤销，于是斯科特又向最高法院上诉。最高法院就以下两点作出判决：(1)斯科特是否合众国公民并是否有资格以合众国公民身份向美国法院起诉？(2)斯科特在自由州居住了两年是否就成为自由民？尽管有很多不同意见，最高法院还是判决斯科特败诉。首席法官坦尼认为，当宪法最初制订的时候，“黑人并没有白人必须予以尊重的权利”，还认为“非洲人种绝对肯定没有被宪法制定者包括在一州的公民名下”。这样就断定斯科特没有起诉的权利。至于第二个问题，最高法院裁定“国会禁止公民在36度30分线以北合众国境内占有或拥有奴隶的法案[1820年]未由宪法批准,因而无效”。反对奴隶制的人们宣称,此案所以引起强烈骚动,仅仅是因为就第二点作出的判决实际上使人有权在国内任何地方拥有奴隶,各准州实行奴隶制当然更不在话下。

罗杰·布鲁克·坦尼(1777—1864),起初是一个联邦制拥护者,后来成了杰克逊民主党人。他从1831年到1833年是合众国司法部长,1835年任最高法院首席法官。林肯第一次就任总统时由他主持就职宣誓。

32　国会参议员提名　1856年7月16日举行的伊利诺伊州代表大会以鼓掌通过亚伯拉罕·林肯为“共和党人推选接替斯蒂芬·道格拉斯为合众国参议员的唯一首要人选”。道格拉斯被民主党人再次提名。向代表大会作的“裂开的房子”这篇演说受到广泛议论,有些朋友认为他是自杀。威廉·赫恩登说,林肯自知应该被提名,有一段时候一直在纸片上撰写这篇演说,不断加以修改,这是他最精心准备的演说。赫恩登写道:

“在发表演说前,他邀请十来个朋友来到州议会大厦图书馆,向他们宣读,读后向每个人征求意见。有好几个人加以谴责,没有一个人表示赞成。耐心听完朋友们的种种批评意见——除一人之外都反对——他从椅子上站起身,说明他对这个问题曾仔细研究和郑重思考,然后用下面几句话具体回答他们的反对意见:“朋友们,这件事耽误的时间已经够长了。现在是把这些想法说出来的时候了。如果命中注定我要由于这篇演说而完蛋,那就让我和真理一同完蛋吧——让我在拥护正义和正确的事情中死去吧。””

“裂开的房子”这一论断是许多激烈攻击林肯的长篇演说的题目,但林肯始终不肯收回这个说法。

33　第一次大辩论　大辩论引起的激动不仅仅是地方性的。被当时各种问题刺激得几乎发狂的国民的目光都集中在伊利诺伊。辩论会有许多群众参加,双方都用乐队、仪仗和爆竹竞争。人们远道而来,专心致志地倾听长达三小时的演说。必须记住,当时伊利诺伊州的北半部是反对奴隶制的,南部则赞成奴隶制。在北部渥太华举行的第一次辩论中,道格拉斯向林肯提出一连串问题,想使林肯情不自禁地抒发他的反奴隶制思想感情。在第二次辩论中,林肯向道格拉斯问了几个问题,其中一个主要的问题是:“合众国一个准州的人民,在州宪法制订之前,能违反合众国任何公民的意愿,以任何合法方式将奴隶制排除在其范围之外吗?”林肯看出,道格拉斯回答这个问题如果要讨好伊利诺伊,就必然会得罪南部。林肯的朋友们警告林肯,要他不要提出这个问题,说他将因此而失去参议员的职位,林肯回答道:“先生们,我在撒大网捉大鱼;如果道格拉斯回答说是的,他就永远当不了总统,而 1860 年总统竞选的价值要比参议员高一百倍。”

34　在昆西的答辩演说　马萨诸塞州的埃利·惠特尼于 1793 年发明了轧棉机,一天能清理一千磅棉花。南部的地价顿时飞涨一倍以上,奴隶的价格也相应上升。非洲奴隶贸易在 1808 年就由法律明文禁止了,但黑奴的价值促使许多人知法犯法。在讨论脱离联邦的问题时,南部人主张恢复奴隶贸易,他们举出这样一个事实作为例证:从 1790 年到 1860 年,弗吉尼亚一名男性“农田劳动者”的价格从二百五十美元猛增到一千六百美元。

35　青年美国人　“青年美国人”是斯蒂芬·道格拉斯的支持者们的战斗口号,他的年轻曾被作为企图不让他担任最高级职位的理由。在他们控制的《民主评论》中,他们利用了这个把卡斯、布坎南等人叫“老古董”的主意。他们是门罗主义、“命定说”以及任何种类领土扩张的热诚支持者,对于吞并古巴尤其拥护。林肯提到“世界博览会”是因为合众国举行了第一个这样的展览会。它是 1853 年在纽约举行的。

36　给皮克特的信　T. J. 皮克特是林肯的一位新闻界朋友,他急于率先发动一次“总统支持运动”。这时道格拉斯正在南部发表亲奴隶制演说,把林肯作为废奴主义者大肆嘲弄,皮克特邀请林肯在全国范围内加以答复,这种宣传对林肯帮助很大。

37　斯凯勒·科尔法克斯　斯凯勒·科尔法克斯是印第安纳州的一个新闻工作者和政治家,后来在格兰特的第一任总统期内任副总统。他主办的报纸《圣约瑟夫谷记事报》是有影响的辉格党机关报。当时他正担任国会议员。他写信给林肯说,虽然反对奴隶制的人占大多数,但这些人成分各各不同,谁能在 1860 年使他们联合成为一个“胜利的密集队”,谁就会“比拿破仑或维克托·伊曼纽尔①更配享有盛名。在这项工作中……你可以做的事情

① 维克托·伊曼纽尔(1820—1878)——意大利王国开国君主(1861—1878)。——译者

远远比像我这样的一个人多。你的意见使它大有分量，因为，说实话，凡是你写的政治信件，没有一封不是复印了在全联邦传布的”。

38 S. P. 蔡斯 俄亥俄州蔡斯州长是1860年总统提名中的主要候选人。林肯任命他为财政部长，1864年出任最高法院首席法官。

39 库珀学会演说 在库珀学会的演说是林肯生平最吃力的一次。他从未在东部发表过演说，他在这里遇到的听众全是纽约有资财、有修养的饱学之士。他后来向赫恩登抱怨说，这是他生平第一次为自己的衣着感到羞耻。霍勒斯·格里利和戴维·达德利·菲尔德陪他走上讲台，威廉·卡伦·布赖恩特替他作了介绍。现任驻英大使的约瑟夫·乔特这样形容当时的场面：

“他的模样完全像一个他喜欢被列入其中的普通人。……当他在会前和我谈话时，神情有点惶恐不安，就像一个年轻人要向一些新的陌生听众讲话，而这些听众爱挑剔的脾气又是他害怕的。听众真了不起，所有在纽约的他的党内的知名人士，有学问有修养的都来了，其中包括主编、教士、政治家、律师、商人和批评家。他们都怀着极其好奇的心理来听他讲话。……当布赖恩特先生在库珀学会高高的讲台上把他介绍给听众时，无数张热切的仰起来的脸在欢呼他，脸上充满了深深的好奇，想看看这个野小子究竟是什么模样。他经受住了这个场面的考验。当他开始说话时，他的脸变了，眼睛放光，声音洪亮，脸上发出光彩，似乎把整个会众都照亮了。足足一个半小时，他把听众捏在他的手心里。他的演说风格和讲话方式朴实至极。他所擅长的洛厄尔所谓“《圣经》的伟大朴质”在他的讲话中充分表现了出来。……眼看这个没有受过教育的人，仅仅依靠自学和意志的磨炼，终于胜过一切浮夸的艺术，具有了绝对纯朴的宏伟和力量，这实在是不可思议的。……他在演说结束时向听众发出呼吁，带着他那觉醒和燃烧着的良心的全部烈火，倾泻出他对正义和自由的全部热爱，要他们在那个重大而不可置疑的是非问题上保持只有这个问题才能证明为正确的政治决心，而不要被任何关于摧毁政府或毁灭他们自身的威胁吓倒，以致不敢履行他们那神圣的义务。……当天整个会议大厅以及次日全城都响彻着喜悦的欢呼和祝贺，那个人来时无人知晓，去时却戴着巨大胜利的桂冠。”

霍勒斯·格里利在次日的《论坛报》上宣称“从来没有一个人能够像他那

样第一次向纽约听众呼吁就留下这样深刻的印象”。

40　提名　在1860年的总统竞选中，纽约的西华德被认为最有希望获得提名。林肯的其余对手是：蔡斯州长，反奴隶制的民主党人，新共和党创始人之一；新泽西的戴顿，老辉格党人；宾夕法尼亚的卡梅伦，反奴隶制的民主党人；密苏里的贝茨，来自蓄奴州的辉格党人。大会主席是马萨诸塞的乔治·阿什曼（临时主席是威尔莫特附加条款的发起人戴维·威尔莫特），他后来建立了第一个黑人团，在整个战争期间为北部的事业作出了重要贡献。阿什曼先生在告别辞中这样谈到林肯：

“他在过去两年中所经历的斗争好像用火一样磨炼了他。在我们行将支持他的那种斗争中，国内肯定没有一个人会由于林肯一生中所做的某一件事而羞惭得抬不起头来。你们有了一个和事业相称的候选人；你们非保证他获得成功不可，人类非保证他获得成功不可；自由治理的事业非保证他获得成功不可，天意注定他非成功不可。”

所有的人都对林肯获得提名表示欢迎，只有少数狂热的废奴主义者例外。温德尔·菲利普写了一篇文章，骂林肯是“伊利诺伊追逐奴隶的猎狗”，因为林肯曾经说过逃亡奴隶法既然是一项法律就应该执行。总统竞选包括四方面。（1）以林肯和缅因的汉尼巴尔·哈姆林为首的共和党，他们认为奴隶制在道德上是错误的，国会应禁止它进一步扩展；（2）以道格拉斯和佐治亚的约翰逊为首的道格拉斯派民主党人，他们宣称对奴隶制的是非曲直或扩展不感兴趣，但主张每个准州都有权自行决定到底实行还是不实行奴隶制；（3）以肯塔基的布雷金里奇和俄勒冈的约瑟夫·莱恩为首的布坎南派民主党人，他们宣称奴隶制是正确的，应该予以扩展；（4）以田纳西的贝尔和马萨诸塞的爱德华·埃弗雷特为首的宪法联合党，他们对奴隶制完全置之不顾，只承认以下一个原则：“国家的宪法、州的联合以及法律的实施。”

41　选举　1860年的选民投票结果为：林肯一百八十五万七千六百一十票；道格拉斯一百三十六万五千九百七十六票；布雷金里奇八十四万七千九百五十三票；贝尔五十九万零六百三十一票。选举人投票结果为林肯一百八十票，道格拉斯十二票，布雷金里奇七十二票，贝尔三十九票。

42　A. H. 斯蒂芬斯和南部同盟　A. H. 斯蒂芬斯的演说曾一度使林肯大为感动，这封给斯蒂芬斯的信是在南卡罗来纳州代表大会以一致通过的法令宣布南卡罗来纳州与其他各州之间的联合"特此取消"两天以后写的。林肯和斯蒂芬斯的通信起因于林肯向斯蒂芬斯要一篇演说,后者在演说中宣称:"如果我们现行的奴隶制对于身心如此结构的非洲人不是最好的制度,如果奴隶制不能在社会上、道德上和政治上最好地促进非洲人的幸福,就像对他的主人一样,那么,奴隶制就应该废除。"这封信写了两个月以后,美利坚同盟成立了临时政府,杰弗逊·戴维斯任总统,斯蒂芬斯任副总统。斯蒂芬斯称新政府"建立于黑人比不上白人这一伟大真理,当奴隶,服从优等种族,是黑人的天然正常情况"。他说南部同盟是"世界历史上第一个奠基于这个自然、哲学和道义的伟大真理的政府"。斯蒂芬斯在许多重要问题上和戴维斯意见不合,在 1864 年赞成和平。战后,他在 1875 年到 1882 年任国会议员,1883 年任佐治亚州长,同年去世。他的最出名的著作是《各州战争史》。

43　向斯普林菲尔德告别　告别的场面是极其动人的。林肯站在昏暗的候车室里,默默地和列队在他面前经过的朋友和乡邻们一一握手。当时的感情是深沉的。当总统一行上了火车,列车员刚要打铃开车时,林肯打了一个手势阻止他,然后站在平台上,发表了这篇简短而意味深长的演说,这篇演说已经笼罩着他的日益临近的死的阴影。他的遗体于 1865 年 5 月 3 日运回斯普林菲尔德安葬。按照市民的殷切要求,路线和去华盛顿那次相同。

44　第一次就职演说　联系新总统的这第一篇公开演说,必须记住,从这一年的 1 月 9 日到 2 月 1 日,密西西比、佛罗里达、亚拉巴马、佐治亚、路易斯安那和得克萨斯这几个州已经和南卡罗来纳一起宣布脱离联邦,以奴隶制为新的同盟的"基石",并选举了一个临时政府,同时从 12 月以来,安德森少校在被迫放弃莫尔特里要塞以后一直被围困在查尔斯顿港的萨姆特要塞。林肯在准备这篇就职演说时曾广泛征求意见。贾奇·戴维斯、O. H. 布朗宁和老佛兰克·布莱尔都提了批评意见,在布朗宁先生的建议下,关于从脱离主义者手中夺回所有要塞的说法被删去。最后还向新上任的国务卿威廉·西华德征求意见。西华德认为"论据有力和确切",但建议使用"一些盛情的词句,要带点沉着和乐观的信心"。演说最后一段就是西华德构思而由林肯修改的。西华德的原文是:"记忆的琴弦,从每一座爱国者的坟墓延伸到……一旦被国家的保护神吹进气息,必将高奏出古老的乐曲。"在就职典礼上,站在新总统旁边的是两个政治上的老对手,一个是他的亲密朋友爱德华·贝克

（此人的阵亡是林肯在战时遭受的第一项个人损失），给他作了介绍，还有一个当他起身讲话时替他拿帽子的是斯蒂芬·道格拉斯，注定以后将永远不再和他的老对手作对。此外，作出德雷德·斯科特案判决的坦尼主持了起誓。

45　对西华德的答复　4 月 1 日，西华德国务卿向林肯递交了一个文件，所有为他写传记的人都认为这个文件是惊人的。西华德显然是在暗示他那成功的竞争者应该把权力让给他这个内阁首脑，对此林肯给了他所特有的温和的回答，但是其强硬态度西华德马上就觉察了。不久后他写信给他的妻子说：“总统是我们当中最厉害的。”

46　萨姆特要塞　1861 年 4 月 12 日政府试图给萨姆特要塞驻军运送粮食之后，查尔斯顿军队向该要塞开火。4 月 14 日星期日早晨，这支小小的驻军带着给予战败者的恩典，带着曾受炮火轰击的军旗离开了要塞，四年后的同一天又将同一面旗在要塞上空升起。

47　斋戒日布告　陆军总司令斯科特将军和谢尔曼将军都主张新征集的军队先整顿军纪，暂缓和敌人交战。使北部损失惨重的波尔河会战是 7 月 21 日在违反他们意愿的情况下进行的，然而是对普遍要求采取行动的呼声的一种让步。

48　给弗里蒙特的信　想尽办法来到联邦军兵营的奴隶数目之多使司令官们十分为难。巴特勒在门罗要塞已巧妙地解决了这个难题，他的方法是说明，既然弗吉尼亚自称是一个外国，逃亡奴隶法显然已不起作用，而南部各州已由奴隶劳动力建立起许多防事，故而黑人是战时禁运品。另一方面，弗里蒙特却不得总统允许就宣布让这些黑人获得自由。亨特将军前来挽救，但为时已晚。弗里蒙特和密苏里的布莱尔父子发生了争吵，布莱尔父子是联邦事业的重要人物，这使总统大为不快；接着，他的过分仓促的解放命令所获得的普遍赞许就被一次军事上的挫败一扫而光。弗里蒙特于 11 月 2 日被解职，在战争后期他又被授予另一支军队的指挥权。

49　给麦克里南德的信　约翰·亚历山大·麦克里南德原系伊利诺伊一位律师和政治家，是林肯的老相识。他曾经是民主党人，但向来不赞成奴隶制。他的戎马生涯开始得很出色，他的朋友们甚至指望他能晋升总司令。1863 年，格兰特以他犯有违抗命令之罪，解除了他的职务，他担任其他职务一直到 1864 年。信中提到的沃什伯恩是伊利诺伊的另一个政治家，是总统的老朋友。

50 给麦克莱伦的信 乔治·布林顿·麦克莱伦(1826—1885)是西点军校杰出人物之一。他曾参加墨西哥战争,为合众国政府研究过克里米亚军事行动,但于1857年辞去军职。他在商业上获得成功,当了俄亥俄一密西西比铁路公司董事长。他于1861年志愿参军,任俄亥俄军区司令,将同盟分子逐出西弗吉尼亚,受到热烈赞扬,因而被召到华盛顿。1861年7月27日,墨西哥战争老将斯科特将军辞职,他接任统率联邦军,那时他才三十五岁。他的平步青云促使他做了许多极其不应该做的事情,写了许多极其不应该写的话。在他自传里发表的给他妻子的信中有下面几句他在华盛顿期间所写的话:“我发现自己在这里处于一个新的和奇怪的地位;总统、内阁、斯科特将军和所有的人都对我百依百顺。借助某种奇怪的魔术作用,我似乎成了国内的强权人物。”“我要把事情干得气势堂皇,一举粉碎叛军。”“我愿愉快地接受独裁地位,在国家获得拯救后乐于献出生命,”等等。在三个月内,麦克莱伦就把一批新兵训练组成一支实力坚强的战斗部队,但上了战场以后,他却始终摆脱不了敌军人数远远比他多的念头。这里提出的林肯的作战计划曾获得军事评论家们的赞赏。

51 有偿解放 国会两院一致通过了一项赞成根据建议的条件解放奴隶的决议,但南部不予理会。这个议案受到众议院急进的反奴隶制领袖撒迪厄斯·史蒂文斯的谴责,称它是“历来向美国人民提出过的最平淡的牛奶掺水粥建议”。国会于1862年4月16日以将近一百万美元赎买了哥伦比亚特区的奴隶,给了他们自由。林肯在参议员任期内曾提出过一个同样内容的议案,但未能交付表决。不列颠西印度群岛的奴隶制在1838年即用赎买方法予以废除。

52 给麦克莱伦的信 当有人问林肯为什么不坚持要这个年轻的将军更加合乎礼貌地待人时,总统回答道:“没关系,只要麦克莱伦打胜仗,我就给他牵马。”麦克莱伦在训练军队立了大功以后,尽管拥有优势兵力,却变得过分谨慎小心。林肯的烦恼在一些俏皮话中表现出来:“名义上叫波托马克军团,实际上只是麦克莱伦的保镖。”“如果麦克莱伦不在使用军队的话,我要向他暂时借用一下。”当时麦克莱伦已开始进行对里士满的战役。他曾在门罗要塞建立了一个供应基地,但迟迟未向南部同盟的首都进军。

53　给麦克莱伦的电报　麦克莱伦花了一个月工夫在约克敦前围设置攻城炮,尽管他的军队在数量上以四对一之比超过敌人。当攻城炮设置完毕后,同盟军放弃了阵地。

54　给麦克莱伦的电报　菲茨·约翰·波特将军已赢得汉诺佛法院战役的胜利。正如总统所设想的,同盟军当时根本没有集中在里士满。“石墙”杰克逊正准备在谢南多亚河谷攻击班克斯将军,这个行动严重威胁华盛顿。

55　给麦克莱伦的信　麦克莱伦计划于6月26日发动攻势。他在那天受到刚被任命为弗吉尼亚同盟军司令的李的进攻。麦克道尔为了保卫华盛顿迟迟不能来增援麦克莱伦,班克斯已被逐出谢南多亚,麦克莱伦和他在约克河上的供应基地已被切断。他着手在詹姆斯河上建立一个新的基地,经过七天艰苦的战斗之后,赢得了7月1日莫尔文山的胜利。麦克莱伦从里士满撤退曾被军事评论家称为非常英明;但这很难满足切望胜利的国民的要求。7月27日晚上,麦克莱伦给陆军部长斯丹顿发电报说:“我老实告诉你,如果我现在救出国家的话,我一点也不用感谢你,也不用感谢华盛顿的任何一个人。你已经为断送军队尽了你最大的力量。”斯丹顿先生是个脾气暴躁的人,为了这件事要送麦克莱伦受军法审判,但总统却相反发出了这封所引的信。从联邦的观点来看,这是战争最没有希望的一个时期。

56　给麦克莱伦的信　这封信是在麦克莱伦七天撤退战斗期间寄出的;后一封信是在莫尔文山胜利后写的。军事评论家们认为,在这次胜利以后,麦克莱伦本来可以拿下里士满,但他发脾气,宁可吃败仗,把攻势让给了对方。

57　向边界州议员的呼吁　三分之二的边界州议员认为这个计划不切实际;三分之一答应把计划提交他们的选民。这是总统最后一次试图在不使奴隶主受损失的情况下实现他蓄念已久的解放奴隶的计划。

58　给雷弗迪·约翰逊的信　雷弗迪·约翰逊是巴尔的摩律师界领袖,被某些人称为我国最杰出的律师。林肯在某一个案子上恰巧和他各自代表对立的一方,曾希望有机会和他交锋,但由于一个技术细节,林肯未被允许发言,此事他终身引以为憾。

59　路易斯安那　当时任海军准将的法拉格特指挥海军,巴特勒将军指挥陆军,于1862年4月22日共同占领了新奥尔良。这个决定性的胜利打开了被总统称为叛乱分子脊骨的密西西比河。南部同盟派往英国的特使梅森和斯利特尔认为此举给欧洲国家致命的打击，使它们再也不敢承认同盟。林肯敦促路易斯安那、田纳西和阿肯色三个州的军警州长允许和帮助人民选举国会代表，这样他们就不至于被认为是在叛乱，从而免受《初步解放宣言》警告要给他们的惩罚。

60　给加斯帕林伯爵的信　艾吉诺·加斯帕林伯爵是法国作家、慈善家和国际法专家，内战时写过两本书为联邦事业辩护，书名为《一个伟大民族的崛起》和《欧洲面前的美国》。

61　给格里利的信　霍勒斯·格里利曾在8月20日的《论坛报》上发表一封给林肯的题为《二千万人民的祈求》的公开信，指责他对亲奴隶制思想过分迁就。

62　宗教见解　和林肯关系十分密切的杰西·费尔曾对总统的宗教见解作过长篇论述，他在其中说道："虽然他有许多见解和绝大多数基督教徒相同，他对被认为是基督教的正统或福音派的见解却不相信。"费尔先生认为林肯的神学思想多半来自西奥多·帕克。对于这些看法他的朋友全都同意。威廉·赫恩登写道："没有一个人信仰天公——上帝——比林肯先生更强烈或更坚决，但他晚年经常使用上帝这个词决不能解释为他信仰上帝本身。"林肯夫人说她的丈夫"对那些词的一般通用意义不相信，也不抱希望"。她补充说："他从未参加过一个教派，但我仍然相信他天生是个笃信宗教的人。"

63　《初步解放宣言》　7月22日总统曾召集内阁会议，向阁员们说明他认为解放奴隶现已成为军事需要。当李入侵马里兰时，总统接受他认为最宝贵的西华德的意见，决定等李军一被击退立刻发表宣言。麦克莱伦于1862年9月17日赢得了安提塔姆血战的胜利，尽管没有乘胜追击，总之把同盟分子逐出了马里兰州。蔡斯部长在日记中记述的总统对阁员的讲话是饶有趣味的。大家先闲谈了一会儿，接着林肯读了阿蒂默斯·沃德新著中的一章，然后宣称尽管军队的行动是令人失望的，他决心在李战败后发布宣言。他说：

"我没有向任何人说过，但我向我自己和(迟疑了一下)上帝作出了保证。……我把你们召集起来，是要你们来听取我写的东西。我并不希望你们对主要问题提意见，因为对于它我自己已作出了决定。我这样说并非对你们哪一位不尊重。……我清楚地知道，许多人在这件事上或其他事情上能比我干得好，但如果能使我相信，公众对他们当中某一个人的信任超过对我的信任，而且又有什么合乎宪法规定的办法可以把这个人放在我的位置上，那我一定让贤。现在是我做主，我必须尽力而为，并为采取我认为应该采取的方针负责。”

全体阁员都表示赞成，只有布莱尔先生认为时机极不合适。

64　给汉尼巴尔·哈姆林的信　哈姆林是林肯的副总统，原为民主党人，由于抱反奴隶制的观点而加入共和党。他从1857年到1861年任参议员，副总统任期满后，1869年到1881年重新任参议员。晚年被任命为驻西班牙公使。

65　路易斯安那　林肯殷切期望的国会议员选举于1862年12月3日举行。联邦官员没有一个当候选人，半数选民参加了投票。检查委员会宣布选举完全合法，国会接纳了代表。总统敦促各地都举行类似的选举，但国会后来却拒绝接纳这类代表出席，从而挫败了总统制定的重建政策。

66　卡尔·舒尔茨　卡尔·舒尔茨出生于普鲁士，年轻时由于和本国革命运动有牵连而逃来美国。战时他曾在军队中供职，在征召德国公民服役方面很有影响。

67　弗雷德里克斯堡战役　伯恩赛德将军是在违反本人意愿的情况下出任军团司令的，在1862年12月11日进行的弗雷德里克斯堡战役中遭到惨败。总统提到的他的战况报告是一个有男子气概的文件，他在其中赞扬了他部下官兵们的行为，失败的责任完全由他个人承担。失败引起了北部极大的不满，但当时手边似乎没有一个人比伯恩赛德更能胜任司令这个职位。

68　《解放宣言》　总统的许多信表明，他签署这个文件是形势所迫，是违反他对奴隶主的正义感的。关于这个历史性文件对奴隶的作用，布克·华盛顿在题为《从奴役下站起来》的自传中的一段也许最能说明问题。在这本书里，这个本身曾经是弗吉尼亚种植园里一个小奴隶的人给我们描绘了那个决定性的时刻：

“当这个伟大的日子越益临近的时候，奴隶住处充满了比往常更多的歌声。歌声更大胆，更嘹亮，一直延续到深夜。绝大多数种植园歌的歌词都是关于自由的。的确，同样的歌他们以前也唱过，但他们一直小心翼翼地解释说这些歌里的‘自由’指的是来世，和今世的生活无关。现在他们逐渐撕下假面具，不再怕人家知道他们歌里的‘自由’指的是今世的人身自由。在这重大日子的前一夜，消息传到奴隶住处，说是明天早晨‘大房子’里将发生一件不平常的事。那天晚上大家几乎一夜未睡，充满了兴奋和期待。第二天一早，所有的奴隶，男女老幼，都被叫到屋前集合。我和妈妈、哥哥、姐姐和另外许多奴隶一起走到主人的住宅前。主人一家都在阳台上，有的站着，有的坐着。打算看看发生些什么，听听说些什么。他们脸上的表情非常关切，也许是难过，但并无怨恨。现在回想他们给我的印象，他们当时觉得难过与其说是因为丧失财产，倒不如说因为要和那些由他们抚养长大、在许多方面和他们亲密无间的人分别。我现在记得最清楚的一件事是，有一个陌生人(大概是政府官员)短短讲了几句话，然后宣读了一个相当长的文件——我想就是《解放宣言》。文件读完以后，我们被告知说，我们都获得自由了，我们到哪里去，什么时候去，都由我们高兴。我妈妈站在我旁边，弯下腰吻她的孩子，喜悦的眼泪簌簌地从脸上流下来。她向我们解释了这到底是怎么回事，说这是她长久以来梦寐以求的一天，但一直担心活不到这一天。

“接连几分钟大家兴高采烈，感激涕零，一片欢腾景象。但毫无怀恨的感觉。事实上，奴隶们还为他们过去的主人可怜。获得解放的黑人的狂欢只延续了很短时间，因为我觉察到，他们一回进自己的小屋，情绪马上就变了。自由了，得照管自己了，得为自己和子女着想打算了。这个巨大责任好像彻底占有了他们。这非常像要一个十岁或十二岁的孩子出外去自行谋生。……有些人一直向往自由，但现在真正到手之后，却发现自由要比他们当初所想象的严峻得多。有些奴隶已经七八十岁，他们一生中最好的时光已经过去了。再说，在他们内心深处，对‘老东家’和‘老东家太太’以及他们的子女有一种莫名其妙的依恋之情，难舍难分。……慢慢地，一个接一个，年纪老点的奴隶们偷偷地从奴隶住处又溜回大房子，去和他们以前的主人小声儿谈谈今后的打算。”

69　给胡克将军的信　尼古拉和海两位先生在他们的传记中说：“这封信中最引人注目的恐怕是它证明林肯总统到了他任期的中期，他的天才怎样完全地发展到了他的巨大国家职责的顶峰。它自始至终用的是伟大统治者的语言，发扬的是伟大统治者的精神，他作为统治者获得了人民的信任和官方的权威，能应付在他面前接连出现的种种紧急情况。”

70　格兰特在维克斯堡　格兰特将军一开始就制订一项以攻为主的战略，并取得一些重要的胜利，但被他的上级哈勒克以技术理由加以反对。总统当时正由于他的将领们优柔寡断而深为不快，当要求他将格兰特撤职时，他的回答是：“我不能没有这个人。他在打仗。”并将格兰特擢升少将。格兰特继续奉行他的攻势政策，在维克斯堡迫使彭伯顿率部三万人和大炮一百七十二门投降。

71　给米德的信　葛底斯堡战役是1863年7月头三天进行的。李曾经幻想占领宾夕法尼亚，但米德将军给予他的打击如此沉重，普遍认为米德如果跟踪追击的话，战争马上就可以结束。

72　给林肯夫人的信　威廉·林肯死后，托马斯，或“塔德”，似乎特别受到他父亲的宠爱。约翰·海上校写道：

“塔德是一个活泼可爱的孩子，绝对无法无天，充满怪想，是政府大厦的“特许放荡者”。他在他父亲的办公室里不断进进出出，以他那欢快、急促和非常不完善的话语干扰父亲的最严肃的工作和谈话——因为他有口吃病，直到快成年时发出的音还几乎听不清楚。当最重要的会议在进行时，他会爬在父亲膝盖上，有时甚至爬在肩膀上。他常常逃避家里人的管束，整个晚上躲在那个庇护所，终于倒在地板上睡着了，总统就把他抱起来，轻轻地送上床。”

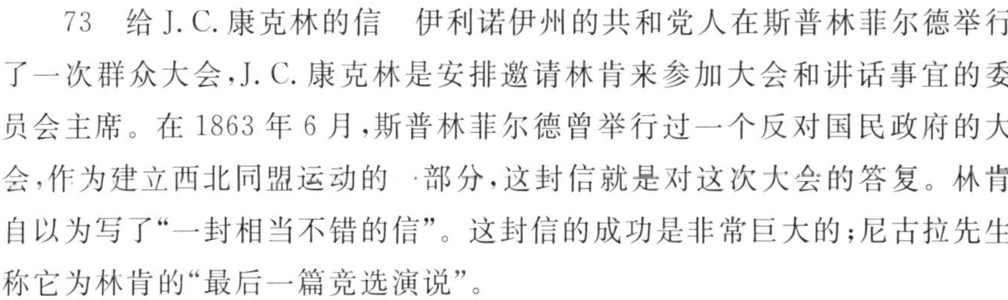

73　给J.C.康克林的信　伊利诺伊州的共和党人在斯普林菲尔德举行了一次群众大会，J.C.康克林是安排邀请林肯来参加大会和讲话事宜的委员会主席。在1863年6月，斯普林菲尔德曾举行过一个反对国民政府的大会，作为建立西北同盟运动的一部分，这封信就是对这次大会的答复。林肯自以为写了“一封相当不错的信”。这封信的成功是非常巨大的；尼古拉先生称它为林肯的“最后一篇竞选演说”。

74　葛底斯堡演说　评论家们一致认为这篇简短的讲话堪称世界上最伟大的演说之一。当时林肯却对他的一个朋友说：“这篇演说糟透了。人们不会喜欢它的。”爱德华·埃弗雷特在同一天作了长篇演说，他于次日写信给林肯说：“如果我在两小时内所讲的东西，能像你在两分钟内所讲的那样触及这个集会的中心思想的话，那我就十分高兴了。”林肯夫人谈到她丈夫“在去葛底斯堡的时候”，似乎“越发”想到宗教方面的事情。

75　给霍德利州长的信　总统对违犯军纪者总是宽大为怀，愿意予以赦免，这使得陆军部和战场上的军官非常不满，扬言他破坏了纪律。林肯似乎不会下令将任何一个人处死。他把在敌人面前怯懦的表现叫做"腿病"，并且问道："如果上帝给一个人生了一双怯懦的腿，那它们要带了他逃，他又有什么办法好想呢？"他宽赦的罪犯中，要算威廉·斯科特的例子最为感人。斯科特年龄还很小，在四十八小时不睡觉之后，自告奋勇替一个生病的战友站岗，结果在岗位上睡熟了，就此被判处枪决。总统到他的帐篷里看望了他，和他谈了话，看了少年随身携带的家人的照片，然后对他说明天不将他枪决了。总统还说，斯科特欠下他很多债，问他是否愿意偿还。少年大为惊讶，连连称谢，但误会了总统的意思，解释说把补助金、军饷和他的家属以及"伙伴们"可以弄到的钱加在一起，大概可以凑足五百或六百美元。林肯说，这笔债远远不止此数，只有用勇气和克尽厥责才能偿还。斯科特证明没有辜负总统的期望，后来英勇作战，直到受了重伤。他临死前给林肯捎了一个信，说他已尽力还债，在最后的时刻思念总统的慈祥的面容，再一次感谢林肯容许他作为一个士兵战死疆场，而不是作为懦夫死于战友之手。

76　皮洛要塞　同盟的一个名叫福雷斯特的少将报告说，他在 1864 年 4 月 13 日这天，在皮洛要塞向一个由七百人守卫的要塞猛攻，在三十分钟内俘虏全部驻军，并将其中五百人杀死。被杀死的绝大多数是黑人士兵。他估计同盟军的损失为死二十人，伤六十人。林肯提起的就是这个稍有夸大的报告。1863 年 5 月 1 日，同盟国会曾通过一项联合决议，规定联邦军黑人士兵的白人军官"如果被俘应处死或由法院任意惩处"。这个命令从未执行，皮洛要塞事件是残害黑人士兵的唯一记录。总统并未实行报复。在皮洛要塞战役大约一年以前，林肯曾和黑人演说家道格拉斯商量对同盟的这项决议实行报复性措施是否适当。道格拉斯说：

"我永远不会忘记他慈祥的脸容、含着泪水的眼睛，还有他反对采取报复性措施时颤抖的声音。他说：'这种措施一开始实行，我就不知道会如何收场。'他说他不能把人们带出去，为了别人做的事情而将他们残酷地杀死。如果他能把那些残杀黑人俘虏的罪犯揪住，那就是另一回事，但他决不能把无辜的人当作罪犯杀死。"

77　给格兰特的信　格兰特于 1864 年 3 月被任命为北军总司令。他被授予陆军中将军衔，这个军衔在内战前只授予过两次，一次授予华盛顿；另一次授予斯科特。从一开始总统就欣然允许格兰特充分自行处理事务。在回答这里刊登的总统的信时，格兰特写道："从我志愿参军为国效劳的第一天直到今天，从来有过一件事使我抱怨。我随便要什么东西总是立刻答应，甚至不需要作任何说明，这一直使我惊讶不已。我的成功如果小于我的期望，那我至少可以说，这并不是你的过错。"

格兰特在他的《回忆录》中就林肯对待军队情况的方式讲了一个富有特色的故事。总统给他讲了下面这样一个故事："从前，动物之间发生了一场大战，交战的一方怎么也找不到一个有充分自信的指挥官。最后，他们找到了一只名叫乔科的猴子，他说他能统率他们的军队，只要把他的尾巴加长一点就行。所以他们就弄来一根尾巴，把它接在他的尾巴上。他向它赞赏地看看，心想应该再加长一点。于是又加了一条尾巴，可他还不满足。尾巴一接再接，直到最后，乔科的尾巴盘起来把整个房间都塞满了。他还是一个劲地要更多的尾巴，由于没有盘的地方了，他们就把尾巴绕在他肩上。他不断地要，他们就不断地把更多的尾巴绕在他身上，最后，尾巴的重量终于把他压垮了。"格兰特回答道："总统先生，除非我发现我手头有的东西没法办事，我决不会要求更多的援助。"

78　第二次被提名　林肯于1864年6月7日再次被提名为总统候选人，保守分子和急进分子都有人反对，但不起什么作用。财政部长蔡斯是竞选提名的对手，另一帮心怀不满的人推举弗里蒙特。田纳西的安德鲁·约翰逊被提名为副总统候选人。麦克莱伦是民主党候选人。

79　备忘录　格兰特进攻里士满所遭受的巨大伤亡、和林肯意见不合的格里利的议论、蔡斯背信弃义的辞职以及李的杰出的指挥才干，所有这一切都在国内引起强烈不满。

80　第二次当选　在选举日的前一天，陆海军连获大捷。在二百三十三选举人票中，林肯获二百一十二票。

81　致国会的咨文　这时国家面临的一个严重问题是通过第十三条宪法修正案，根据这个修正案，奴隶制应在合众国永远废除。这个修正案是在1865年1月31日通过的；一百一十九票赞成，五十六票反对，八票弃权。直到几乎最后一分钟，这个问题还未确定，投票结果揭晓后，反奴隶制党欣喜若狂，鸣炮一百响以示庆祝。

82　给 W. T. 谢尔曼的信　谢尔曼将军在他著名的向海洋进军之后，于 1864 年 12 月 24 日占领萨凡纳市。这样，同盟军就缩小到实际上只剩下了在里士满周围的一支军队。

83　和谈　林肯后来亲自前往会见和谈特使，但他们似乎宁愿停战而不愿和平，和谈就告吹了。

84　致国会咨文草稿　这是总统最后一次试图使南部在经济上不至于破产。不过，他的这种努力所以告终，倒不是由于他改变了主意，而是因为他遇刺去世，接替他的人远远不及他目光远大和能体谅别人。据尼古拉先生说，在内阁会议上，“总统忧伤地说了一句‘你们都反对我’，就收起文件，终止了讨论。”

85　第二次就职演说　这篇就职演说和葛底斯堡演说是林肯口才的最高标志。伦敦《泰晤士报》称这篇就职演说为本世纪最崇高的政府文件。恰好两个月后，这篇演说在林肯墓前宣读。

86　最后一次公开演说　李于 1865 年 4 月 9 日投降。总统的最后一次演说集中在国家所面临的重建问题上。如果他不死的话，这个过程将会完成得好得多，也快得多，这样猜想是公平合理的。林肯于 14 日晚遇刺。

图书在版编目(CIP)数据

林肯选集/(美)亚伯拉罕·林肯著;朱曾汶译.—北京:商务印书馆,2017
(汉译世界学术名著丛书:120年纪念版:珍藏本)
ISBN 978-7-100-14577-0

Ⅰ.①林… Ⅱ.①亚… ②朱… Ⅲ.①林肯(Lincoln,Abraham 1809-1865)—文集 Ⅳ.①D771.209-53

中国版本图书馆CIP数据核字(2017)第153364号

汉译世界学术名著丛书
(120年纪念版·珍藏本)
林肯选集
〔美〕亚伯拉罕·林肯 著
朱曾汶 译

商务印书馆出版
(北京王府井大街36号 邮政编码100710)
商务印书馆发行
北京市十月印刷有限公司印刷
ISBN 978-7-100-14577-0

2017年12月第1版　开本710×1000 1/16
2017年12月北京第1次印刷　印张23
定价:115.00元